大学财富管理与发展丛书

使命与财富
——理解大学

[美] 伯顿·A·韦斯布罗德（Burton A. Weisbrod）
[美] 杰弗里·P·巴卢（Jeffrey P. Ballou） 著
[美] 伊夫琳·D·阿希（Evelyn D. Asch）

洪成文　燕凌　译

学苑出版社

图书在版编目（CIP）数据

使命与财富：理解大学 /（美）韦斯布罗德(Weisbrod,B.A.)，（美）巴卢（Ballou,J. P.），（美）阿希（Asch，E. D.）著；洪成文，燕凌译.
—北京：学苑出版社，2016.2
（大学财富管理与发展丛书）

ISBN 978-7-5077-4980-9

Ⅰ.①使… Ⅱ.①韦…②巴…③阿…④洪…⑤燕…
Ⅲ.①高等学校—财务管理—研究 Ⅳ.① G647.5
中国版本图书馆 CIP 数据核字 (2016) 第 067370 号

北京市版权局著作权合同登记 图字：01-2015-3220

版权声明

Original English Title: *MISSION and MONEY : Undersdanding the University* / Burton A. Weisbrod，Jeffrey P. Ballou，Evelyn D. Asch
Copyright © 2008 by Cambridge University Press
All right reserved

责任编辑：任彦霞　张　芳
封面设计：天之赋设计室
出版发行：学苑出版社
社　　址：北京市丰台区南方庄 2 号院 1 号楼
邮政编码：100079
网　　址：www.book001.com
电子邮箱：xueyuanpress@163.com
销售电话：010-67601101（销售部）、67603091（总编室）
经　　销：全国新华书店
印 刷 厂：北京画中画印刷有限公司
开本尺寸：710mm×1000mm　1/16
印　　张：22.25
字　　数：321 千字
版　　次：2016 年 3 月北京第 1 版
印　　次：2016 年 3 月北京第 1 次印刷
定　　价：69.00 元

《大学财富管理与发展丛书》编委会

主　任：洪成文
副主任：李　奇
委　员：（按照姓氏笔画排序）
　　　　王英杰　史秋衡　刘宝存　任彦霞
　　　　周海涛　姚　云　袁本涛　蒋　凯

关于本书及作者

《使命与财富》不仅仅是对精英大学的一般性探讨，或是对包括营利性大学在内的整个高等教育的讨论。高等教育机构包括研究型大学、四年制大学、两年制学院以及不授予学位的职业学院。许多学校致力于学校使命的非营利性活动，都是由营利性的收益活动来支撑。本书涉及到大量有关学校收益活动的原始研究，包括与学费、捐赠、研究、专利、捐赠基金、游说、远程教育、世界市场、广告、品牌、声誉等相关的活动。追求收益虽然对学校的使命非常重要，但有时又与其相冲突。两者的冲突将会在校际运动会这一章重点讨论，在最后一章也会以公共政策为视角探讨这一问题。

伯顿·A·韦斯布罗德（Burton A. Weisbrod）是美国西北大学（Northwestern University）的经济学教授，同时还是西北大学政策研究院的研究员。其写作、合著或主编的著作有15部，其中《非营利性部门》（Nonprofit Sector）（剑桥大学出版社，1998）（Cambridge University）一书是一部具有里程碑意义的著作，此外还发表了近200篇的学术论文，发表在《美国经济评论》（American Economic）、《经济学季刊》（Quarterly Journal of Economics）、《政治经济学》（Journal of Political Economy）、《政策分析与管理》（Journal of Policy Analysis and Management）等期刊上。

韦斯布罗德教授是美国国家科学院（National Academy of Sciences）医学院、美国科学促进会（The American Association for the Advancement of Science）成员，曾是美国经济学会（American Economic Association）的成员，曾任职于古根海姆基金会（Guggenheim Foundation）、福特基金会（Ford Foundation）、

美国经济顾问委员会（U. S. Council of Economic Advisers）。最近，其将任职于美国健康研究院（National Institute of Health）的国家顾问研究资源委员会（National Advisory Research Resources Council），并将担任慈善与非营利部门社会科学研究委员会（Social Science Research Council Committee on Philanthropy and the Nonprofit Sector）的主席。韦斯布罗德教授荣获了非营利性组织及志愿组织研究协会（Association for Research on Nonprofit Organizations and Voluntary Associations）的终身研究成就奖，并因对精神健康领域的突出贡献荣获美国公共健康协会（American Public Health Association）的卡尔·陶贝（Carl Taube）奖。同时，韦斯布罗德教授也进入经济学人物（Who's who in Economics）、科学人物（Who's who in Science）、世界人物（Who's who in the World）的索引。

杰弗里·P·巴卢（Jeffrey P. Ballou）是数学政策研究股份有限公司（Mathematica policy Research, Inc.）的一名经济学家，在此之前，其任职于西北大学。巴卢博士研究范围广泛，包括高等教育领域、健康领域，同时担任政策制定者、公共机构利益集团的顾问。其在西北大学获得博士学位。

伊夫琳·D·阿希（Evelyn D. Asch）是西北大学政策研究院的研究人员，同时在罗拉大学（LoyoLa University）、德保罗大学（DePaul University）、夏沫学院（Shimer College）任教，主要教授人文社会学科的研究与写作课程。阿希博士与莎伦·K·沃什（Sharon K. Walsh）合编了《沃兹沃思案例用书》（Wadsworth Casebook）系列中的三本教材：《正义战争》（Just War, 2004）、《公民不服从》（Civil Disobedience, 2005）、《移民》（Immigration, 2005）。其在芝加哥大学历史文化中心获得博士学位。

译者简介

洪成文，教育学博士，北京师范大学教授、博士生导师，比利时鲁汶大学访问学者，美国匹兹堡大学高级访问学者。现担任北京师范大学教育学部高等教育研究所副所长，北京师范大学国际交流与合作处处长、港澳台办公室主任。兼任中国高等教育管理研究会理事、《民办教育通讯》副主编、《世界教育信息》编委、联合国儿童基金会中方专家、国际非政府组织"世界计划"教育管理咨询专家。研究领域为高等教育管理的比较研究、民办高等教育政策和管理比较研究、中小学管理比较研究以及课程和教学研究。专著有《现代教育知识论》，编著有《北师大高教评论》等，译著有《教育改革》、《美国教育史》、《走出蒙昧》等，发表论文60余篇。

燕凌，女，教育学博士，毕业于北京师范大学教育学部，现为首都体育学院教师。主要研究方向为比较高等教育。

献给我的妻子雪莉（Shirley），她的热情、创造力、果断给予我如此丰富的灵感。

——伯顿·A·韦斯布罗德

献给拉娜（Lana）

——杰弗里·P·巴卢

献给我的丈夫约翰·廷利（John Tingley），我的孩子雷切尔（Rachel）和纳撒尼亚尔（Nathaniel），感谢他们的爱与支持，感谢他们的陪伴。

——伊夫琳·D·阿希

丛书总序

高等教育是国家及社会发展的重要支撑。对于任何国家来说，大力发展高等教育是提升国家综合竞争力的重要途径之一。然而，高等教育财政似乎并未因此而稳步增长，相反，却日益显露出捉襟见肘的窘态。目前高等教育财政危机已经成为一个世界性的难题，而这一问题从20世纪80年代就已显露出来。根据教育经济学理论，教育应是一种成本递增的产业，其中高等教育更是如此。财政状况较好的时候，即使控制物价上涨等因素，"高等院校的生均成本也应该是上涨的趋势"，但是自20世纪七八十年代以来，世界范围内的高等教育却出现不同程度生均成本下降的情况，有研究证明这种生均成本的递减完全是"高等教育经费不足所致"[①]。究其原因，无非两个方面：一方面，随着高等教育大众化、普及化潮流的袭来，高等教育的成本总量不断增加，政府面临的财政压力与日俱增。例如我国近十年以来的高等教育规模持续扩张，中央政府和地方政府都没有在经费保障上做好充足的思想准备，其结果，高等教育规模的发展与财政的支持出现了不同程度的失衡。另一方面，随着高等教育市场化的发展，各国政府承担高等教育费用的意愿和能力也逐步减弱，即政府有意弱化了其在高等教育财政中的作用，对高等教育的资助力度也相应削减，英国无疑是最典型的案例。此外，世界性金融危机对高等教育经费也带来了巨大冲击，这无疑使得高等教育财政状况雪上

---

① 丁小浩. 高等教育财政危机与成本补偿[J]. 高等教育研究，1996，(2)：37.

加霜。

在此种背景下，我们必须转变思维方能从根本上解决财政紧张问题，因此，能否以及如何从政府之外寻求更多渠道的经费成为问题的核心。从经费贡献者的角度来看，高等教育经费渠道主要包括政府、社会、学生及学校自身。从政府之外寻求更多的经费支持，促进经费筹措渠道的多元化，是大学应对经费难题的重要举措。按照伯顿·克拉克的观点，大学有三个经费主要渠道：一是来自政府的大学资助；二是来自研究委员会的经费；三是从工厂企业、地方政府和慈善基金会，到来自知识财产的版税收入、校园服务的收入、学费以及校友集资[①]。由此不难看出高等教育经费来源多元化的实质就是建立"一种政府、社会、直接受益者（学生）、学校自身共同投资的体制"[②]。从以上分析中我们发现当政府和学生（主要指学费）经费支持作用受到限制的时候，大学必须依靠自身力量来寻找有效途径，面向社会广泛筹措资金。

经费筹措渠道多元化对于高等教育的发展具有极为重要的意义。首先，多元化筹资可以很大程度上缓解高等教育经费支持不足的局面。纵观国际高等教育的发展历史，其经费筹措中非财政的筹措渠道展现出极大的张力，有力地保证了高等教育高质量、高品质的发展。以美国为例，目前，其处于世界各国高等教育发展的霸主地位，且将老牌的高等教育强国英国等远远地甩在后面，其中重要的一点就是美国高等教育的发展拥有强有力的经费支持。美国高等教育经费筹措中最具特色的一点就是其社会募捐和捐赠基金的收入，其中捐赠基金收入对高等教育的支持最为强大。英国教育慈善组织萨顿信托基金会（Sutton Trust）2003年曾公布了一份题为《大学捐赠：英美大学的比较》的研究报告，报告指出英国大学捐赠基金与美国大学捐赠基金存在巨大差距，英国大学中只有牛津大学和剑桥大学能够勉强与美国大学竞争。

---

① 伯顿·克拉克著，王承绪译.建立创业型大学：组织上转型的途径[M].北京：人民教育出版社.2003.5.

② 宋秋蓉.当今世界高等教育经费来源多元化趋势[J].教育与经济，2003(3)：47.

按照大学捐赠基金市值排名,英国两所大学只能列入美国大学的15名以后,而其他英国大学甚至无法进入美国大学的前150名,英国捐赠基金排名第10位的大学在美国仅排名第305位。美国前500所大学捐赠基金的平均值相当于英国前100所大学捐赠基金平均值的15倍。两国大学捐赠基金的生均份额差距也很悬殊。耶鲁大学报告当年的捐赠基金可以为学校财政提供3.3亿英镑的资金支持,生均为3万英镑,而伦敦大学帝国理工学院捐赠基金的支持力度仅为240万英镑,生均仅为240英镑。[1]其次,高等教育经费筹措渠道多元化极其有效地激发了大学发展的内在动力。传统意义上说,高等教育由于经费上对政府的依赖,大学与政府的关系虽几经暧昧,也难免附庸。大学也因此压抑了更多探索与创新的"冲动",丧失了大学的本源动力。经费筹措渠道的多元化颠覆性地重塑了大学的功能与角色,大学也因此对自身的发展承担了更多的责任,大学的每一步发展都蕴含了更多"自我奋斗"的成分在其中,恰似人类发展心理中的"自我成就感",缺乏"自我成就感"的大学是虚弱的,是没有灵魂的,而"自我成就感"的探索与获得赋予大学本应与生俱来的活力,推动了其在社会发展与国家强盛中作用的彰显。再次,从社会资本的角度出发,高等教育经费筹措渠道的多元化为民间力量的介入和参与提供了平台和契机,进而激发了民间力量支持高等教育发展的积极性。按照美国政治学家罗伯特·D·帕特南(Robert D·Putnam)的观点,"社会资本是社会组织的特性,诸如信任、规范及网络,它们能够通过促进合作行为来提高社会的效率。"[2]其中,信任是社会资本中的重要组成部分,信任程度越高,合作的机率越高。民间力量作为大学发展的重要社会资本之一。随着大学的现代化进程,大学与社会之间经过长期发展形成了具有某种默契的信任关系,这种信任关系为民间力量的参与提供了可能性和可行性。大学经费渠

---

[1] University Endowments – A US/UK Comparison[EB/OL].P1.

http://www.suttontrust.com/research/university-endowments-a-usuk-comparison/endowments_report.pdf,2011-11-16.

[2] 罗伯特·D·帕特南著,王列等译.使民主运转起来[M].南昌:江西人民出版社,2001. 134-196.

道多元化无疑成为这种可能性的催化剂,能够助长民间力量的热情。民间力量对高等教育的支持以捐赠为主,英美很多国家大学捐赠的历史悠久,机制完善,形成了良好的传统,民间力量已经形成一种自我赋予的自愿与志愿形态,并呈现出持久的活力。我国当前民间力量捐助高等教育虽没有形成具有影响力的态势,但是随着中国经济的发展,民间捐助拥有前所未有的潜力,其潜在的主动意愿将逐渐显露出来。但是随之而来的问题就是如何搭建相关的平台,如何构建完善的制度环境,如何规范捐赠的管理与使用,大学必须提前做好准备。这就需要对别国的经验进行研究、分析与提炼。

目前,我国高等教育研究中涌现出越来越多有关大学筹资的研究成果,总体而言,国内有关大学筹资的相关研究还未形成系统性的整体研究,具体来说表现在三个方面:一是缺乏对相关概念的系统阐释,诸如概念之间的区分及其在高等教育领域应用的特殊性,这致使当前大学筹资的理论研究显得薄弱。二是缺乏大学筹资实践的深入研究,很多研究仅是对多元化筹资一般趋势的分析,缺乏对大学筹资实践路径的研究。大学筹资根本点在于实践中的落实,包括筹资的政策与制度建设,筹资的实施方式与方法,所筹资金的各方面管理等,其研究成果能为大学的筹资工作实践提供指导。三是缺乏对国外大学筹资经验系统而深刻的分析,以美国为例,美国大学筹资体系完善、筹资业绩突出、筹资管理专业发展,等等,都具有非常好的借鉴意义。但目前研究中对这一方面的讨论较少,无论是全面性还是深刻性均显得有些欠缺。

基于以上考虑,我们组织翻译了本套丛书。本套译丛主要有如下特点:首先,译丛以"新"立本,目前国内尚无系统对国外大学筹资理论及其管理著作的系统译丛,本译丛中很多理论及实践研究在国内当属首次面众,对国内的相关研究来说,无论是素材、信息还是观点,都极为新颖,具有引领性和启发性。其次,译丛以"实"为基础,"实"有两层含义,一是"实用"之意,本译丛中既有国外大学筹资实践深入细致的分析,亦有国外大学筹资过程中面临的种种困境与挑战,还探讨了国外大学筹资过程中所遇到的困惑,这些观点及思路极具启发性;二是"详实"之意,本套译丛提供了大量的案例材料和数据资料，内容详实具体，有利于读者明晰国外大学筹资的实践脉络。再次，有"理"有"据"，本套译丛中对大学筹资的理论基础以及大学筹资管理的理论进行系统的阐述，较为全面地梳理了大学筹资所涵盖的各个领域内的理论问题，能为读者提供一个全面的筹资理论体系。其四，以"例"丰盈，本套译丛提供了丰富的个案研究，从中既可以读到大学筹资的发展历史，以及大学筹资过程中的典型故事，也可以透视一流大学的筹资过程、筹资特点、筹资业绩，无论是对大学筹资的理论研究还是实践操作均有很好的借鉴意义。

当然，本套译丛也因为水平问题，在书目选择和翻译过程，难免出现问题。也希望读者和专家不断反馈意见，以便我们在再版时加以修正。

洪成文　燕　凌

前　言

　　大学为何重要？对于家长来说，高等教育关乎其子女的职业生涯，同时高等教育也是其家庭的重要开支。对于公共政策制定者来说，高等教育则是——选民关于经济发展诉求中的基本内容；教育与财富平等的关键因素；吸引工商业界的磁力所在；国家、州、地方的荣誉源泉所在。但高等教育也是一项昂贵的社会服务，而且会越来越贵。对于大学教职员工、管理者、董事会成员而言，高等教育就是其天职，但同时也是一种日益受金钱驱动的事业。对于研究者而言，高等教育与其他行业有着诸多共同点，同样要面对无数试图树立自己品牌、争夺资源的竞争者。然而，高等教育又不同于其他行业。许多人对高等教育有亲身体验，却对它作为一个产业知之甚少。我们的目标就是影响高等教育领域内外的读者们。

　　首先，我们要理解高等教育这个复杂的行业：学校如何竞争？如何承担经费压力？每种类型大学所发挥的社会作用如何？在这项研究中我们获益颇丰。如若能将我们的所知传递与他人，我们就成功了。首先，我们对美国高等教育的起源和发展历史进行简单的描述，目的在于为后续的研究提供一些背景资料。众所周知，日益增长的学费已成为学生进入高等教育的一道屏障，但很少有人意识到今天的大学已经成为一个巨大的、极复杂的产钱机器。大学必须处理助学金之类的事务以保证吸引优秀学生的同时留住付费学生，必须建立庞大而成熟的筹资"发展"办公室，必须与制药及生物类企业合作，必须为那些掌管着数十亿捐赠基金投资的华尔街精英支付高薪，必须为一流橄榄球场的豪华设置烧钱，必须为挖掘成功的橄榄球和棒球教练而激烈竞争，这些教练的合同无异于国家篮球协会（National Basketball Association）以及国家橄榄球联盟（National Football League）的专业教练。

  以上这些内容构成了高等教育的大部分事务，尽管在那些低调的文理学院和社区学院里情况会略有不同。学费既是学生和家长为进入高等教育所支付的费用，也是学校收入的主要渠道。捐赠既是保证学校履行使命的经费渠道，也是学校为获取更多捐赠而背弃使命的威胁。作为学校众多活动之一的校际体育竞赛，其创收能力比美国大学生体育协会（National Collegiate Athletic Association, NCAA）所提供的数据复杂得多。大学生虽在校多年，但是可能仍意识不到其母校会像私企一样，通过雇用说客影响政府政策。毕业生们可能还没有意识到他们的学校虽然承诺致力于知识的创造和传播，但却为那些限制知识使用的专利发明提供资源。商业利益驱动下的专利成为大学的创收目标之一，越来越多的大学从事于专利开发，且将专业授权与那些营利性的制药机构以及其他公司。然而我们不禁要问，高等教育领域内的专利与外部商业性机构的专利是否不同？

  因为高等教育对很多人来说都是如此重要，所以我们的书面向广泛的读者群体。这些群体包括被募捐的大学毕业生们，他们想更好的了解他们曾就读的大学；包括难以理解大学学费为何上涨、为何与企业合作、为何游说国会、为何争夺专利权的市民们。经济视角有助于我们解释大学为何从事大量远离"教育"的活动。尽管美国高等教育是我们此项研究关注点，但我们的研究发现亦适用于诸如医院、托儿所、艺术之类的公立非营利机构，以及其他工业化国家的高等教育。

  在之后的章节中，我们讨论的问题会与其他读者群体有关：研究群体，大学管理者，致力于增加高等教育经费的公共政策制定者，他们希望使大学对所有人都更开放，包括越来越多因就业市场需求而回归校园的非全日制学生。我们一方面从一个宽泛的视角来研究高等教育及其构成，一方面集中分析这些传统机构在新的形势下面临的诸多挑战。我们希望对高等教育深入理解地帮助政策制定者更好地履行职责，但我们的主要目的在于描述和分析，而非提出具体的政策建议。

我们非常庆幸能够得到斯宾塞基金会（The Spencer Foundation）的支持，他们的鼓励和资助使我们的研究得以完成。我们也得到了其他朋友的帮助。我们拥有优秀的研究生助理：伯克·伊娃（Burcay Erus）、罗恩·拉奇伟（Ron Laschever）、玛莎·马汀内斯-里斯（Martha Martinez-Licetti）、萨内姆·欧兹克（Sanem Ozturk）、约翰·帕曼（John Parman）、马克西姆·希尼森（Maxim Sinitsyn）、拉罗琳·唐（Carolyn Tang）、玛丽莎·威特科夫斯基（Marissa Witkowski）。许多本科生助理也提供了很多帮助。在此感谢白树阳（Shuyang Bai）、加内尔·布瑞克（Janelle Bracken）、蒋康妮（Connie Chiang）、萨拉·库珀（Sarah Cooper）、萨奇·加格（Sachin Garg）、格瑞斯·诺维娅·海德格尔（Grace Noboa Hidalgo）、埃琳·赫芬顿（Erin Huffington）、安杰拉·考尔（Angela Kaul）、林赛·拉森（Lindsay Larsen）、大卫·梅耶（David Moyer）、提摩西·奎恩（Timothy Quinn）、伊丽莎白·瑞德（Elisabeth Rehder）、伊丽莎白·韦伯（Elizabeth Weber）。

在研究过程中，我们在与许多大学管理者和教师的讨论中获益匪浅。感谢来自西北大学（Northwestern University）的艾伦·库贝克（Alan Cubbage）、帕奇·迈尔斯·艾米丽（Patsy Myers Emery）、托马斯·吉宾斯（Thomas Gibbions）、斯提文·格林（Steven Green）、威廉·海沃（William Hayward）、凯特·亿格（Kate Igoe）、克雷格·拉美（Craig LaMay）、因德莱尼·马克海瑞（Indrani Mukharji）、尤金·苏西（Eugene Sunshine）、艾格·尤兰德（Ira Uslander），东北大学（Northeastern University）的杰弗里·卡斯帕（Jeffrey Kosiba）和马乔里·怀斯曼（Marjorie Wiseman），加利福尼亚大学的马克·鲍姆（Mark Applebaum）、理查德·卡尔森（Richard Carson）、艾伦·保尔（Alan Paau）、珍妮特·惠菲尔德（Janet Whitfield）。此外，许多学者为我们的研究付出了宝贵的

时间和精力：职业学院协会（Career College Association）的南希·布鲁夫（Nancy Broff）、大学体育项目（College Sports Project）的罗谢尔·布鲁克斯（Rachelle Brooks）、海氏集团（Hay Group）的弗兰克·A·卡萨格兰德（Frank A. Casagrande），NCAA 的丹·杜查尔（Dan Dutcher），穆迪投资者服务机构（Moody'Investors Service）的杰罗姆·冯恩（Jerome Fons）、斯宾塞基金会（The Spencer Foundation）的迈克尔·麦克富森（Michael McPherson）、李普曼·赫恩公司(Lipman Hearne)的罗伯特·M·摩尔（Robert M. Moore）、唐娜·范德沃特（Donna Van De Water）。

谢谢你们！

目 录

第一章 高等教育产业简介 ·· 1
    "二元"结构 ··· 2
        何为使命？ ·· 2
        学校的类型对创收来说重要吗？ ····················· 4
        审视大学和学院的行为 ·································· 5

第二章 高等教育商业化之悖论 ·· 8
    授予学位的大学和学院 ·· 9
        两年制学院 ·· 9
        四年制学院 ·· 11
        二战后的高等教育以及研究型大学的兴起 ····· 17
    非学位授予机构 ··· 22
    营利性部门 ·· 23
    高等教育对收入的追逐 ·· 27
        学费和捐赠 ·· 27
        与企业的密切联系 ··· 30
        赚钱的其他方式 ··· 32
    竞争的重要性 ·· 32
    结论 ··· 34

第三章 高等教育的竞争是否越来越激烈？ ···················· 36
    高等教育提供者的进入和退出 ································ 36

强与弱：大学和学院的信用级别及激烈的竞争 ·············· 38
高等教育的重组：合并和转变 ······················· 39
高等教育的竞争以及不断扩大的国内市场 ················ 40
　　州外的竞争 ···························· 40
　　州内的竞争 ···························· 42
　　竞争还是专门化？ ························· 43
生源的竞争 ······························· 45
　　学费竞争 ····························· 45
　　提前录取 ····························· 45
　　广告 ······························· 46
　　竞争是否会导致成本和学费的上涨？ ················ 46
　　地域市场的扩张，竞争，大学排名的出现 ·············· 48
学校不只为学生而竞争 ························· 48
竞争的缓冲区 ····························· 49
营利性高等教育的竞争和作用 ····················· 50
　　营利性院校与传统院校的竞争 ··················· 52
　　竞争与合作并存 ························· 53

第四章　二元结构：收入、使命、大学行为的理由 ············ 54
收入产品：来自学费、运动会等渠道的收入 ················ 56
　　使命产品 ····························· 59
　　追求使命和创收：差别明显吗？ ··················· 61
　　使命、收入混合产品 ························ 63
　　跨越边界 ····························· 65
利用二元视角对营利性院校和非营利性院校进行比较 ············ 65
使命与财富的冲突 ··························· 67
二元视角的深入探讨 ·························· 68

第五章　学费、差别定价、助学金 ···················· 71
二元结构中的学费问题 ························· 71
学费问题意指哪种学费？ ························ 72

注册学费是否有用? ·· 75
　学费之外 ··· 77
　差别定价 ··· 80
　　　为什么要差别定价? ·· 80
　　　项目之间的价格差别 ··· 83
　　　价格策略会随时间改变吗? ····································· 85
　　　减免学费与学生贷款 ··· 85
　　　传统的大学和学院为何要差别定价? ························· 87
　　　谁能够获得奖学金? ·· 88
　　　结论 ··· 91

第六章　捐赠在高等教育经费中的地位 ······················· 93
　捐赠收入 ··· 94
　如何捐赠? 为何捐赠? ·· 97
　私人捐赠的哪些影响因素为人所知? ··························· 98
　什么是"捐赠"? ··· 100
　　　学校捐赠报告中的财务和动机 ································ 101
　　　政府拨款 ·· 103
　公共拨款,私人捐赠,以及公立高等教育的"私有化" ········ 104
　私人捐赠对学校有什么影响? ···································· 105
　　　我们研究中的新发现 ·· 105
　　　学校筹资对私人捐赠的影响 ··································· 109
　　　学校保持联络的努力 ·· 111
　　　学校的财富对私人捐赠的影响 ································ 112
　　　学校性质对私人捐赠的影响 ··································· 113
　　　学校成就及其宣传对私人捐赠的影响 ······················ 113
　　　捐赠的其他影响因素 ·· 115
　追求捐赠的意料外后果 ··· 116
　获得更多捐赠:学校募捐方面的成就会影响其他方面的收入吗? ·· 116
　　　结论 ··· 117

第七章　捐赠基金及其管理——资助使命 ························ 119

终极收入产品（ultimate revenue good）的管理 ············ 120

院校业绩的评估：捐赠基金规模的大小 ················· 121

为何富者越富？ ································· 125

捐赠基金的作用 ····································· 127

作为应急资金（rainy day fund）的捐赠基金 ············· 130

公立大学的捐赠基金 ································· 133

使命依旧是关键 ····································· 134

结论 ··· 136

第八章　来自研究和专利的收入 ······························ 137

研究和研究型大学 ··································· 137

专利在高等教育中日益重要的地位：技术转化 ··········· 141

专利许可中的收入 ······························· 143

大学技术转化办公室的出现 ························ 144

专利许可合同：大学与私人企业之间是否不同 ··········· 145

使命与财富之间的矛盾 ··························· 147

结论 ··· 148

第九章　其他的收入来源——游说、国际市场、远程教育 ········ 150

游说：以财生财 ····································· 150

大学和学院游说的目的和费用 ······················ 151

不同类型大学和学院之间的区别 ···················· 153

小结 ··· 154

来自使命产品的利润：新的市场 ······················· 155

世界大学 ······································· 156

教室和网络课堂中的非传统学生 ···················· 157

总结 ··· 160

第十章　广告、品牌和声誉 ·································· 162

大学广告的新世界 ··································· 163

受欢迎的文章、广告和公共关系 ································· 165
　　　　随时间变化的趋势 ··· 165
　　　　文章对收入的影响 ··· 168
　　建立声誉 ··· 170
　　　　质量信号的传递：非营利性的地位及认证 ················· 171
　　声誉和品牌的关系 ·· 172
　　《美国新闻与世界报道》排名：声誉建立的捷径 ·············· 174
　　　　排名变化的影响 ·· 175
　　建立声誉 ··· 177
　　　　通过管理硕士学位树立高质量品牌的案例 ················· 178
　　结论 ··· 179

第十一章　公立大学和私立非营利性大学是否"商业化"了——成本意识以及高成本与低薪酬教师之间的选择 ·················· 180
　　大学和学院必须树立成本意识 ···································· 180
　　　　使命不同，做法亦不同 ······································· 181
　　　　私立非营利性大学和学院 ···································· 182
　　部分证据 ··· 182
　　　　营利性、公立、私立非营利性学校和他们的教师 ········ 182
　　　　公立大学和私立非营利性大学更像营利性大学了吗？ ··· 183
　　　　成本意识以及终身教师与其他教师之间的选择：这涉及到学系层面的决策吗？ ··· 184
　　结论 ··· 186

第十二章　非真正意义上的象牙塔——学校通过合作来竞争 ·············· 188
　　合作的类型 ·· 188
　　合资企业以及合作常见吗？——新的证据 ····················· 190
　　　　最初是何种类型的大学开始与营利性机构以及政府部门之间的合作，合作合同的焦点是什么？ ························ 191
　　跨界以及界限的模糊 ·· 192
　　　　跨界合作的性质以及界限的模糊：成本差异的影响 ····· 193

　　　　　首选的卖家，学生贷款公司，海外学习公司 ………………… 195
　　　结论 ……………………………………………………………… 197

第十三章　校际运动会——使命还是金钱？ …………………… 198
　　校际运动会可获得数百万美元的收入 …………………………… 200
　　级别Ⅰ和级别Ⅲ学校之间的差异 ………………………………… 202
　　营利性大学的体育运动 …………………………………………… 205
　　利润的计算：会计事务，第一部分 ……………………………… 206
　　学校使命的模糊性以及体育运动的作用 ………………………… 207
　　　　结果不同，所以选择不同 …………………………………… 208
　　　　运动员的多重选择：取胜，挣钱，为学生运动员授予学位 … 208
　　学生运动员的毕业率和 GPA 成绩 ……………………………… 209
　　　　学生运动员毕业率的不断提高 ……………………………… 211
　　　　在评价学生运动员学业水平时，毕业率是一个很好的标准吗？ … 213
　　计划外结果的法则 ………………………………………………… 214
　　　　收入产品，使命产品，以及对性别平等的回应 …………… 217
　　尽量避开使命与财富之间的两难选择 …………………………… 217
　　　　体育运动"需要"收入 ……………………………………… 218
　　　　体育运动与学校的其他活动在经费上是不可分割的 ……… 219
　　内部报告中的体育收入和亏损：会计事务，第二部分 ………… 221
　　　　体育运动对大学的贡献不同于对特定体育运动或整个体育项目的贡献
　　　　……………………………………………………………………… 221
　　　　来自标识的收入 ……………………………………………… 222
　　　　并非所有的体育运动支出都属于学校的运营成本范畴 …… 222
　　　　"免费广告"的现象 ………………………………………… 223
　　　　会计工作的最后一个词：体育奖学金的"成本" ………… 224
　　结论 ……………………………………………………………… 225

第十四章　使命和金钱——大学和学院想从其运动队教练和校长那里得到什么？
　　………………………………………………………………………… 227
　　运动队教练的合同和业绩奖金：他们的前进动力 ……………… 228

　　　　级别 IA 学校橄榄球教练的聘用合同 …………………………… 229
　　　　级别 I 中的篮球教练合同：举例说明 …………………………… 233
　　　　小结：级别 I（或级别 IA）学校中橄榄球教练和篮球教练的聘用合同和奖金 ……………………………………………………………… 235
　　　　级别 III 学校的教练 …………………………………………… 235
　　更多的了解大学：级别 IA 学校的教练和校长在职责上的区别 …… 236
　　　　学校排名是否影响校长的薪酬？ ……………………………… 240
　　校长类型反映出大学和学院目标的多样性 ………………………… 241
　　寻找校长人选的过程 ………………………………………………… 242
　　谁能成为校长？ ……………………………………………………… 243
　　　　校长的教育背景 ………………………………………………… 243
　　　　校长任职前的工作经历 ………………………………………… 244
　　　　校长的终身教授身份 …………………………………………… 245
　　校长与外界的联系：董事会成员 …………………………………… 247
　　　　进一步审视校长在企业的董事会成员职位 …………………… 248
　　　　营利性学校的校长 ……………………………………………… 249
　　结论 …………………………………………………………………… 250

第十五章　评价：公共政策的议题是什么？ ……………………… 251
　　公共政策建议 ………………………………………………………… 252
　　　　公共政策应该明确界定公立学校、私立非营利性学校、营利性学校的创收活动 ………………………………………………………… 252
　　　　因为每种收入来源都是一把潜在的"双刃剑"，所以学校筹资方面的公共政策也应有两面性 …………………………………………… 253
　　　　为了弱化金钱与财富之间的紧张关系，公共政策应该鼓励"适度"规模的捐赠 ………………………………………………………… 255
　　　　学校的生存不应通过公共政策来保障 ………………………… 255
　　　　明智的公共政策不需要学校对其资助使命的方式进行重大调整 … 256
　　　　公共政策应指向受到限制和约束的收入渠道 ………………… 258
　　　　谁来确定边界 …………………………………………………… 258
　　　　全国性的对话非常必要 ………………………………………… 260

营利性高等教育 ································· 261
直面高等教育的基本矛盾 ································· 262
    入学和质量 ································· 262
    大学和学院是否变得过于"商业化" ································· 262
    多元化经费渠道的优势 ································· 263
结语 ································· 264
    高等教育的未来 ································· 264

附　录 ································· 265
  第二章附录 ································· 265
  第五章附录 ································· 275
  第六章附录 ································· 277
  第十四章附录 ································· 281

参考资料 ································· 287

图表目录

图

  图2.1　美国授予学位的大学和学院总数量（1869—2006）·················16
  图5.1　公立和私立非营利性四年制大学和学院的学费和学杂费水平，2003········74
  图5.2　不同所有制形式学校注册学费中净学费的比例（1992、2003）·············85
  图5.3　获得学费折扣时，当收入减少1000美元相当于SAT高出的分数··········90
  图6.1　学校经费中的私人捐赠比例，1969—2004·················95
  图7.1　2006年私立非营利性学校捐赠基金资产的分布·················123
  图7.2　大学捐赠基3年和10年的平均回报率·················124
  图8.1　美国大学和学院研究发展支出，1954—2006·················138
  图8.2　大学成立技术转化办公室的数量，1925—2005·················145
  图9.1　每所大学、学院、营利性高等教育公司的平均游说支出（1998—2006）······152

图 9.2　不同所有制学校网络教育的平均价格，2006—2007 ············ 159
图 10.1　1954—2004 年间私立非营利性大学的文章数量 ·················· 166
图 10.2　1954—2004 年间公立大学文章的数量 ···························· 167
图 11.1　四年制学位授予学校中终身教师的比例，1993—2006 ········· 183
图 13.1　NCAA 级别 I 六年的毕业率，1933—1999，包括橄榄球队、篮球队以及所有学生 ··· 210

表格

表 2.1　大学和学院的收入来源，2006 ··28
表 5.1　一年级大学生的学费和实际价格（net price），2003（美元）·····74
表 5.2　五种情况下获得四年制学院学位的成本比较（美元）···············78
表 6.1　私人捐赠数量排名前 20 位的学校，2004 ······························96
表 6.2　每所学校接收的平均捐赠额及其来源的比例构成，1969—2004 ·····99
表 7.1　2007 年捐赠基金排名前 10 位以及后 10 位的四年制非营利性大学 ····· 122
表 7.2　捐赠基金规模与学费之间的关系：学费在捐赠基金规模不同的学校支出中的比例，2006 ··· 128
表 7.3　随机抽取的 30 所研究密集型大学中捐赠基金支出和学费在总支出中的比例，2004 ··· 129
表 7.4　应急资金的比较：收入下降 10% 时，学校捐赠基金可以维持的年份，2006 ··· 131
表 8.1　接受联邦研究经费排名前 10 位的大学，2005 ······················ 140
表 8.2　美国大学的专利许可收入，2003（百万美元）····················· 143
表 11.1　所有学位授予学校中全日制终身教师和非终身制教师的比例，1993—2006 ··· 185
表 13.1　NCAA 分支级别 I 和级别 III 学校男子项目和女子项目的盈利状况，2005（美元）··· 204
表 14.1　级别 IA 部分学校橄榄球教练业绩奖金，2006（美元）··········· 231

附录表格

表 A2.1　美国大学和学院入学人数（2006 年秋季） ······················ 265

表 A2.2　美国大学和学院数量，2006—2007 ······························ 266

表 A2.3　美国上市教育的中等后教育机构和高等教育公司，2006 ············ 266

表 A2.4　四年制不同所有制形式的大学和学院经费渠道，1985—2006（%）··· 268

表 A2.5　两年制学院、大学的经费渠道，1985—2006（%）················ 272

表 A5.1　大学和文理学院：名义学费和拨款（美元），2004 ················ 275

表 A5.2　学生能力及家庭收入对其学校补助的影响，2003 ················ 276

表 A6.1　OLS 回归分析（因变量：学校的捐赠，捐赠来源，2004）（美元）··· 277

表 A6.2　OLS 回归分析（因变量：来自不同捐赠人以及基于不同目的的捐赠，2004） ·· 279

表 A14.1　公立大学、私立非营利性的博士学位授予/研究型大学、文理学院　281

第一章　高等教育产业简介

高等教育影响着我们每一个人——无论作为学生、家长、雇主、雇员、市民，或是作为科学、医学和技术研究的受益者。大学教育变得如同医院护理这样基础的行业；它如此重要，不能单纯由市场的竞争力量所左右。

今天，高等教育已经卷入充满纷争的政治压力之中，后者越来越依赖于前者来解决经济和社会问题。人们呼吁大学拓展其使命，兼顾高中毕业生和成人的需要，因为后者需要适应不断变化的劳动力市场。人们亦呼吁高等教育在提升其服务质量的同时，一方面要减少来自学费的收入，另一方面在卷入与企业界的可疑关系时，避免追求其他渠道的收益。那些富裕的学校不得减少捐赠基金收入，因为人们认为其捐赠基金"过多"，且界限模糊。

高等教育如此复杂多样，它是一个由教育了大多数人的公立大学和社区学院所构成的公共部门；一个囊括世界上最优秀的非营利性研究型大学的私营部门，例如哈佛大学、普林斯顿大学、斯坦福大学；还包括优秀的文理学院，例如斯沃斯摩尔学院（Swarthmore College）和威廉姆斯学院；以及数百所淘汰率较低的学校，其中大部分是宗教学校。还有一大批被忽略的大学是那些快速发展的营利性大学，例如凤凰城大学，该校学生人数超过 30 万人，且拥有一大批涉足股票交易的高等教育公司；还有数百所参与上市交易的其他营利性大学，例如拥有 75 个校区的教育管理公司（Education Management Corporation），其中包括阿尔格西大学（Argosy University）的 18 个校区，艺术学院（The Art Institutes）的 35 个校区。此外还有数千所曾被称为职业学校的营利性高等学校，这些学校主要进行专业的职业培训，但不授予学位。

无论何种类型的高等院校，都面临着同样的竞争。他们为生源而竞争——有时是为了教育使命，有时则是为了从个人捐赠中获得收入；他们为获得政府研究经费和企业界研究支持而竞争；他们也为明星运动员以及明星学者而竞争。

当大学被看作一个有社会意识的教育服务提供者和寻找开源节流方法的企业的混合体时，大学在以上领域的竞争中所采用的手段则很容易理解。这种"二元"（two-good）的结构成为后续章节的基调：学校提供教学和基础研究（即使对个别学校来说是无利可图），同时也通过常见的商业化筹资活动来支持这些使命。

"二元"结构

我们所关注的焦点是大学为何以及如何在追求高尚的社会使命的同时，又致力于挣钱的活动[①]。大学如何平衡其使命与盈利活动？我们要探究他们平衡的方式，以及这种方式对高等教育的影响。

何为使命？

市场经济中，每一个公司的的根本目标或使命就是盈利。当"使命"一词用于高等教育时，其内涵常常是一种简单化的假设。[②] 今天的美国高等教育具有三个主要的社会使命：教学、研究和公共服务。本科教学有史以来便一直是美国大多数学校的主要使命，包括两年制学校，四年制职业学院和文理

[①] 有关使命与财富的问题，请参见 Bok 2004; Geiger 2004; Kirp 2003b; and Zemsky, Wegner, and Massy 2005.

[②] 教育哲学家和史学家写了很多关于大学目的、目标、理念、使命方面的著作。比较有名的著作如下： Flexner 1930; Jaspers 1946; Kerr 1963; Newman 1873; and Ortega y Gasset 1930. For an overview of the concept of mission in higher education, see Scott 2006.

学院，以及研究型大学。

所有的年轻人无论是何种出身都能进入大学是社会使命的基本要素。但是有钱人需要教育并不能使教育的公共资助合法化，因为他们可以自己购买高等教育服务。社会使命是为那些无法负担高等教育的穷人提供便利——何种形式、何种质量的高等教育应该开放还是个争议中的问题。从更广泛的意义上来说，高等教育并非只是个人利益，同时也涉及他人的利益。使命中的教育元素指引我们去审视高等教育及其公立、非营利性和营利性的机构处理成本壁垒问题的过程，尤其是学费和助学金问题。

研究型大学通过基础研究（作为应用研究的对立面）实现高等教育社会使命的第二个要素。基础研究中的高深知识传统上是通过出版物得以传播，近几十年则倾向于通过专利形式给予私人公司，这些公司能够将基础知识转化为改善人们生活的实际手段。这种"技术转化"活动日益重要的趋势成为我们关注的另一个焦点。

社会服务作为第三个社会目标，对于公立大学尤为重要。这一目标的实现依赖其他两个使命；它不仅仅是培养学生的挣钱能力，更重要的是使其成为能够为社会做出更多贡献的公民，为更多的人谋福利。1904年，威斯康星大学校长查尔斯·范海斯（Charles Van Hise）提出的"威斯康星理念"完美地诠释了这一使命——永远不要满足，直到大学使每一个家庭都受益。

高等教育的三个社会使命有一些共通之处。从全社会的角度来看每个使命都应基于社会与价值予以评判；但是对于每所学校来说每一个使命都具有个体性、非营利性。在评价高等教育时需要秉承两条原则：无公共补贴的服务可以售卖。源于大学基础研究和公共活动的服务，因受益人无力承担，或是因为服务的益处过于分散使得受益人无法获益，均不能售卖，营利性大学、公立大学或没有补贴的非营利性大学不会提供这种服务。

学校的类型对创收来说重要吗？

下面的章节我们将对高等教育行为的各方面进行分析[①]。我们不得不再一次询问：高等教育与其他行业的区别在哪里，包括那些非公立的或私立非营利性的大学。这充分说明高等教育是一个多种类型机构的综合体，但并不意味着高等教育是独一无二的产业；在其他行业也存在多种类型混合的情况，例如医院、私人疗养院、艺术机构、博物馆以及日托幼儿园等。混合的类型让我们必须思考一个问题：公立、非营利性的学校与营利性组织的区别是什么？对这一问题我们将进一步解释（详见第四章），我们期望能发现公立非营利性大学和学院与私立、营利性学校的共通之处，我们也确实找到了答案。但是我们也希望能够发现他们最大的区别所在，这一点我们也找到了。

不同类型之间比较时，我们需要注意两个问题：公立、私立非营利性以及营利性高等教育机构的使命是什么，他们如何为这些使命买单？辨别并比较不同所有制的财政体制是一个挑战，但观摩它比测量它在多大程度上达成其使命要容易得多。使命和财政并不独立于彼此，尽管学校为学生、社区以及社会所提供的服务关系到其创收能力。同时，学校的创收能力会影响到其实践使命及提供服务的能力。

从公立和私立非营利性研究型大学的基础研究活动中可以发现使命与财政之间的矛盾。基础研究不能获得专利，所以私立、营利性公司不会为此提供资源。但是基础知识，例如细胞行为（cell behavior），如果到了特定产品的生产阶段，或是涉及某一特殊生产技术时，就会成为实用性的知识，也就可以获得专利，并因此具有盈利的潜力。但是当这种潜力即将实现时，大学就必须通过专利控制使用权限。

这就产生了一个现实的难题：知识的无限传播性意味着其可以被无限制

[①] 更多关于高等教育经济的重要研究请参见：Bowen 1967; Brewer Gates, and Goldman 2002; Clotfelter 1996; Ehreberg 2000; Kane and Rouse 1999; Massy 1996; McPherson, Schapiro, and Winston 1993; and Winstion 1999.

的获得。但如果没有限制，对于学校来说新知识就无法获得收益（且不说政府的直接研究资助）。知识的使用权限意味着使用者必须为此付费，所以获得收益的代价是必须限制知识的使用。

问题不仅仅这么简单。一个热衷于通过收益发展社会知识的研究型大学一定会为新发明申请专利，即使不直接涉及专利的问题也会存在另外一个相似的难题。大学进行基础研究会受到利益驱动，会与私人公司签订合同，当最终将研究成果发表在人人都可以阅览的学术期刊上时，作为研究资助的回报，大学会允许这些公司获得提前阅读这些成果的特权。简而言之，大学乐于限制知识的使用权，哪怕只有两三个月——一段没有实际意义的限制期——为进一步的基础研究或其他使命的实现而获得收益（详见第八章）。

审视大学和学院的行为

"没有利润，就没有使命。"作为许多非营利性大学的口号，意味着公立、私立非营利性大学与营利性公司如出一辙，无利不为，这也是我们聚焦学校创收渠道的原因。学费是大多数学校的主要经费来源，任何类型的学校都是如此。学费以及其"至亲"——学生助学金，均为多重定价，尽管价格差别的最终目的因学校而异，但这种现象非常普遍。我们对高等教育多重定价的现实情况做了调查——不同的学生支付不同的学费——这反映了不同类型学校的不同目标（详见第五章）。

捐赠——或者是美国国税局（Internal Revenue Service）所称的"捐献、礼物以及拨款"——来自私人以及政府渠道的经费支持越来越重要。将私人捐赠归零的条件下，我们采用了一种新的视角来分析特定学校捐赠总额的决定因素，并得出了令人吃惊的结论。我们回答了"大规模的捐赠基金是否意味着更多的私人捐赠"这一问题，这一问题可能反映了捐赠人对学校的信心，而较少的捐赠则可能反映了捐赠人认为学校不太需要额外经费的想法（详见第六章）。我们新的一项研究表明一个学校通过各种评价标准所获得成功都将对一些捐赠者——校友、父母、公司等有着重要的影响。此外，学术以及运动方面的成就对于这些群体也会带来不同的影响。

通过研究大学和学院的捐赠基金及其管理可以清晰地看出少数拥有大量捐赠基金和积存款幸运学校，如何像商业团体一样行动。说到财富的管理，再次显示了高等教育的寻常：富者更富。拥有大规模捐赠基金的学校，例如哈佛、耶鲁、普林斯顿、斯坦福等，从捐赠基金的投资中收益颇丰。所以有人质疑拥有数十亿美元捐赠基金的学校为何还收取学费也不足为奇。同时，学费（以及其他经费渠道）对于只拥有数百万美元捐赠基金的大学来说非常重要，我们将在第七章详细讨论捐赠基金的问题。

历经一段时期，大学已经拓宽了其经费渠道，似乎没有什么资源可以再开发了。从政府和公司那里获得研究经费的做法已经非常普遍，例如，越来越多的大学设立了专门的"技术转化办公室"（technology transfer offices），主要负责开发新的专利，然后授权给私人企业。弗罗里达大学目前每年从其最有名的专利发明——佳得乐（Gatorade）中获得的收益大概 800 万美元，1973 年以来从相关产品中获得的总收益已经超过 1.5 亿美元（Phillips-Han 2003; Word 2007）。

目前许多大学都在开发曾经忽略的经费渠道。新的付费学生群体备受青睐，继续教育、远程教育项目蓬勃发展，甚至已成为创收的核心了。学校也开始寻找其他的盈利渠道，包括将标志物、徽标、吉祥物授权给工厂，从服装到骨灰盒什么都生产。尽管如此，有些行为与非营利性学校的免税使命并无实质性联系，必须遵守公司利润税收的规定。游说立法机关从而获得针对特定学校的专项资助也成为学校的一种筹资渠道（见第九章）。大学会尝试任何一种可能的筹资途径，尽管成功与否不得而知。

我们研究发现大学和学院努力提高品牌声誉，并通过市场行为进行资本化运作的行为与其他行业的私人企业并无什么区别。公立和私立非营利性大学——不仅是电视广告中的营利性大学——在参与激烈的市场竞争时，通过雇用外部顾问，采用了"全面整合营销计划"（total integrated marketing plans）（详见第十章）。所有类型的学校都会通过各种方式与追求利润的企业进行合作。我们探究高等教育如何平衡使命与收益时，发现这些合作会产生许多棘手的问题（详见第十二章）。各个类型的大学也会通过雇用薪酬较低的非终身制教师以及兼职教师来降低成本（详见十一章）。

大学使命的指标之一是其核心成员的聘用及薪酬管理。在追求使命（包含许多重要的模糊性因素）和财富（衡量和奖惩的操作相对简单）的过程中，大学如何看待其校长以及橄榄球教练的角色和重要性，以及这种态度对薪酬的影响是什么？一所学校所聘用校长的特征以及聘用合同的内容很大程度上反映了这所学校的目标。当我们再来看橄榄球教练的合同时，这是高等教育中的一个特殊现象，这种现象使我们无法对球队成败与校长成败进行简单的比较（详见第十四章）。

校际体育运动在美国大学中的作用非常重要，任何国家都不能与之相比，我们仍不禁要问：校际体育运动如何为学校使命和收益作出贡献，包括美国大学生体育协会（National Collegiate Athletic Association, NCAA）第一级别（Division Ⅰ）中的强校以及第三级别（Division Ⅲ）中的小学校？我们看到了不同类型学校的不同使命，以及其对部分或所有运动营利性的不同期待（详见第十三章）。

公立大学和私立非营利性大学差别很大。与公立大学相比，非营利性大学获得的直接公共经费很少，但却是联邦、州关于个人及公司捐赠税收政策的主要受益人，同时也是州和地方关于不动产以及出售行为免税政策的主要受益人。这些政策的出发点是期待非营利性大学能像公立大学一样履行社会使命。

我们研究中反复出现的一个主题是"追求收益是一把双刃剑"——是社会使命实现不可或缺的因素，但同时也是社会使命的威胁。因此我们的研究主要是一场关于公共政策问题的讨论，这些公共政策关乎高等教育的今天和明天。当我们研究大学和学院追逐利润，并将其用于推进使命时，我们的结论是承担大部分高等教育任务的公立大学和私立非营利性大学既不像追求利润的企业一样是金钱的纯粹追求者，也不是一个一味追求所谓社会目标、不求回报的利他主义者。有关高等教育的描绘中有许多阴影的部分。

第二章　高等教育商业化之悖论

　　高等教育是一个庞大、复杂且不断变化的行业。虽然没有什么标准可以衡量这个产业的规模，但是美国招收了 1900 万名学生，雇用了 340 万名员工，相当于美国服务行业劳动人口的 3%。虽然只有一小部分学校非常有名，但是这个行业却包括 4314 所学位授予机构（美国教育部，美国教育统计中心 2007b）。

　　高等教育机构包括公立大学和学院、私立非营利性大学，以及一小部分数量快速增长的营利性教育公司。美国授予学位的大学中大概有 39% 是公立大学——四年制州立大学和两年制社区学院，但是在 2006 年秋季这些学校招收的学生比例占据全国总招生数（本科生和研究生）的 74%。私立非营利性大学和学院数量约占 38%，但是他们的招生人数比公立大学少，大概是总数的 20%。营利性授予学位的大学数量占 23%，招生人数占总数的 6%（详见附录中的表 A2.1 和表 A2.2）。如果不授予学位的学校也纳入进来，营利性机构的规模会相当庞大。2006 年，2200 所不授予学位的大学中，近 3/4 是营利性大学，而且这部分学校的数量正在快速增长；其学生总数已经从 2007 年的 189,000 名增加到现在的 330,000 名（平均每所学校只有 160 名学生）（美国教育部，美国教育统计中心 2001，2007b）。

　　学校性质重要吗？常理上都会认为很重要。然而，当需要回答"每种类型的学校是否有所不同"这个问题时，我们就不能仅仅依靠常识了。我们先从总体上看一下高等教育自身及其所有制机构是如何变化的。然后，如上一章所述，我们要认真分析高等教育的经费来源渠道，以及每种类型学校的筹资过程，因为每个组织的支出都与其收入渠道密切相关。

授予学位的大学和学院

在高等教育市场中，每种性质的大学并非都能对号入座。同一性质的大学也会有不同的类别。换句话说，每种类型大学——授予学位的大学或不授予学位的大学，研究型大学和文理学院，两年制大学和四年制大学——包括各种性质的大学。但是这并不意味着没有针对性，特定性质制约着特定类型的学校。他们分别是：

两年制学院

两年制或专科学院，公立性质或是非营利性质，是在美国20世纪前20年出现的类型。其建立之初是为学生进入授予学士学位的学校进行人文学科准备，这些学习项目的光辉后来逐渐被专科学院技术课程、职业课程所取代（Thelin 2004）。自20世纪60年代以来，公立两年制学院，现被称为社区学院，规模不断扩大，目前在此类学校中的比例已达到62%，但是非营利性专科学院已经近乎消失。营利性两年制授予学位的学院在20世纪90年代还为数不多，但随着数量的不断增长（我们将在后面章节讨论），比例已经达到31%。

公立两年制学院

公立社区学院在美国高等教育发展中的作用日益重要。无论是学校的数量，还是学生的数量都在稳步增长。1949—1950年，美国共有297所公立两年制学院；到1968—1969年，数量已经翻了一番，共594所；2004—2005年数量则达到了1061所。招生数量的增长更为迅速。40年间，学生数量从1965年的100万人（占所有学生的17.6%）已经增至2004年的640万人（比例增至36.1%）（美国教育部，美国教育统计中心2006a）。

目前，社区学院已经成为近乎一半人群接受高等教育的入口，包括已经超过 24 岁的高中毕业生。这些学校不断地改变自己以获得生存和发展，与四年制大学和营利性职业学院一起竞争生源和政府资助。正如一所社区学院董事会主席所言："因为这些竞争以及不断缩减的州财政资助所带来的压力，米德尔萨克斯学院（Middlesex College，麻省的一所郡社区学院）必须企业化。"（Bushnell 1998）竞争已经渗透到高等教育的方方面面，不仅仅是社区学院，也包括大学和学院，我们将在后面的章节继续讨论这一问题。

为了竞争，一些社区学院逐渐发展成为四年制机构，开始提供学士学位项目。弗罗里达州州议会在 2004 年通过法案，允许 28 所社区学院提供四年制学位，这些学院收取特定额度的学费，额度不超过州立大学学费的 85%（Hirth 2004）。出于谨慎，华盛顿州一年之后通过法案，在四所社区学院试点四年制项目，主要是一些需求高的学科领域，例如护理、放射学（Webley 2006）。

除了提供四年制学位，社区学院开始通过其他方式效仿四年制大学。目前大约 1/4 的社区学院拥有寄宿设施（Alexander 2004），以便招收外地生源，在更广泛的区域内竞争那些想进入四年制学校或想体验大学生活的生源。

宿舍生活质量本身就是竞争的基础之一。密苏里东南部的三河社区学院（Three Rivers Community College）网站为吸引生源打出这样的广告："学校设施非常便利，有室外游泳池、沙滩排球场、可供野餐和烧烤的亭子、配有大屏幕的俱乐部、小厨房、配有电脑和彩打机的学习室、洗衣房、快餐厅。"曾经只服务当地社区的学校也开始通过招收留学生与传统的寄宿制四年制学院和大学竞争，美国社区学院协会（American Association of Community Colleges）最近就召集 25 所学院前往拉丁美洲招生（Tafawa 2004）。

曾经不为社区学院所知的大型筹资活动，现在在社区学院也开始普遍起来，且与公立大学和私立非营利性大学的差异越来越小了（Strout 2006）。一位社区学院的筹资专家说："对社区学院来说，筹资已经成为必需，不再是分外之事。"位于弗罗里达奥兰多的巴伦西亚社区学院（Valencia Community College）通过一次筹资活动筹集了两三千万美元（Gose 2006a），肯塔基东南社区技术学院（Southeast Kentucky Community and Technical College）2003 年发起了一项为期五年、目标百万美元的"履行承诺"（Fulfilling the Promise）活动，目的是向个人、企业和基金会募捐（Lexington Herald-Leader 2003）。截至 2006 年 8 月分，根据该活动的网站统计，此次活动已经筹集到 5890 万美元。

私立非营利性两年制学院

在美国高等教育发展的重要时期内，非营利性专科学院的发展落后于公立社区学院、营利性两年制学院以及两年制以下学校（below-two-year schools）。20 世纪 40 年代是非营利性专科学院发展的高峰时期，当时其被称为私立专科学院，大约 350 所，招生数量已超过 10 万人。1989 年，近 3/4 的学校已经消失，只有 89 所学校还在维持，招生数量不到所有两年制学院学生总数的 1%（Williams 1989）。

营利性两年制学院

所有授予副学士学位的两年制学院中，营利性学院在 20 世纪 80 年代方才兴起。目前，授予副学士学位的营利性学院数量已经超过非营利性学院（大概 570 所），学生数量相当于后者的 2.5 倍，其中需要学位的学生数量相当于后者的 20 倍（卡内基教育发展基金会，Carnegie Foundation for the Advancement of Teaching，2007）。

四年制学院

当我们听到"学院"一词时，大多会想到四年制学校，其原因在于美国 60% 授予学位的机构都是四年制学院和大学。所有授予学士或更高学位的四年制学校中，私立非营利性大学占主导；私立非营利性大学的数量占到总数的 60%（虽然学生相对少一些），公立学校数量大约占 1/4，营利性机构数量大约占 15%。私立非营利性大学是美国高等教育区别于其他国家的主要特征，其他国家公立学院和大学占主导，营利性学院以及私立非营利性学院（尽管两者逐渐壮大）则占据较为次要的地位。

公立学院、私立学院的区别

有趣的是，美国学院建立之初，性质问题相当复杂。哈佛学院，作为美国最古老的私立高等教育机构，是由立法机构建立，并接受政府（殖民统治时期）的财政支持，这比美国颁布关于明确私立非营利性组织性质的税法早几个世纪。麻省法院通过法案，用 400 英镑（殖民地每年征税额度的四分之一）资助学院的建立（Thelin 2004）。进入 19 世纪后，教育者和立法者并没有明确我们今天所称的公立学院和私立学院之间的差别。在首席法官约翰·马歇尔（John Marshall）1819 年的著名裁定后，达特茅斯学院免受州政府干预则被认为是美国私立学院建立的标志，这种看法错误地认为从那时起，就有了所谓的公立学院或州立学院。公立学院和私立学院的明确区分始于 19 世纪 80 年代（Thelin 2004）。从税法（鼓励私立非营利部门的建立）的角度看，非营利部门始于 1913 年的税收法案（Revenue Act），该法案首次确立联邦收入税法，并明确了宗教、慈善、科学、教育机构的免税资格。

一所学校是否是私立性质对于了解其收入来源并不重要。事实上有许多公共经费资助私立学院的例子，包括 17、18 世纪著名的"私立"学院以及 19 世纪的大部分"私立"学院，这远远早于联邦非营利性组织法律地位的确立时间。早在殖民时期，州授权的彩票就已经进入了新英格兰的各个学院。建国初期，新泽西州、宾夕法尼亚州、弗罗里达州、南卡罗来纳州也开始支持彩票进入学院。私立学院的土地是由殖民地捐赠来的，之后归属学院，立法机关的直接拨款为哥伦比亚大学、宾夕法尼亚大学、联合学院、迪金森学院、威廉姆斯学院等提供了实质性的帮助（Rudolph 1990）。美国高等教育虽然由私人机构实施，但是公共支持由来已久。私立学院没有公共——政府——支持是不可能的。

19 世纪 20 年代，公立大学赠地制度得以建立，私立学院也基于经费来源，开始明确自己与公立学院在性质上的不同。也是从那时起，学院院长开始称自己学院是"独立的""自力更生的"。研究高等教育的史学家腓特烈·鲁道夫（Federick Rudolph）(1990) 充满讽刺意味地说："直到学院发现不能再依靠公共给养，某种意义上说，必须私有化"，"私立捐赠独立学院的神话才得以发展"（尚未使用"非营利性"一词）（p.185）。然而，私人所有并不意味着学校只能依靠私人资源来实现自己的目标。

公立机构

赠地制度创立了一个最大范围的使学院和大学置于州控制之下的体系，这有助于区分公立和私立的性质。1862年的莫里尔法案不仅仅是向学校赠地（赠地已经存在了几十年），更是创建了一套在联邦分配土地后进行经费指导的财政机制。当政府拨给各州与其州议会代表人数匹配的土地总量时，州政府需要通过拍卖土地来支持学院（Thelin 2004）。拍卖土地的过程如是描述："拨款必须用于捐赠、支撑、维持至少一所学院，学院只能教授农业和机械相关知识，不能传授古典学科及科学知识，包括军事技术，其主要目的是对工人阶级的职业发展提供通识教育和实践教育。"（12Stat.503,7U.S.C.301 et seq.,sec.4[6]）由此，公立赠地大学得以诞生。

1862年莫里尔法案并非公立大学的开始标志，当时已经有了诸如威斯康星大学、明尼苏达大学、北卡罗来纳大学、密苏里大学等大学。只要在法案允许的范围内，州可自由使用赠地资金。因此，一些州建立了新的大学，包括俄克拉荷马州、德克萨斯州、南达科他州、华盛顿州。其他州则创立了农工学院（A&M college），这一名称主要为了区别于已有的农业学院。建立农工学院的州主要有密歇根州、宾夕法尼亚州、马里兰州、爱荷华州（Rudolph 1990）。一些州仍然维持两所州立大学，其中一所是赠地学校，例如俄勒冈州的俄勒冈大学、俄勒冈州立大学，印第安纳州的印第安纳大学和普渡大学（Thelin 2004）。

在研究高等教育过程中，我们常常发现提供公共经费会导致大学和学院伸手要钱，而且他们会因为要钱而相互竞争。莫里尔法案就是一个很好的例子。已有的私立学院，包括宗教学院，被指定为赠地学院：新罕布尔州的达特茅斯学院、康涅狄格州的耶鲁学院、新泽西州的罗格斯学院、俄勒冈州的卫理公会学院、肯塔基州宗教性质的特兰西瓦尼亚大学、弗吉尼亚州的布莱克本神学院。一些州的私立学院，例如麻省理工学院，并非州农业学院，被指定可以接受赠地资金。与其相似的有纽约的康奈尔大学，虽然是一所私立捐赠学院，但根据莫里尔法案却成为农工项目基地（Rudolph 1990; Thelin 2004）。

在赠地资金的竞争中胜负很快分晓。1872年，当议会正在争论是否为赠地学院加大资助力度时，没有从莫里尔法案中受益的私立学院明确表示反对联邦政府对高等教育的资助。尽管这些学院数年来受到联邦政府的资助，但是普林斯顿大学的校长詹姆士·克什（James McCosh）和哈佛大学的校长查尔斯·威廉·艾略特（Charles William Eliot）仍然反对政府增加赠地资金，并明确提出将反对联邦捐赠基金作为一个原则性的问题（Rudolph 1990）。这种反对声在一个世纪以后再次响起，是由私立营利性公司、教育机构等发出的，他们认为自己是公共补贴这种不公平竞争的牺牲品。在高等教育以及其他领域内，对竞争加剧的恐惧从来不比表面上的争论少。

二战之后，公立四年制学院开始直接与非营利性大学竞争另一类重要的联邦经费——研究经费（详见第八章），同时与营利性大学、非营利性大学收费性生源的竞争也日益加剧，还包括政府补助和贷款的竞争。最好的四年制公立大学通过基金会积累起来的捐赠基金为学校提供经费，其中的一些幸运者可与那些最富裕的非营利性大学比肩。例如德克萨斯大学系统的捐赠基金规模在全国排名第四，仅次于哈佛大学、耶鲁大学和斯坦大学，这三所大学均是私立非营利性大学（National Association of College and Business Officers[NACUBO] 2007）。与这些非营利性大学相似，公立大学为获得经费，也需要向校友和其他人募捐，同时还要与其他学校和私人企业建立伙伴关系，创建合作企业。

今天，公立高等教育在经费方面经历了重大变革，这对其管理也产生了重要影响。对于公立四年制大学和学院来说，州政府拨款在其经费中曾占据一定比例。在一些州，州政府拨款的比例出奇的少，更重要的是依旧呈下降趋势，所以有种悲观的说法认为公立大学和学院正在被"私有化"，越来像私立非营利性大学了。"公立"高等教育由公共资助转向私人资助以及州政府控制的减退是问题所在。在20世纪70年代，公立高等教育50%的经费直接来自于州政府。今天，这一比例只有30%，有些州一流大学的经费中来自立法拨款的比例甚至不到15%（Lyall and Sell 2006）。

公立四年制大学私有化最明显的后果就是学生学费成本的提高，这也是20世纪90年代公立四年制大学应对政府拨款下降的举措。尽管高等教育所有机构的学费都在上涨，但是公立四年制大学最为明显，其增长比例要高于那些非营利性大学。关于公立大学学生无法承担日益上涨的学费压力的呼声日益高涨，但是学费"补贴"以及低收入家庭学生的问题却更为复杂（详见第五章）。

私立非营利性机构

南北战争之前，美国的大部分学院都是私立的（今天称之为非营利性），虽然通常意义上私立并不意味着没有政府经费支持，但是这些小学校并不是我们今天所理解的私立学校。这些学院大部分只招收男生，而且很多学院都是由教会建立，尤其是长老会、循道会和浸信会（Rudolph 1990）。1776年至1860年期间建立的学校至今仍存在的大概有180所，这取决于我们如何统计学校的合并和迁移（Schuman 2005）。在第三章我们将分析这些学校的建立、消失以及合并情况，我们认为高等教育与其他领域一样——是一个优胜劣汰的结果。

建国后建立的这些学校所经历的财政和竞争问题今天依旧存在。殖民时期，从殖民政府那里获得特许状是非常困难的，但是特许状能够保证来自殖民政府的资助。独立战争之后，学院特许状一般是由州以政治赞助的名义授予，且不再承诺任何支持；每所学校只能自己去寻找收入来源（Thelin 2004）。当时虽有一些政府支持，但是学生学费和捐赠已经成为学校的主要收入来源，至今仍然如此，虽然捐赠的来源有所变化。

创始人捐赠的重要性日益降低，取而代之的是来自个人、企业和基金会的捐赠。当时的捐赠策略包括课程调整、大学合并、移址以及学校自身、建筑、运动场、教授席位的"冠名权",这些策略至今仍在使用。例如,建立于1846年的爱荷华学院(Iowa College)就迁移了校址(从达文波特迁到格林纳尔),并在创立12年后为纪念首位重要的创始人 J.B. 格林纳尔(J.B.Grinnell)更名为格林纳尔学院。学校于1924年,也即创立80年后更名为杜克大学,目的是纪念为学校经费和管理作出巨大贡献的杜克家族(King 2007)。

南北战争至二战期间是学院的蓬勃发展时期,尤其是小型的私立非营利性学院,一般是由教会建立。学院数量的增长如表2.1所示。尽管19世纪晚期公立学院开始发展起来,但当时小型的教会文理学院(四年制)仍占据着美国高等教育的主要份额,大约1900年时,后者招生数量占所有学院招生总数的2/3(Schuman 2005)。1941年,尽管四年制非营利性学院和大学数量是公立大学的两倍多,但前者招生数量的比例已经下降至50%(Goldin 2006)。

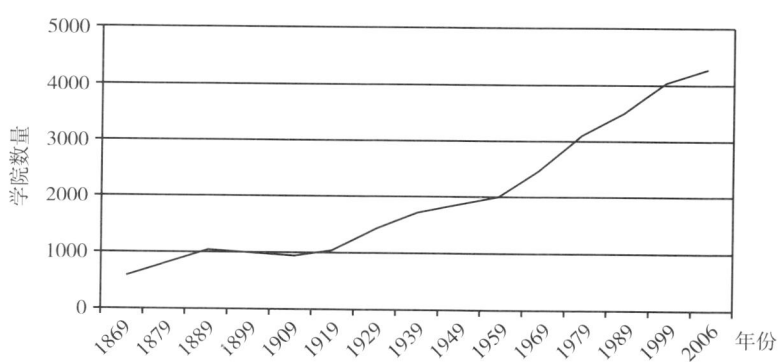

图2.1 美国授予学位的大学和学院总数量(1869—2006)

注:教育部1990年对学校的界定进行了微调,所以1989—1990年之后的数量包括的两年制学院较以往的数据多。1979—1980年之前的数据中也包括分校。

数据来源:1869—1999年数据来自于美国教育部、美国教育统计中心2007a表174,2006年数据来自美国教育部、美国教育统计中心2006b。

同时,美国研究性大学(后文进一步讨论)诞生后,学院管理中更加凸显出美国高等教育的竞争性和复杂性。南北战争之前,大部分学院管理者非常少——1860年中位数是4——包括校长和财务主管，一般还包括一个兼职的图书管理员。19世纪晚期，随着学院招生数量的增多以及教师研究活动的拓展，新的管理职能逐渐出现，包括系主任、业务主管（business officer）、行政主管等。1933年，管理者数量的中位数已经是30.5，其中一所学校有134名管理者（Rudolph 1990）。70年之后，在4235所授予学位的学校中，管理人员数量已经超过183,000名（管理人员是指非教师职务的工作人员，包括领导职务、行政主管职务以及管理职务的工作人员），平均每所学校有43名管理人员（中位数虽尚不确切，但肯定较低），但如果将150万名专业助理以及非专业人员（Knapp等2005）（二战之前基本上不存在这些职务）囊括进去的话，可以清晰地看到大学和学院管理人员规模的巨大增长。增长有多重原因，包括新的学校活动的增加，例如研究的拓展、学生数量的增加，以及政府新的强制性法规要求。

二战后的高等教育以及研究型大学的兴起

战后的兴盛

二战之后，退伍军人增加，同时美国退伍军人权利法案（G.I.Bill）（后文进一步讨论）为退伍军人提供了教育经费，在此情况下美国高等教育规模不断扩大。入学人数可以反映战后高等教育规模激增的情况：1939—1940年间，大学和学院的入学人数近150万（公立学校大概80万人，私立学校大概70万人），10年之后增至270万，公立学校和私立学校的增长几乎持平（Harris 1972,926-7）。

高等教育的快速发展并非只停留在二战后。1965年，高等教育入学人数翻了一番，达到590万人；1980年又翻了一番，已超过1200万人（美国教育部，美国教育统计中心2006a）。这一增长趋势仍在持续，如附录中的表A2.1所示；2006年秋季，授予学位的学校中，注册学生数大约1810万。

二战后的60年里，公立学校入学人数增长比例更大。1950年，公立学校和私立学校（营利性和非营利性）的入学人数基本持平，但是20世纪50

年代中期公立学校的入学人数开始超过私立学校。1959年，公立四年制学校和两年制学校的学生数占美国大学生总数的60%，1965年，私立大学和学院的学生人数仅占1/3。20年之后，公立学校学生数所占比例已超过77%，私立非营利性学校的学生人数仅占21%，营利性学校的学生人数比例为2%。40年后，也即2006年，公立学校学生人数所占的比例已降至74%，非营利性学校学生人数所占的比例下降了一个百分点，而营利性学校学生人数的比例呈大幅度上涨趋势，从1985年的2%涨至2006年的6%。公立和私立研究型大学、文理学院、硕士水平学校（master's level school）、两年制学校都是在20世纪五六十年代出现并持续至今的，只有四年制营利性学校是新生事物（美国教育部，美国教育统计中心 2007a,b）。

美国研究型大学的起源

随着时间的推移，美国高等教育的目标也发生了重大转变。早期的学校，像哈佛学院（建立于1636年），是一所从事本科教学的机构，被称为"学院"。美国第一所真正的研究型"大学"是参照德国大学模式运行的约翰·霍普金斯大学，建立于1876年（Flexner 1930）。与以研究性教职工及其工作为中心的欧洲大学不同，美国研究型大学将研究任务、研究生教学任务与本科生人文学科课程一并纳入到早期寄宿制学院中（Graham and Diamond 1997; Rhodes 2001）。正如美国大学协会（Association of American Universities）的一位校长所言，美国研究型大学的"传统和实践使人们明白知识的创造与传递是同样重要的活动，当两项使命在同一个地方由同一群人实施时，都可以履行得更好"（Rosenzweig 1982,1）。这就是美国高等教育使命的两个主要目标。

美国1925年时的顶尖研究型大学在今天依旧是排名靠前的大学：芝加哥大学、哥伦比亚大学、哈佛大学、普林斯顿大学、耶鲁大学（均是私立非营利性大学），还有公立大学——加利福尼亚大学、伊利诺斯大学、密歇根大学、明尼苏达大学、威斯康星大学（Graham and Diamond 1997）。这些大学以及排名较之靠后的大学，将研究和教学使命合并起来。与欧洲大学不同，美国大学并非由政府集中控制，而是以分散的形式发展起来。美国研究型大学的定义已经非常明确：提供博士学位，以研究和教学为基础评价教师的四年制机构。研究型大学同样进行本科生教学，以及医学、法律等专业教育，也有一些知名大学例外，例如洛克菲勒大学。

二战后的研究型大学

20世纪40年代中期研究型大学的发展与研究经费密切相关，研究经费是促进研究（尤其是与赞助者目标契合的研究）发展的收入来源。

研究型大学通过科学技术研究为战争提供了重要支持。例如曼哈顿计划中的原子弹研制就是联邦政府赞助，并由包括哥伦比亚大学、伯克利大学、芝加哥大学实施的，在研究中恩里克·费米（Enrico Fermi）在一个运动场看台下的实验室首次发现受控核裂变链式反应（controlled fission chain reaction）。同样在联邦军事资助下，MIT放射实验室发明了微波雷达（microwave-based radar）。在后原子时代，人们认为联邦对科研的支持对于国家安全的发展至关重要。

战争结束后，MIT前工程系主任、科学研究和发展办公室战时领导范内瓦·布什（Vannevar Bush）劝说政府通过一个独立的机构继续对基础科学研究的资助，不仅限于国防相关的工作。国会议员哈里·杜鲁门（Harry Truman）总统和学术领袖之间的分歧使得布什的提议没有得以实施。然而，在战后的最初5年有四个联邦资机构成为赞助科学研究的主角：海军研究办公室（Office for Naval Research）、原子能委员会（Atomic Energy Commission）、公共卫生署（Public Health Service）以及军队。很快美国又创立了国家科学基金会（National Science Foundation），承担基础研究资助的主要工作，但是该机构必须与目的各异、相互拥挤的学术科学资助机构之间达成一致。直到1954年，保障国家科学基金会支持一般目的基础研究权利的行政命令下达，这一局面才得以转变（Geiger 1993）。

1957年，苏联发射两颗人造卫星后，美国对于科学研究以及高等教育的公共支持和政治支持力度骤然上涨，保证美国学生和研究者不能落后于对手苏联（Clowse 1981; Geiger 1993）。联邦对大学和学院科学研究的经费支持从1957年的190万美元上涨到2002年的2620万美元（以2003年货币价格计算，国家科学基金会2003）。

在苏联成功发射人造卫星后数年，政府对于基础科学研究的经费支持主要集中在精英大学，造成学校之间的巨大差异。1963年联邦政府在研究方面资助的前十名学校分别是：MIT、哥伦比亚大学、密歇根大学、伯克利大学、哈佛大学、芝加哥大学、斯坦福大学、加州大学、伊利诺斯大学、纽约大学，这几所大学接受资助的总数占大学联邦研究和发展经费总额的1/3（Graham and Diamond 1997）。

1962年开始，人们批评国家科学基金会仅支持少数几所学校，很多有巨大潜力的学校需要支持。因此大学科学发展项目（University Science Development Program）得以创立，为第二层次大学的科研发展提供资助。1965—1968年间，有32所大学获得资助，额度在400万至600万美元之间，项目历时5年，1971年终止。这些大学之所以获得资助是因为其具有一定的科学基础以及规划和支持科学发展的潜力（Geiger 1993）。例如罗格斯大学，1996年其物理系获得270万美元的资助，数学系获得100万美元的资助；莱斯大学，其数学系自1968年起就开始接受国家科学基金会的资助（Pfeiffer 2005; Robbins 2001）。

研究经费的大幅度投入对美国研究型大学产生了重大影响。政府经费不仅使一流大学受益，也调整了大学研究之间的平衡，将重点放在物理、生物科学、健康科学、工程学等领域，同时也加强了高等教育与联邦政府之间的联系（Thelin 2004）。因此这一收入来源对研究型大学的使命产生重要影响，大学在财政上越来越依赖于联邦政府。我们无法洞悉苏联发射人造卫星后联邦政府研究经费在多大程度上将大学转向了不幸的方向上，即重点从事科学研究和研究生教育而非其他学术项目。政府经费是否使研究者的研究指向了特定主题，以及从长远来看这些激励措施究竟意味着什么，这些问题已经超出本书已有的研究边界。①

从20世纪70年代后期开始，政府对学术科研的经费支持有所改变。1980年的《贝耶-多尔法案》（Bayh Dole Act）（第八章进一步讨论）推动了学术研究成果的商业化，这些研究曾经由政府资助，但商业化则为大学开辟了一条新的收入渠道，即专利和专利授权收益，这也使得大学研究在财政上更富有吸引力。从20世纪80年代早期开始，当这种"新的合作伙伴"被赋予能够使美国科技更具国际竞争力的一种期望时，大学研究中营利性活动大幅度增加（Rosenzweig 1982）。作为大学收入来源之一，私人企业对大学使命的影响力比政府要大。在后面章节中我们将进一步讨论学校处理与企业间关系的方式，进一步明晰80年代早期以来这类活动的数量及种类。

"巨型大学"，大众化，超越

20世纪60年代早期，加州大学校长，劳动经济学家克拉克·克尔（Clark Kerr）将当时的美国大学描述为"拥有共同的名字，并融合了一系列团体和活动"（p.1），芝加哥前校长罗伯·赫钦斯（Robert Maynard Hutchins）认为现代大学是"一系列独立的学校和部门组合在一起的中央供热系统"（p.20）。克尔把大型的美国研究型大学称为"巨型大学"。

根据克尔的研究，巨型大学的核心特征是大学内部利益和团体的多样化，受战后知识快速膨胀的驱动，在国家事务中起重要作用，政府为其投入大量经费。大学的复杂性、多样性，有时还包括竞争性、利益，告诉我们观察其活动并据此评价其"表现"是如此之难。

20世纪50年代至70年代期间，高等教育最典型的特征就是大学生入学人数的激增。二战之后，美国大学和学院向更多的学生敞开了大门，这被称为高等教育的大众化。公立大学尤为如此，1949—1968年期间，其入学人数

---

① 然而，加州大学校长克拉克·克尔（Clark Kerr）如是评价："是来自肯特的一名女子，男人们请她一起用餐时，说她知道这意味着什么；男人们将鸡尾酒递给她时，知道这意味着什么——但她依旧遵从了。"于这一问题的其他讨论请参见Geiger 1993，以及Graham和Diamond 1997。

翻了四番。如果社区学院也囊括在内，公立学校的入学人数增长了近五倍。

20世纪后半叶，高等教育已经高度分化，多种形式并存——从顶尖的研究性大学到社区学院，从来者不拒的公立学校到高度选拔性的文理学院。发展并未就此终止，后续章节我们将进一步探讨。尤其是营利性学校，无论是其自负盈亏的传统角色，还是作为学位授予大学的新角色，都在改变着美国的高等教育。

非学位授予机构

美国教育部将"中等后"教育分为授予学位的教育和不授予学位的教育——也可以被称为"非学院制的"教育。我们所研究的对象主要是授予学位的机构。但是那些悄悄改变中等后教育的商贸学院、职业学院呢？美国高中毕业生中有2.5%会选择这些学校，如附录中的表A2.1所示。然而这些入学人数可能会比实际少，因为注册信息每年只统计一次，但是对于职业学校来说每年会有多次注册时间。除了高中毕业生外，许多在职人员也会选择继续教育课程充电，还有一些人选择课程是为了获得信息科技领域内的资格证（Adelman 2000）。除此之外，还有许多员工训练方案，以及大型企业为自己员工所举办的"企业大学"，这些机构也在争夺后中等教育学生，但这并不属于我们的研究范围。

在高等教育领域内工作的人，或是那些高等教育相关报纸和杂志的记者，常常忘记或忽视职业学校。2100多所非学位授予学校签署了高等教育法（Higher Education Act）第四款中的项目参与协议（Program Participatory Agreements），这意味着有经济困难的学生可以选择这些学校而非授予学位的学校，并且仍然可以接受联邦资助。2004—2005年，大约有309,000名学生在非学位授予的学校中完成了学业（美国教育部，美国教育统计中心2007a）。这些学校中，49%是美容学校。非学位授予的学校学费水平参差不齐，我们只有14所学校的数据（这些学校包括16%学士以下学位的学生），2006年它们的平均学费是7000美元；公立学校的平均学费是4320美元；非营利性学校的平均学费是6398美元；营利性学校的学费平均是10,282美元（美国教育部，美国教育统计中心2007b）。

许多职业学校也可以提供助学金，且学习成本较低、学习年限短，再加上这些学校的承诺——毕业后可立即就业——无论这些承诺是否可以兑现，所以这些学校也成为高等教育的竞争者。虽然那些申请华盛顿大学、为私立大学、加州大学洛杉矶分校的学生可能不会考虑轴心点美容学校（Pivot Point Beauty School），但是那些申请两年制学院的学生可能会考虑这样的学校。

营利性部门

美国营利性大学长期以来由私人和营利性组织运作。早在19世纪，教师、医生及其他专业人士创办学校招收付费学生，并提供专业教学非常常见（Honick 1995）。1910年，卡内基基金会主席亨利·普利斯特（Henry Pritchett）委派亚伯拉罕·弗莱克斯纳（Abraham Flexner）对美国医学教育进行调查，并对其改革进行建议。在弗莱克斯纳的报告中，他建议关闭执业医师私人创办的学校，因为这些学校缺乏医学训练必备的资源，只有大学能够为此提供充足的准备，因为后者能够进入教学医院，同时还拥有大量的财政资助。他还提到私人医学院的营利性目的与医学训练这种具有社会意义的活动是不相容的（Flexner 1910）。在这份报告的影响下，20世纪30年代所有的私人医学院都关闭了（Beck 2004）。可以说，20世纪初期是私人学院的衰落时期，而提供普通教育和技术教育的大学系统开始占据主导地位（Turner 2006）。

二战的结束以及1944年美国退伍军人权利法案（G.I.Bill）的颁布使得私人学院重新兴起，因为联邦期望通过提供教育机会来补偿军人们海外服役的代价，尤其是法规规定以学费补偿的形式为接受高等教育的军人提供资助。联邦经费再一次引起各类学校的强烈反响。

营利性部门在法案中窥视到大量的营利机遇：创办学校，但是政府为学生付费。当学生人数达到一定数量时，每增加一名学生，学校需支付的成本微乎其微，退伍军人权利法案所提供的补偿对学校而言简直是意外之财。1950 年，国会调查退伍军人权利法案的影响，发现 1944 年 6 月至 1949 年 10 月之间创办的学校既有非营利性院校，也有营利性院校，但是增长量有所不同。在所有的大学和学院（包括技术学院、师范学院和大专）中，24% 的营利性院校是新创办的，但只有 7% 的非营利性院校是新创办的。在这五年中，技术学院、商贸学院、职业学院也蓬勃发展起来。尽管 1944 年后也创办了大量的非营利性职业学院和商贸学院，但是营利性学院增长的数量远远超过了前者（美国退伍军人管理，U.S.Administrator of Veterans' Affairs，1950）。

但是重金之下必然诱发诈骗。项目监管松懈，国会调查中发现 5700 所营利性院校中有 415 所有问题，包括超额计费（overbilling）、双倍开账（double-billing）、开办皮包公司，这些行为的唯一目的就是在不提供任何服务的情况下获利（美国审计总署，U.S.General Accounting Office）1951）。尽管只发现不到 10% 的营利性项目有违规情况，但是调查结果并没有减少营利性高等教育的欺骗行为。

近些年，营利性高等教育与商业联系紧密，例如美容和驾驶学院。20 世纪 70 年代政府以佩尔奖学金（Pell Grants）的形式提供资助，又一次推动了营利性商务学校数量的增长（Turner 2006）。有些学校，例如德瑞技术学院（DeVry Institute of Technology，现在是德瑞大学），主要以"高端"商务项目为主，例如电子工程。始于 20 世纪 70 年代末的一批营利性学校开始看到拓展服务的机遇，包括传统大学和学院的一些学位项目，因为在职人员在传统学校内通过一定时间完成学位项目非常困难。营利性模式强调学生服务（例如课程时间、停车、课程周期的便利性），以及高需求领域的培训。

20 世纪八九十年代，以前只能提供资格证的学校开始可以提供两年制学位，有时也有四年制学位。同时，营利性部门将"进攻"模式开始转变为现代的远程教育模式：在线教育，凤凰城大学（University of Phoenix）和卡佩拉大学（Capella University）是最早的尝试者。

当营利性学校的服务升级为正式的学位项目时，他们开始通过地方认证寻求更高级别的合法性。营利性学校一般由国家商务机构认证为职业学校，而非营利性学校和公立学校则是由地方认证组织认可。营利性院校不甘心只做职业或商贸学校，而地区性认证可以提高声誉，增强对学生的吸引力。我们将在第十章具体讨论声誉和声望的问题，这对现代营利性院校的曲折历史来说尤为重要。

20世纪90年代以高等教育领域内营利性企业的快速发展为标志，包括股票价格的上涨，入学人数的增加，以及学位的授予。这一趋势持续至今：2000年以来，上市规模前八名的高等教育公司在股票市场上表现十分优异，其加权指数已超过500%（Blumenstyk 2006a）。[①]

近些年，营利性大学和学院大量涌现。与整个高等教育行业相比，营利性院校全日制学生有了显著变化。1980年至2006年期间，所有授予学位的学校中（两年制和四年制）全日制学生从610万人增长到1010万人，增长比例达66%。其中营利性院校全日制学生人数从73,000增长到912,000人，增长比例超过1100%。在两年制学校中，营利性院校学生人数增长更为显著，从占总数的1.7%升至16.2%。在四年制学校中，营利性学校的全日制学生增长了710%，而所有学校总入学人数上涨比例只有47%。但是营利性学校学生的原始数量比较少。1980年，营利性学校入学人数占总四年制、全日制人数的1%，2006年，这一比例上涨至6%。两年制学院中的营利性学校建立时间较长，每1000名全日制学生中，有162名营利性院校的学生（美国教育部，美国教育统计中心2007b）。

授予学位的营利性院校数量也不断增长。1970年，营利性学校授予的学士学位人数占0.1%，2002年比例则为2.1%，市场份额翻了20倍。1970年，可能只有一两所营利性学校授予硕士学位，但是2002年，营利性学校授予的硕士学位人数占到了3%。获得学位的学生主要集中在少数几所

[①] 具体名单见附录中的表A2.3。

学校中。德瑞大学（DeVry University）的六个校区、斯特耶大学（Strayer University）、凤凰城大学授予的学士学位数占营利性大学总数的近 80%。凤凰城大学和凯勒管理学院（Keller School of Management）（德瑞大学的一个部分）授予的硕士学位人数占营利性大学的比例已超过 80%（Breneman, Pusser, Turner 2006）。营利性大学也在某些领域授予博士学位，例如教育学和心理学。

目前，营利性大学在诸多领域授予学士学位和研究生学位。无论什么层次学位，与传统大学相比，营利性大学更倾向于提供职业倾向的项目。两年制的营利性院校授予的学位领域一般是商务、健康、工程技术等。所以两年制学位项目一般是职业性质而非学士学位性质就不足为奇了。四年制学位项目一般是由非营利性院校和公立院校授予。2000—2001 年，只有不到 1% 的营利性院校学士学位是在人文、科学领域，例如生物、历史、经济、英语等，而公立院校和私立院校这一比例高达 30%。营利性院校有 56% 的学位是商务领域，相当于公立院校和非营利院校的两倍（Turner 2006）。

我们对营利性"校园"的参观更是突出了两类学校之间的差别。营利性院校倾向于建立在顾客群体聚集的城市里，一般晚上授课，有时甚至到晚上 11 点，或者是周末。教室多是在商务楼中，有时会在高速路旁边的商业区内。营利性学校一般没有自己的教学楼，相反是更愿意租赁，以保证其灵活性。

公立性院校和非营利性院校一般有自己的校园，而大型的营利性院校则喜欢租赁教室。凤凰城大学的总公司阿波罗集团（Apollo Group）2007 年的年度报告显示其将所有的房产都出租了。德瑞大学，可能因为其校园建立早于营利性大学的现代模式，2006 年年度报告数据显示有 42% 的校园用于出租。

营利性大学的教师大部分是兼职，他们一般在其他地方做全职工作，一周课程的工资在 1000—2000 美元之间（Breneman 2006）。课程一般由公司的专家来设计，然后再将课程内容发给教师们。可以说营利性大学课程的设计和教授是分离的，这一点与传统大学有所不同。除课堂教学外，营利性院校也大力开发在线课程。尽管营利性大学在技术和课程领域进行了大量的投资，但是其图书设备非常欠缺，所以像凤凰城大学和卡佩拉大学能提供电子或数字图书资源是非常难得的（Breneman 2006; Capella University 2007）。

营利性大学虽然有很长的发展历史，而且数量增长迅速，但是在高等教育中的角色仍处于起步阶段。不过营利性院校的发展是高等教育领域持续变化的原因之一，而且值得进一步的研究。

高等教育对收入的追逐

美国大学——无论公立大学还是私立非营利性大学，抑或营利性大学——一直以来渴求收入，通过政府以及一切有可能的渠道获得收入。如果没有经费，高等教育的使命无法实现，因此寻求经费是必然的。在第一章我们简要地提及了高等教育收益的主要来源。如果没有研究不同类型高等教育机构从不同渠道所获的收益数量，以及各种收益渠道的作用随时间所发生的变化，我们的研究是不完整的。

学费和捐赠

大部分行业都依赖于向其顾客出售商品，高等教育卖什么呢？显然，学校招收学生，收取学费，但学校也出售其研究成果、声誉、校际运动成绩等。高等教育和其他行业不一样，并不依赖于个体的消费者。对于企业来说，销售决定收益，但是对高等教育而言事实并非如此，至少对公立大学和私立非营利性大学来说是这样的。2006年，四年制公立大学来自学费的收益占总收益的17%，但是其招生人数占全国总招生人数38%。两年制公立社区学院招收学生数量的比例为36%，但是学费只占总收益的14.7%（详见表2.1）。总体来说，公立学校招收了占总人数74%的大学生，但是学费收入仅占收益总数的15.6%。

表 2.1 大学和学院的收入来源，2006

	总收益（百万）	学费	联邦拨款	地方拨款	联邦补贴、合同	地方补贴、合同	私人捐赠、补贴、合同	捐赠基金收益	教育服务出售	附属企业	其他
公立											
四年制	315.2	17.1%	18.5%	26.8%	13.0%	6.8%	2.7%	1.3%	-	9.1%	4.7%
两年制	46.8	14.7	5.6	54.9	10.7	6.4	1.1	0.4	-	4.3	1.9
非营利											
四年制	93.1	31.4	8.2	5.8	13.0	4.8	12.7	-	8.7	9.9	5.6
两年制	11.0	20.0	7.3	33.6	5.5	3.6	4.5	-	3.6	8.2	13.6
营利											
四年制	29.8	68.8	16.1	2.7	-	-	0.3	-	4.4	5.0	2.7
两年制	9.0	55.9	22.3	4.5	-	-	0.6	-	3.4	7.8	5.6

注："-"意指无数据。表中所列条目的定义可以参见附录中的表 A2.4。

数据来源：美国教育部教育统计中心 2007b。

在公立院校中，来自政府或其他层面的资助占主导地位——四年制大学比例为65%，两年制学院为78%。营利性大学的收入主要来自学费，非营利性学校学费收入的比例介于公立大学和营利性大学之间。正如我们所说，公立学院来自州政府拨款的收入已大幅度下降（见附录表A2.4和A2.5）。

非营利性院校来自政府的收入比学费少得多。富有的大学来自学费的收入较少。事实上，富裕程度排名前十名的私立非营利性大学（2006年依据捐赠基金规模排名），学费收入的比例仅占10%。普林斯顿大学拥有13亿美元的捐赠基金，学费收入的比例仅占3%。较穷的学院只有少量的捐赠基金，其59%的收益都来自于学费。檀香山（Honolulu）的夏米纳德大学（Chaminade University）学费收入的比例高达66%（NACUBO 2007；美国教育部，美国教育统计中心2007b）。我们将在第七章继续讨论这一问题。

捐赠属于另一问题。任何行业的营利性公司都很少收到捐赠，高等教育并不例外。相比而言，非营利性院校主要从私人渠道获得捐赠——这很大程度上得感谢税收法律针对非营利性部门的免税政策。事实上每所学校来自个人和企业的平均捐赠，除去价格上涨因素，已从1969年的590万美元增至2004年的1450万美元（教育援助委员会，Council for Aid to Education, CAE, 2004）。1985年，非营利性四年制大学的捐赠收入占总收入的8.2%，但是在2004年，这一比例增长了一半，达到12.4%（CAE 2004；美国教育部，美国教育统计中心2007b）。整体来说，非营利性大学满足付费顾客以及私人捐赠者的压力较大，而应对政府方面的压力则比公立大学小一些。但是这些情况都在不断变化。竞争压力使得公立大学和私立非营利性大学越来越相似，尤其是四年制公立大学，因为他们的收入来源开始从州政府拨款转向高学费以及私人捐赠。

高等教育内的营利性企业与其他领域内的企业并无差异。这些学校完全依靠"出售"获得收益——学费。他们从政府或私人捐赠那里获得的收入微乎其微（见表2.1），主要是通过满足消费者的需求来获得收益。他们的科研成果很少，因此很少从其他公共或私人部门获得科研经费，也没有什么创造发明的知识产权可以出售。与之相比，公立以及非营利性大学则会为获得公共部门或私人部门的研究支持而竞争,这种研究支持主要是研究经费,有时是研究服务的出售。① 一些公立大学和私立非营利性大学热衷于"技术转化"活动,通过向发展新技术或新产品的私人企业出售研究成活获得收入。

各类大学收入渠道的差异可以说明其行为差异的原因。每一种收入渠道都意味着一种不同的功能,每一种不同的功能也意味着去满足一种不同的期望。因此,公立大学十分关注州立法机构、私立非营利性大学注重与企业合作且致力于校友捐赠、营利性大学重视提供最新的职业教育和就业项目就不足为奇了。所有的组织都力求收益最大化,因此需要满足消费者、捐赠者、企业和政府的需求。

如果没有足够的收入,所有的企业都要关门。大学和学院并无差异。事实上,在美国1969—2005年间有550所学院(包括分校)关闭,它们是在经费竞争中失败的院校(美国教育部,美国教育统计中心2007a)。所有类型的大学——公立、非营利性、私立——都要依靠收入来生存。高等教育的崇高目的——尽管从社会角度看值得赞赏——如果老师没有工资或教室,是无法实现的。无论什么性质的机构,实现高等教育的社会使命都离不开经费支持。

与企业的密切联系

高等教育产业对资源的渴求比单个学校表现的更为突出。这种需求通常包括与私人企业的合作,这并不稀奇。早在1920年,MIT的沃克教授(William Walker)从企业届为MIT争取了每年40万美元的律师费(retaining fees);作为回报,MIT为其提供顾问服务,以及校友信息开放的服务(Bowie 1994)。

这种合作在非营利性院校,尤其是公立院校越来越普遍(详见第十二章)。营利性机构很少参与研究,而且全职教师很少,因此很难建立研究性

---

① 研究经费见表2.1,A2.2,A2.3中"联邦、州、地方经费和合同"以及"私人捐赠和合同"等项,尽管这些项目也包括其他方面的收入。研究收入将在第九章讨论。

的产学合作关系。

为什么公立大学和非营利性大学都要与企业界合作？这些合作包括哪些类型呢？许多大学和企业间的合作都属于研究服务，包括大学医学中心进行的临床研究，以及其他类型的产品测试和评估。这些服务有些是能够"赚钱"的。例如1999年，也是就沃克（Walker）与企业界合作实践80年以后，MIT与微软签订协议，后者资助教育技术研究，为学校提供价值250万美元的计算机和软件。

除了研究合作，大学还不断地与企业界进行学生培训及就业的合作。这种合作对双方的益处不言自明。大学从中获得收入的同时还提高了就业率。营利性公司获得训练有素的员工的同时还在计算机硬件和应用方面获得熟悉特定产品的潜在客户。我们发现大约30%的大学企业联盟都与培训有关，当然也包括研究活动（详见第十二章）。

高等教育机构与私人企业间的合作形式实际上并无限制，能够使双方受益的新方式不断发展。近些年，出现了一些关于不动产的合作，包括旅馆、会议中心、学生宿舍、老人社区等；还有出售信用卡、旅游服务，提供通信或互联网服务等方面的合作。每种合作方式中，无论针对校内还是校外，大学都可以出售一些有价值的东西，或是富裕的校友使用的学校联名的信用卡，或是学生所需要的移动电话。每一种合作方式都会为学校带来收入——至少是为了获得收入。

在学校里或附近的老人社区或高档社区中出现一种有趣的合作趋势。其中大部分的合作与其服务的对象是相互独立的，但是其他的一些机构与学校是密切联系在一起的（Tsao 2003）。例如，密歇根大学曾经与非营利性公寓协会、营利性开发商合作开发大学联盟（University Commons）公寓项目，公寓主要针对与大学相关的老年人——校友、退休教职工以及这些人的配偶——同时通过大学提供一些课程和活动（Bluehill Development n.d.）。

赚钱的其他方式

利益诱惑下会使人跨越边界。高等教育机构从事的一些出人意料的活动甚至与教育、研究没有什么关系。例如乔治华盛顿大学、杨伯翰大学、北卡罗来纳大学、佛蒙特大学在其校园内建立营利性杂货店（Klein 2005）。圣弗南多谷的皮尔斯学院将其棒球场出租给了斯派斯数字网络公司（Spice Digital Network），后者是花花公子旗下的分公司，主要拍摄成人电影，其中会隐含一些有关性的内容（Diament 2005）。科罗拉多学院通过广告宣称其会议中心设施是独一无二的，由此成为向会议承办者推销设施的广告商，10年内年收益从 2.5 万美元增至 150 万美元（Gose 2005）。康涅狄格大学的科考船（research ship）——康涅狄格 RV 号，租金每小时 300 美元，每天 5000 美元，其中包含 5 个船员、燃料和食物（Anand 1999；康涅狄格大学航海学 2007）。阿克隆大学的董事会有权在其韦恩校区（Wayne Campus）开采天然气，学校有望每年从中获利 6 万至 12 万美元。

竞争的重要性

寻求收入与充满竞争的环境密不可分。的确，将高等教育视为产业反映出每一个产业的基本特征：竞争。在美国有数千所大学，远远超过世界上其他的国家，这并不意味着他们处于激烈的竞争之中；事实并非如此，包括法拉利、雪佛兰也是如此。竞争者提供的服务某种意义上说是可替代的，但是对几乎所有的产业来说所提供的服务质量、规格都是有差别的，因此竞争是一个程度的问题。哈佛大学和普林斯顿大学是生源方面的竞争者，就像杜克大学和西北大学一样，但是不同城市的社区学院服务于不同的学生群体，尽管这些学校也开始招收其他地区的学生，宗教性学校服务于特定的群体，因此他们之间的竞争并不激烈。

各个学校在很多方面都有所区别：规模；强调本科教学还是研究生培

养，抑或是教师科研；课程、专业的数量和类型，校际运动的水平；宗教信仰；地理位置和气候等。但是所有的学校都提供本科教育，而且大部分学校提供经济、哲学、化学等学科的学士学位（B.A.degree），从这个意义上说他们都处于竞争中。

我们强调的是对高等教育的竞争环境应有一个最基本的认识，即无论大学的目标多么崇高，也不管他们是公立的、非营利性的，还是营利性的，所有的学校都像其他领域内的公司一样，面临着不可避免的竞争。

高等教育和其他产业的另一个相似之处就是竞争者通过提供不同的产品吸引特定学生群体、捐赠者以及获得其他收入来缓解竞争的压力。学校之间为了学生及其所带来的收入而竞争，这种竞争使得学校不敢提高学费，目的是避免顾客（学生）跑走。但是如果学校能够建立声望，进而拥有对特定学生群体的吸引力，那么它就可以提高学费，因为其他的学校对这些学生来说缺乏吸引力。

尽管有诸如此类的努力，竞争还是不断地侵入高等教育。大学和学院之间要为捐赠、研究经费、专利、营利性许可机会而竞争。学院之间要为教师而竞争，尽管只是一小部分学院。精英研究型大学为国内市场上的"研究明星"而竞争。运动部门为招募到国家级优秀运动员而竞争。财政资助的上涨使得高校无论是否需要都要为好学生而竞争。

大学之间的竞争从未间断过，而且日益加剧。学校要通过互联网或其他方式进行宣传。随着收入提高以及交通的便利，学生在地理上的流动性增强，这使得地方上很有影响力的学校发现传统的学生基础正在动摇，这也加剧了这些学校更大范围内的竞争。交通成本的降低以及家庭收入的上涨使得这些学生选择学校的范围更大，可以考虑更多的学校，从学校角度来说，这更多的选择就是一种竞争。

高等教育竞争的另一个影响因素是大学毕业生与高中毕业生收入差距的不断加大。这种差距不仅源于大学教育的影响，也是取决于基于学生从学校获益的程度而对学校进行分类。而且，现在学生是否能够找到好工作更多的要靠学位，而非父辈。近几代学生单靠学位就可以得到提升，因此就更注重选择什么样的大学，这也导致了大学竞争的加剧。高等教育所带来的个人收益也意味着作为学校重要收入来源的学费，对一些家庭来说几乎不是问题。但是对于一些不太富裕的学生和家庭来说，经济负担会比较重，而且借钱也比较困难。因此，学校面临着通过学费增加收入与削减学费来招收低收入的好学生之间的矛盾。这也成为学校资助政策的重要问题，包括基于学生"需要"还是"美德"来提供资助，我们将在第五章继续讨论这一问题。

日益增强的竞争压力迫使大学外出寻找另一个重要的收入来源——捐赠。募捐竞争不仅存在于高等教育界，其已蔓延至整个非营利性部门领域，所以学校要与医院、艺术博物馆、反贫穷组织以及其他组织一起竞争募捐资源。但是一个残酷的事实是就整个国家来说捐赠总量是趋于稳定的，大约占可支配收入的1.9%—2.0%。因此，大学捐赠收入方面的成功要以其他同样寻求更多捐赠的非营利性组织的损失为代价。

对于高等教育而言，为收入而竞争虽然不是唯一特征，但也是典型特征。劳动密集型产业的生产率低增长使得成本上涨，直接导致对收入需求的增加，以维持运转。同时，研究型大学为那些能够带来声望和外部研究经费的师资而竞争，也导致了成本的上涨，因为学校需要改善科研环境，雇用更多更好的教师。大学希望这些教师能够带来更多的外部经费来抵销成本，但是外部研究经费的上涨赶不上竞争所导致的成本上涨速度，大学面临的整体压力都在加重。

当我们审视大学的学费政策、筹资活动、体育活动、营利性院校与传统非营利性院校以及公立院校的作用、高等教育产业的其他要素时，竞争永远是一个重要话题。

结论

高等教育是一个巨型产业。纽约新学院（New School）校长鲍勃·克里（Bob Kerrey）几年前曾说："高等教育的竞争导致许多看起来更商业化的活动。这听起来像比萨行业。这当然不是比萨行业，但是我们确实把我们的学生作为我们最重要的顾客。"（Finder 2005）尽管其否认高等教育的商业化，但却用了"顾客"一词来形容学生。

高等教育一直以来是一种商业。正如伟大的政治经济学家凡勃伦（Thorstein Veblen）在1918年所言："人们讨论着这种类似商业的组织的必要性，控制着大学的设备、内部事务以及日常工作……从这个角度来说，大学被当作了一个生产知识的工厂……"（p.85）

高等教育的一些观察者——来自大学内部和外部——不愿意将高等教育看作产业。他们为学校之间的竞争而叹息。他们质疑非营利性机构的逐利行为，无论这种收入是靠什么途径获得的。他们对大学品牌营销行为以及其与产业界日益频繁的合作抱有警惕之心。他们认为富有的捐赠人和合作伙伴会导致利益纷争，同时会误导科研项目的方向。

正如我们的双赢框架所示（见第四章），用凡勃伦的话来说，非营利性大学和公立大学必须"商业化"，否则他们无法履行其教育和研究使命。但是这些学校解决财政问题的方法也滋生出新的问题。从根本上说，利用商业化行为资助高等教育使命并没有什么过错。的确，当谈及成本和收益的权衡问题以及花钱来践履使命时，"商业化"必不可少。然而使命与收入之间会有矛盾，在一个竞争日益激烈的产业中，在兼顾两者的同时，学校必须为优势甚至是生存而斗争，使命和收入谁是主题将在下一章讨论。

第三章 高等教育的竞争是否越来越激烈?

本章我们将讨论高等教育所发生的那些引发竞争以及决定竞争方向的变化。我们从宽广的视角来观察整个高等教育,并非仅仅盯着几所大家熟知精英学校,这些学校只是培养了一部分大学生而已。本章的目的是呈现高等教育与其他行业的共同之处——例如,既有成功的组织,亦有失败的组织,有新来的也有消失的,学校也是通过借贷来建立自己的信用,兼并不时发生,只要有益就不遗余力的通过广告和竞争来促成合作。复杂的类型某种意义上是高等教育的一大特点,但这绝非意味着唯一,因为医院、养老院等机构也有三种所有制形式,其他行业,例如艺术、博物馆、反贫困机构等至少有两种所有制形式。

高等教育提供者的进入和退出

竞争就会有输赢。与其他行业一样,有学校兴盛,也有学校摇摇欲坠。很少有人能够意识到到高等教育行业的流动性,不断有新的学校出现,也不断有学校关闭、合并,甚至转变所有制形式,例如非营利性学院转变为营利性学院。

在最近的 10 年中,三种类型的学校不断涌现。1988 年以来每年平均有 24 所四年制学校创立,如果大学或学院的界定拓展至非学位授予机构,那么新学校的数量更多,每年平均数超过 100 所(所有数据来自美国教育部,美国教育统计中心 2007b)。

高等教育的新人不仅限于公立院校或非营利性院校，88%的新学校属于营利性，2/3的新学校不授予学位，仅提供两年以下的项目。即使在四年制学位授予的市场里，营利性院校也占主要份额；平均每年有10所新的营利性院校，占所有新的四年制院校数量的41%。

营利性院校数量的实质性增长反映出一个事实：传统公立院校和非营利性院校的角色并没有影响营利性院校的机会，尽管除营利性院校之外的院校数量和招生数也在不断的增长。1988—2005年间，新创立的非营利性四年制院校数量有183所，公立大学有63所（这些数量不包括已有大学新建的分校）。大学窥见到市场发展的机遇，对于公立大学来说则是为了应对人口增长的需要。例如，2001年，宾夕法尼亚州哈里斯堡大学的建立就是为了满足当地高科技领域研究生培养以及刺激经济发展的需要（Powers 2006）。帕特里克亨利社区学院（Patrick Henry Community College）（非营利性院校），建立于2000年，位于弗吉尼亚州的郊区，是一所基督教学校，主要服务于在家自学的学生（Economist 2004）。在公共部门中，美国南部的州不断扩张高等教育系统。1997年，弗罗里达海岸大学（Florida Gulf Coast University）成为弗罗里达州第十所公立大学，加州大学的第十个分校——默塞德分校（University of California Merced）2005年开始授课。

随着新的大学不断涌入，也有一些大学悄然消失了。1988—2005年间，共有30所四年制院校关闭。营利性院校——职业教育公司（Career Education Company）关闭了其国际设计和技术学校（International Academy of Design and Technology）两所业绩不佳的分校（Jargon 2005）。众所周知的非营利性院校——俄亥俄州黄温泉的安提亚克学院（Antioch College）2007年关闭，尽管其校友期望能够重建。加州大学戴维斯分校的一个附属社区学院，2005年金融危机后关闭，失去其地区认证资格（Read 2005）。

强与弱：大学和学院的信用级别及激烈的竞争

人们很少会想到一所大学或学院会以私有企业的形式——出售股权份额或债券，而进入资本市场。的确，因为大部分院校是公立的或非营利性的，所以他们无法出售股权份额。但是在竞争过程中，他们确实经常需要资本，利用捐赠或捐赠基金（详见第七章）进入资本债券市场，这并不罕见，即使富裕的院校亦是如此。但是有严重财政问题的院校，如果经济状况将导致信用等级降低或高额的借贷成本时，他们必须立即撤出这个领域。

为了出售债券，大学或学院，会向其他公立、非营利性或营利性组织一样，通过穆迪、摩根斯坦利、标准普尔等评级公司获得债券等级。同时也像所有的借款方一样，一所学校的信用等级会受到其财富（捐赠基金）、当前和未来收入（来自学费、捐赠及其他途径）、已有债务的影响。

2007年1月，穆迪公司的投资者服务部门公布了531所大学和学院的信用等级，其中包括276所私立院校199所公立院校，以及56所主要依靠学生学费收入的社区学院。80%的院校，100%的公立大学，信用等级是"中"或"良"，其债权也因此获得投资等级。高等教育领域与其他领域一样，无论何种所有制形式，竞争者信用等级不同，借贷者所承担的利息也有所不同。

穆迪对这些院校信用评级显示出他们之间的差别。一些学校信用等级是Aaa，例如哈佛大学、耶鲁大学，以及其他拥有大规模捐赠基金的大学。还有那些风险低、规模小但很富有的文理学院，例如阿姆斯特学院（Amherst）、格林内尔学院（Grinnell）、默士达学院（Macalester）、波莫纳学院（Pomona），他们也拥有很高的信用等级，能够借贷，能够出售债券，享有低的借贷利率。信用等级最低的院校是一些文理学院，他们的债券低于投资等级，例如本尼迪克特学院（Benedict College）信用等级为B2，陶格鲁学院（Tougaloo College）信用等级为B3。目前穆迪所评定的院校尚无等级为C。毋庸置疑，其他经济困难、没有评级的院校选择通过非常有限的资源来获得的信用等级将会很低,那么其借贷成本也将会非常高。多数情况下,大部分院校在商品市场上借贷的事实凸显了高等教育与传统私营部门之间的相似之处。

高等教育的重组:合并和转变

一所学校面临严重的财政危机时并不一定要关门。除破产外,一些学校取消非营利性的项目,削减财政,正如杜兰大学 2005 年卡特里娜飓风后所为,该校终止了 14 个博士生项目和 5 个本科生项目,解散了 8 个运动队,解聘了 223 名员工(Selingo 2005)。

合并,作为私人经济中的普遍现象,在高等教育领域亦有发生。这些合并常常是悄然进行,多发生在规模较小的院校,1979—2002 年间,美国共有 150 多个合并案例(美国教育统计中心 1979—1985,高等教育出版社,Higher Education Publications 1986—2002)。

从所有制转换这一较少受到关注的视角来看,高等教育则是充满活力的。与其他行业不同,高等教育复杂的所有制形式使得学校拥有在不影响运营的情况下转变所有制形式的机会。面临财政危机等情况时,简单的财政机遇会促成这种转变。高等教育领域所有制形式的转变不仅限于某种形式,其包括任何一种可能的转变。1988—2005 年期间,每年平均有 13 所院校转变所有制性质,其中超过 30% 的学校是从非营利性转变为营利性,36% 的学校则是相反,从营利性转变为非营利性(美国教育部,美国教育统计中心 2007b)。在高等教育领域内的数千所学校中,每年 13 所的数量可谓是微乎其微,但是这代表了高等教育的一种变化形式,以及另一种维度的竞争。

最近的一些转变说明了这一领域转变的范围及形式。2004 年,营利性两年制院校——古德文学院(Goodwin College)经历了一次非同寻常但并非闻所未闻的转变(Blumenstyk 2004)后,成为一所非营利性院校。普斯特大学(Post University)的故事也说明了所有制形式的可转变性:1890 年建立于沃特伯里，是一所非营利性院校，但是之后成为1989年、1990年被日本帝京集团（Teikyo Group）收购的院校之一。因此学校1990年更名为帝京普斯特大学（Teikyo Post University），但仍是非营利性大学。2004年，有投资者买下学校，将名称改回普斯特大学，但是性质已成为营利性（Carmody 1989; Jaschik 2005）。即使宗教性的大学有时也会转变为营利性院校。亚利桑那州凤凰城的大峡谷大学（Grand Canyon University）之前是基督教学院，但是2004年因为财政危机卖给私人投资者，不过仍然保留基督教的标签（Bollag 2004）。

高等教育的竞争以及不断扩大的国内市场

高等教育的竞争使学校之间在诸多领域内成为竞争对手。最明显的竞争就是学生，而且随着学生招生范围的扩大，竞争也日益激烈。通常这种竞争意味着要从竞争对手的地盘上招生。即使在社区学院，也逐渐倾向于从较远的地区招生。2000年，这些学生到学校的距离平均是33英里，四年之后则增至40英里，增长比例为21%（Horn and Nevil 2006; Horn, Peter, and Rooney 2002）。

州外的竞争

从地域上来看高等教育市场越来越一体化，而在本地上学的学生比例也证明了竞争日益激烈的状况。1949年，根据联邦政府对各个州的统计，1551所学位授予院校中有93.2%的学生来自本州，但是1994年这一比例降至74.5%（Hoxby 1997）。来自外州的学生比例从6.8%增至25.5%，这说明20世纪后半叶高等教育的竞争更多的集中于州与州之间。教育的地方"垄断"正在消失。

市场在地域上扩张的另一个统计角度来自于每所学校内外地学生数量的比例。根据这种算法，如果学校学生更多来自本州，市场是"集中"的；当学校来自 50 个州的学生数量相同时，市场则是低集中的。[①] 低集中的市场说明学校成功的从竞争对手地盘上将学生招过来，也说明地域上的竞争更为激烈。侯思柏（Hoxby）（1997）的发现精确地说明了这一点：1949—1994 年间，1551 所院校的集中指数下降了 25%，这意味着 45 年间的招生反映了这些学校在地域范围上的实质性扩张。

我们用 1994—2003 年间的数据继续分析这一问题。我们期望能发现两年制学院和四年制院校截然不同的方式。[②]两年制学校可能仍倾向于招收本地学生，很少从外地招生；我们期望之前的发现仍在继续，即四年制学校将招收更多的外地学生。我们统计了每所学校一年级新生中来自本地的比例，外地学生所在州的数量，以及一年级新生的市场集中度。我们希望能发现学校在地域上持续扩张的趋势。

我们确实发现了以前四年制大学中所发生的变化方式仍在继续。1994 年至 2003 年期间，来自其他州的新生数量比例从 21% 升至 23%。9 年间的年平均增长率为 0.2%，这之前的年平均增长率是 0.4%，但是之前的统计数据来自于学校的所有学生，不仅仅是新生。地域上的扩张和竞争尽管逐渐消失，但仍在持续。

两年制学院的情况则完全不同。9 年间来自其他州的新生数量比例并无变化，仍然只是 1%——当然能也有一些特例，例如第二章中提及的一些具有竞争力的学院配备了奢侈的住宿设施。尽管如此，在两年制和四年制院校中，我们发现新生中所来自的州的数量逐渐增多。两年制学院中，新生所在的州（非学校所在州）的数量从 3 涨至 4（增长了 33%）；四年制院校中，这一数量从 15 涨至 17，（增长了 13%），这再次说明今天的院校在地

---

① 这里指的是市场集中的"赫芬达尔"指数（Herfindahl index）。

"赫芬达尔"指数，是一种测量产业集中度的综合指数。它是指一个行业中各市场竞争主体所占行业总收入或总资产百分比的平方和，用来计量市场份额的变化，即市场中厂商规模的离散度。（译者注）

② 1994 年有 2819 所四年制学校，2657 所两年制学校。2003 年有 2738 所四年制学校，2271 所两年制学校（美国教育部，美国教育统计中心 2007b）。

域市场上的不断扩张。当我们观察反映每个州新生所占比例的市场集中指数时，我们发现社区学院并没有什么实质性变化，他们依旧关注本地，至少是州内的学生。但是在四年制院校中则降低了5%，这说明了地域上的进一步扩张。他们不仅是从更多的州去吸引学生，而且是从每一个州吸引更多的学生。

1994年以来，学校地域市场的扩张延续了之前45年的步伐。尽管两个时期的研究中，所采用的方法以及所选取的样本有所不同，但是地域多元化的程度是可比较的。50多年以来，四年制院校的地域市场持续扩张，地域上的集中度也随之不断降低。

州内的竞争

生源的竞争不仅在州外，州内亦是如此。这种竞争并不广为人知，但是之前的研究发现学校与学生居住地之间的距离反映了学生进入某一特定学校的可能性（Frenette 2004; Leppel 1993）。但随着时间推移，个人收入的增长使选择更远的学校成为可能。

为了评价州内竞争对入学的影响，我们先统计了每一个州学校的数量。然后，我们计算1994—2003年间每所学校在入学人数上的变化。我们还统计了1994年每个州两年制和四年制院校的数量，以及这一数量在1994—2003年间的变化，每个州的家庭平均收入，州的人口数量，以及在研究选取时间段内每个州家庭平均收入和人口数量的变化。通过这些数据，我们探讨1994—2003年期间这些数量的变化是如何影响学校入学人数的。

我们发现与四年制院校相比，两年制院校对州内竞争更为敏感。1994年至2003年期间，具有代表性的两年制学院入学人数年均增加50人，但是一个州增加一所两年制学院，年均招生会比预计减少5个人，相当于平均增长人数的10%。两年制学院的入学人数增长是对四年制院校的一个积极响应：增加一所四年制院校将使两年制学院的预计入学人数增长10名，其他情况都是一样的。关于此的一个可能性解释是：四年制院校是两年制学院学生毕业后的出路，因此，将四年制院校作为出路的两年制学位获得者将使得社区学院对之后的学生更具吸引力。

与两年制学院的结果相比，四年制院校入学人数的增长并没有受到州内竞争对手的影响。我们的研究没有发现四年制院校招生人数和学校数量之间的联系，只是发现两年制学院数量对其的一点消极影响。总体来看，研究结果表明两年制学院受到州内竞争对手的显著影响，四年制院校的这种影响很小。四年制院校主要与其他州的同行竞争，因此其人数与州内的竞争对手没有什么关联。

四年制院校和两年制院校均受到人口的影响，20世纪90年代人数的激增使得入学人数上涨。两种学校的入学人数与收入的增长关系不大；然而，与我们早期的观察相一致的结论是不断增长的收入会增强学生去其他州上学的愿望。

竞争还是专门化？

"高等教育市场"说起来很简单，其实这背后还隐藏着诸多规模很小且更专门化的市场。一个重要的竞争规律是：与能够招收不同类别学生的学校相比，相似的学校更容易受到竞争压力的影响。因此，在同一个州或是同一个社区的两所学校之间可能不会取代对方，但是很可能都会被其他地方的学校取代。

一所特别的学校至少可以远离竞争，这也使得其可以找到自己的市场，并据此宣传自己。东北大学（Northeastern University）正是以此为战略来拓展自己的影响力，强调其独特的带薪实习（coop）课程，这种课程是将课堂学习与实际工作经验结合起来的项目。深泉学院（Deep Springs College）是一所位于加州沙漠地带的两年制学院，该学院是一个小型的学生社区，其将学术指导与农场生活结合在一起。学院的独特性意味着其将比其他提供常规课程的两年制或四年制学位授予院校面临更少的竞争。

当然，如果一个学校的产品不受欢迎，那么独特性会成为劣势，但是产品受欢迎则会被模仿，这也意味着独特性会因此而消失。而且，即使流行的特殊项目也会有边界。科学与工程学院可能会在相关领域吸引很多学生，但是却很难吸引那些想学习文科的学生。当学院的领导们为应对竞争压力而挣扎时，他们将面临一个两难处境：尽量使自己的项目更专门化，进而与其他学院区分开来，达到规避竞争的目的；或者是提供更标准化、更宽泛的项目，这样能够吸引更多的学生以及捐赠者。换句话说，在面临竞争压力时，一所学校必须决定是否直接参与竞争，或者是追求独特性，以减少竞争者的影响。

近些年，女子学院必须在独特性和相似性之间做出抉择。许多学校选择招收男生而非努力抗争。在放开招生的同时，女子学院也给早已招收男生的同行学院们带来了竞争压力。吉斯学院（Regis College）是马塞诸塞州的一所四年制学院，经过痛苦抉择，在 2011 年开始男女同校。2007 年 2 月，学院声称申请该校的学生数量相当于往年的两倍，因此 2007 年开始该校的新生数量增多，男女同校后，人数更是超过预期（Noonan 2007; Siek 2007）。吉斯学院的捐赠也因此大幅度上涨，2007 年比 2006 年上涨了 60%。"那些预言学院死亡的人们太着急了。"学院负责财政副校长如是说（Noonan 2007）。招收男生是学院吸引更多学生和捐赠的途径之一。

2004 年以来其他女子学院，包括切丝努特山学院（Chestnut Hill College）（宾夕法尼亚）、兰道夫麦肯女子学院（Randolph-Macon Woman's College）（弗吉尼亚）、威尔斯学院（Wells College）（纽约）、莱斯利大学（Lesley University）（马塞诸塞州）、蓝山学院（Blue Mountain College）（密西西比）在内，都已成为男女同校，都是在竞争日益激烈的环境下面临财政压力但依旧维持着生存。女子学院必须通过转变使命来维持生存。另外一个女子学院——佛蒙特州的三一学院（Trinity College），依旧几乎全部是女生，但是在 2000 年时因为财政压力只好关门（Van Der Werf 2000）。这些是那些努力在忠诚于使命与金钱需要之间保持平衡的学校中的典型案例。他们同时也说明了学校对新渠道收入的需要导致了与其他学校之间竞争更为激烈的现实。

生源的竞争

学费竞争

价格是生源竞争的方式之一。私立非营利性学院和大学充分利用了学费这一富有竞争力的工具,这种工具将学费和以学生补助的方式给予折扣结合起来。学校要通过学生补助吸引想要的学生——尤其是那些有补助"需要"和有"优点"的学生,学校以自身目标确定资助对象的标准——我们将在第五章学费制定内容中集中讨论这一问题。

公立学校也将价格作为政策工具,主要目的是增加收入和履行教育使命。但是与私立大学不同,公立大学价格区别在于地理位置和政策。州外学生的学费一般是州内学生的两倍或者更多,在一些好的公立大学里,州外学生的学费已经接近于私立大学的水平。例如密歇根大学州外学生的学费已经超过 31,000 美元(州内是 10,400 美元),这已经是非营利性大学中收费最高的学校了。即使有的学校学费很低,例如加州州立大学长滩分校,州外学生的学费(超过 13,000 美元)也几乎是州内学生(6600 美元)的两倍。公立大学的财政补贴非常有限,所以不用付费的学生很少。

提前录取

价格并非是竞争者影响生源数量和种类的唯一途径。学校招生的时间也是一个途径。与学费一样,家长和学生们普遍不喜欢招生时间的不确定性,学校有时会通过提前录取来招生。这是高等教育所采用的另一有竞争力的工具——无论是为了通过招生来增加收入,还是服务学校的使命。

无论提前招生的目的为何,其都被认为是有利于富裕家庭的学生。之前曾经讨论过,这些学生很早就知道各种形式的提前招生模式及其条件,而且他们没有什么经济压力。低收入家庭的学生在提前招生中则可能处于不利地位，因为他们必须面临等待其他学校能否提供更多奖学金的压力（Avery, Fairbanks, and Zeckhauser 2003; Sevard 2006）。

2006年，哈佛大学和普林斯顿大学宣称取消提前入学（有趣的是校级运动员例外），他们清晰地认识到提前入学竞争机制的劣势所在。他们希望其他的学校，尤其是竞争对手们亦是如此，虽然他们并没有明确的提出来。但是其他学校并不认同，例如芝加哥大学、西北大学明确提出他们将继续实行提前招生（Sevard 2006）。竞争的势头似乎走向了相反的方向，因为越来越多的学校在寻求新的竞争武器。

广告

与其他行业一样，大学和学院也做广告。他们会拨出1%—3%的经费预算作为广告费用（Lipman Hearne 2007）。面对面的广告竞争非常直接。例如，韦伯斯特大学（Webster University）大学在竞争对手新墨西哥大学的校报（Daily Lobo）上宣传自己的硕士学位项目，广告词是"我们正好位于阿尔伯克基（Albuquerque）"。广告这一竞争手段将在第十章深入探讨。

竞争是否会导致成本和学费的上涨？

所有领域的竞争都易导致价格下降，但并非总是如此。如果一所学校通过使自己区别于其他学校，而非降低教育成本来参与竞争，那么它很有可能在某种程度上采取提高质量的形式，而这种形式可能具有蛊惑性，但却与高等教育的核心使命毫无关联，例如更豪华的住宿条件，或是更便利的娱乐设施。但是无论什么形式，只要是不同的产品就有可能增加成本，特定质量所导致的垄断需要提高学费来填补成本以及其他资源。因此，高等教育的竞争能够产生令人惊奇的效应——这不仅仅是成本增加的问题，同时也关系到学费上涨的问题。

竞争的另一个意料之外的效应是可能提升"同行影响"（peer effect）。

与那些典型的行业不同，高等教育顾客的素质决定了卖家的素质：至少是某些卖家的质量，人们普遍认为有能力的学生能够提升其所处学术环境的质量（Rothschild and White 1995）。一所欲寻求收入、学术地位、或是提供高质量教育的大学有一个清晰的动机，那就是吸引有能力的学生。达到这一目的的路径之一就是提供奖学金，这个我们之前已经讨论过。需要指出的一点是：当助学资源有限时，因吸引好学生而导致的奖学金上涨，会造成按需资助力度的下降，或是使得按需资助吸引力减弱（例如利用贷款取代拨款）。

还有一个竞争效应可以在所谓的联合集团（Overlap Group）中看到。20世纪70年代，常春藤院校之一的MIT，以及其他一些精英院校，很早就意识到招收尖子学生的竞争，可能会导致尖子学生拿到大部分的奖学金，而那些能够进入这些大学却负担不起学费的学生只能拿到很少的奖学金。认识到这一可能性，这些学校组成一个所谓的联合集团，他们每年碰一次面，对有意向的学生入学申请进行比较，然后再给他们提供助学金。为了避免因招收尖子生而引发的竞争，联合集团一起来确定每一名被联合集团多所学校录取的学生的"需要"；结果是学生将会获得联合集团中录取他（她）的几所学校比较过的助学金额度。价格战也因此停息。（有时在竞争明星运动员的时候，全国大学体育协会（National Collegiate Athletic Association, NACC）将为所有奖学金提供一个上限，目的也是为了避免价格战。我们将在第十三章探讨体育在高等教育中的作用）。

无论学校是何动机，根据《反垄断法》，操纵价格一般来说是违法的。20世纪90年代早期，司法部（Department of Justice）宣布联合集团共同来决定学生需求是违法的，因为这实际上是学校勾结起来降低助学金，并且导致学费的上涨。问题是在这种制度下，学生要比可自由选择助学金及学校的情况更为糟糕，因为学校可能因为竞争取消录取决定。联合集团的目的是消除彼此之间对生源的竞争，最终提高所有学生的学费，尽管这样降低了那些特别需要奖学金的学生的学费。《反垄断法》使联合集团的学校终止了共同决定奖学金的做法。MIT没有在判决书上签字，而是独自接受审判，最终打赢了官司（Bamberger and Carlton 2003）。

地域市场的扩张，竞争，大学排名的出现

1983 年，《美国世界新闻报道》（U.S. News & World Report）公布了其关于本科院校的排名。20 世纪 90 年代，大学排名开始兴起，例如时代（Times）、新闻周刊（Newsweek）和《财富》（Money）与《普林斯顿评论》（Princeton Review）以及《卡普兰测试服务》（Kaplan Testing Service）合作进行了一系列大规模的排名，有些排名主要针对学术质量，其他的则是对"价值"的排名等（McDonough, Antonio, Walpole, and Perez 1998）。

大学排名为何如此重要？一个答案是学生需要信息——这与学校日益激烈的竞争直接相关。如果一个大学申请者希望就近入学，那么选择就很有限，信息也很容易搜寻。但是当学生的地域目标很广泛，哪里就学都可以，那么就需要考虑和了解一大批的学校。虽然排名不尽完善，只能反映部分信息，但毕竟是一种工具。高等教育市场拓展至全国与全国排名的流行并非巧合。

比起地方市场，学院和大学们也愈发关注其在更宽范围市场中的排名，因为在那些将排名作为学校申请标准的学生眼中，大学排名是学校区分于竞争者的有力途径。

学校不只为学生而竞争

学校也要为师资、知名学者而竞争的事实已不足为奇。19 世纪，芝加哥大学的首任校长威廉姆·雷尼·哈伯（William Rainey Harper）曾用约翰·D.洛克菲勒（John D. Rockefeller）数百万美元从东海岸的大学里聘用一流学者。哈佛大学曾利用工资及其他形式的报酬从其他学校中聘用资深教授，其曾从纽约大学聘用历史学届的超级明星尼尔·弗格森（Niall Ferguson），而该教授离开牛津大学仅两年而已。纽约大学为其提供高出剑桥大学数万元的工资、斯特恩商学院讲座教授职位、格林威治区的一套公寓，并且支付其往

返英格兰（其夫人和孩子的居住地）的路费（Healy 2003）。哈佛大学必须提供更好的条件！

针对一流学者的竞争产生了诸多复杂影响。为研究者提供的实验室要花费数百万美元或数千万美元。同时还将有一些附带的费用。因为一流学者的名声来自科研，大学要聘用这些学者就要以减少其教学负担作为代价（Kirp 2003a）。

除了竞争学生和师资，大学和学院也会为其他资源而展开竞争：政府研究拨款和合同，个人和社会捐赠，捐赠基金经理人，竞技体育优势。我们将在第六章讨论捐赠，第七章讨论捐赠基金管理，第八章讨论研究经费，第十三章讨论竞技体育，同时也会讨论其他的收入渠道。

竞争的缓冲区

大规模的捐赠基金将使一所大学或学院远离严酷的竞争。富有的学校很少因为收入限制而改变其项目，或是在使命上妥协。之后我们将展示学校之间捐赠基金的巨大差距，以及财富对学校支出预算的重要性。我们认为用"应急基金"（rainy day fund）来形容捐赠基金比较贴切。第七章我们将考察一所学校所能承受的"雨天"年数——实际收入减少所持续的时间。

大学和学院应对竞争的另一条途径是开辟新的市场，因为新的市场竞争不会那么激烈。这些市场可能在其他国家——这就需要大学到国外大学开分校，或者是吸引留学生来美国读书，或者通过远程教育（详见第九章）、商标允可（详见第十三章），或者与私人企业、政府代理机构合作经营（详见第十二章）。

高等教育领域内的竞争似乎愈演愈烈。我们希望这种趋势得以保持。激烈的竞争环境所带来的挑战并非无药可治，但是解药需要成本以及承受痛苦，这也是我们在结尾章节所要展示的内容，这是我们从高等教育领域内了解到的东西，其对公共政策来说非常重要。

营利性高等教育的竞争和作用

高等教育的竞争与其他行业虽然相似，但还是有所区别。高等教育是一个"混合"产业，因为其竞争不仅存在于非营利性学校和营利性学校之间，同时也存在于公立学校和非营利性学校之间，而且后者才是最主要的竞争。其他混合行业中最突出的是医院，作为营利性部门，其所提供的床位占全部病人床位的13%（美国司法部，联邦贸易委员会，2004），因此其他所有制形式在医院行业中同样占主导地位。医疗行业，主导的所有制形式是私立非营利型，其提供了2/3的的短期床位，高等教育中则是公立大学占主导地位，州立和地方大学和学院服务的大学生数量占总数的73%（详见附录表A2.1）。但是医院主要依赖病人的保险（政府保险或私人保险），而大学和学院则主要依赖顾客的缴费——学校收学费，医院收病人的费用。而不同的收入来源也将导致不同的组织行为。

本章之前的讨论主要集中在传统实体学校，这些学校至少提供两年制学位。为寻求繁荣之地，营利性院校占据了高等教育的大量面积。凤凰城大学尽管是一所私立的、所谓传统的院校，但是其已经成为这个国家最大的学校，其拥有200个校区的300,000名学生，同时还有网上课程。营利性院校很少提供课堂教学，因此美国高等教育很少提及这些学校。而且，高等教育开始越来越多的提供远程教学，尤其是通过互联网。正如本章之前所言，尽管这一趋势成为传统学校所面临的挑战，但是并未受到重视。

混合的所有制形式意味着其行为要比只包含私人公司的行业复杂得多。所有类型的营利性院校都要追求利润，寻找能够避开与公立院校和非营利性院校竞争的市场。而公立和非营利性院校目标不同。尽管法律上并未禁止这些院校谋利，但是却限制其收入的使用。非营利性部门，无论是学校还是其他组织，不可以为任何官员或董事分红，因此也不能随意支配收入。公立组织也有一些相似规则，禁止代理机构领导或立法人员索取任何组织的利润。

但公立和非营利性大学无须缴纳财产税、消费税以及公司利润税。非营利性学校获得的捐赠可免除个人所得税。公立大学和学院还收到来自州和地方政府的实质性补贴。

而营利性院校则需要缴纳财产税、消费税,无法接收免税捐赠,也无法直接获得来自政府的补贴,尽管他们可通过学生间接获得政府贷款和拨款。公立和非营利性院校免缴大部分的地方财产税有助于说明我们在第二章讨论的问题,即营利性院校倾向于租赁而非购买校舍,而公立和非营利性院校则拥有自己的校舍。免除财产税有利于激励公立和非营利性院校拥有自己的设施,营利性院校则无此殊荣。

这些补贴赋予公立和非营利性院校更多的竞争优势。但是优势是有代价的,即"禁止分配的限制",法律禁止这些院校向学校所有人、董事、官员分配利润(Hansmann 1980)。这使得营利性院校无法通过为其行政人员提供物质奖励来鼓励缩减成本,提高效率,发展新市场,以及提高利润。

利润在任何一个行业都是塑造变化的动力。高等教育和其他依赖营利性公司的行业一样面临着许多问题,尤其是无论理论上还是实践上都很难评价其质量,包括评价一所学校研究和公共服务的质量。政府和认证部门的严格监督、学校声誉的发展有利于提高学校的质量,但是高等教育的发展历史表明监督非常困难,且成本很高,而声誉亦很难建立。例如阻止"摘樱桃"(cherry-picking)行为的成本就非常高,所谓"摘樱桃"行为就是学校有经济动力去吸引有利可图的学生。这些学生可能来自低收入家庭,可以获得联邦拨款为其支付学费的资格,但是他们准备不足、对专业不感兴趣。于是可能的结果就是学校获得学费,而学生除了背负贷款之外一无所获。

消费者很难了解质量,而且质量很难担保,因为学生的学习主要依赖于其自身的努力和能力,信赖出售人也因此非常重要。认证部门有作用,但是很有限,只是对接受认证和未接受认证的学校进行了区分,但是并没有传达差异何在的信息。树立品牌对营利性院校来说是一个挑战,毕竟它们必须通过学生难以觉察的财政手段来降低成本。

利用超越学生和政府的信息优势来获得利润适用于所有类型的学校。但是公立和非营利性院校无法获得营利性院校可以为其所有者和管理者提供利润的自由——至少在禁止分配限制的范围之内是如此（Weisbrod 1988）。

早在20世纪90年代早期，高等教育产业见证了营利性学校的建立只是为了利用联邦资助，似乎并不关注所提供的教育质量是否符合标准的过程。因此，国会通过"90/10规则"，提出所有接受联邦资助的学校必须有10%的收入来自其他途径。同时又颁布"50%规则"，即接受联邦学生资助的学校所招收的远程教育（非课堂）学生数量不得超过总学生数的50%，或者是远程课程数不得超过总课程数的50%。后一规则针对的是那些具有欺骗性的学校以及"文凭工厂"（diploma mills），这些学校大多属于营利性部门（Lederman 2005）。之后由于营利性学校的"游说"，这一规则于2006年被废除。

营利性院校与传统院校的竞争

如果营利性院校想获利，必须寻求拥有税收和补贴优势公立和非营利性院校的没有占据主导地位的市场空间。营利性院校似乎已经发现了为超过25岁的成人提供四年制学士学位项目。这样以来，营利性院校与公立和非营利性院校的学生虽然相似，但在年龄分布上有所不同。在四年制学位项目的市场上，营利性院校中有2/3的学生超过25岁，而非营利性院校这一比例仅为23%的学生，公立院校这一比例仅为20%。两年制学院与这些院校虽然性质不同，但是在这一问题上是一致的，25岁以上的学生比例为43%—44%（美国教育部，美国教育统计中心 2007b）。为了寻求竞争上的优势，营利性院校将目标定位于那些想获得学位的成年学生身上。

营利性院校、非营利性院校、公立院校围绕着学生及其所带来收入展开竞争，而营利性院校在参与竞争的同时也努力探索自己的市场定位。社区学院就特别关注与营利性职业学校的竞争，研究型社区学院的实践以及其他学术研究者关于这方面市场份额的研究已经证实了这一点。

竞争与合作并存

学校之间有竞争，但是有共同利益的时候也会合作。例如，两年制社区学院就是四年制营利性院校的潜在生源输出地。两类院校要为那些头两年可能在任何学校就读，但后两年要在授予学位的学校就读的学生而竞争。这就导致两类院校之间在学分互认问题上的竞争和紧张关系。营利性学院认识到这一问题后，看到了一个机遇：发展"学士学位课程项目"（capstone bachelor's degree programs），主要为那些头两年就读两年制院校的学生提供后两年的教育（Kelly 2011），因为两年制院校 96% 的学生中就读于公立社区学院（附录表 A2.1），营利性院校抓住机会与这些学院合作，保证这些学生的学分可以互换，进而拓展自己的市场。

营利性院校寻求新的获利机会的愿望有时符合社会需求，有时则并非如此。学分互换可以使更多的学生参与四年制学位项目，但亦有不足之处。学校可能接受质量较差的学分，从而给较差的学生授予学位。在竞争环境里，与卫生保健领域一样，营利性院校的角色对高等教育安全来说仍然是一个问题。对于有较少创新动力的公立及非营利性院校来说，营利性院校带来了具有活力的竞争。并非所有的变化都是好的，当然并非所有的变化都是坏的。

第四章 二元结构：收入、使命、大学行为的理由

大学从事的活动看似复杂，研究型大学与文理学院、营利性院校与非营利性院校之间看似差别显著，但其实每个学校都在做两件事——挣钱和花钱。学校需要花钱完成使命，需要挣钱满足开支。每一所学校无论目标为何，都要通过挣钱实现目标。

确定如何挣钱、如何花钱是每所学校所作所为的两个要素，这两个要素有助于我们研究不同类别的学校确定学费和资助政策的过程，筹资的成本，获得政府拨款的过程，校际之间运动会的作用，学校品牌的资本化过程，招生的成本，关于租赁还是购买教室的抉择，以及选择校长的过程等。我们在对大学各方面活动进行调查后认为大学是一个"二元公司"（two-good firm）——选择挣钱和花钱的方法。当学校思考如何定位目标并予以资助时，学校的竞争地位会影响到其挣钱和花钱的方式。

二元视角可以描述任何一所大学和学院利用有限的资源达到目标的过程。的确，每所学校挣钱和花钱的决策并不意味着我们可以采用一种一刀切的方式理解高等教育。学校目标在很多方面都有所不同，其获得收入的能力亦是如此，无论是某方面的收入还是整体的收入。进一步来说，开支和收入并不能截然分开。收入主要依赖于学校的目标，也即收入要花在哪些地方；而学校的目标或者是要做的事情，则依赖于可供选择的决策所能带来的收入情况。

高等教育是一个复杂的行业，大学和学院通过诸多的部门、中心、研究所提供数百门课程和项目，同时还要利用各种各样的筹资团队，包括发展

办公室、政府和企业关系团队、公共关系部门等，因此我们必须以简单化的方式来理解这个行业。二元结构为我们提供了一个指引：首先，我们认为每一个学校都有自己独特的使命，因此使命是一个或者更多"使命产品"（mission good）的生产者。公立学校、私立非营利性学校、营利性学校的"使命产品"不同，授予博士学位/研究型大学、文理学院、社区学院之间亦是如此。第二，我们认为每所学校都在尽可能的为"收入产品"（revenue good）提供更多资金。营利性组织，无论是学校还是其他机构，就是使命产品和收入产品目标相同的特例之一，因为其只关心盈利。事实上，私企只生产能够盈利的产品。然而对于公立院校和非营利性院校来说，逐利活动和教育使命推进活动之间的区分是其区别于彼此以及营利性院校的关键。

在本书中，我们通过各种方式来探讨各类院校之间活动的差异程度。我们期望他们达到所有的目的。虽然营利性院校只从事营利性的活动，公立和非营利性院校则还要从事非营利性的活动，尤其是要通过推进使命的程度来证明损失的合理性，但是我们期望所有的学校，无论是何种类型，都能够有机会盈利。

检验这两种期望对我们而言是一个挑战，高校之间的收入和开支在很多方面都有相同点和不同点。向政府要更多的资助是一种"收入产品"（revenue-good）活动，而非使命的一部分，加强私人捐赠和管理捐赠基金的活动亦是如此。营利性、公立、非营利性院校在这些活动上有相似性吗？营利性院校的证据很难获得，但是我们还是要质疑公立院校和非营利性院校是否以私企的行为方式来满足其动机？他们是否游说立法者？他们是否采用缩减成本的方式，例如聘任薪酬较低的教师？如果有可能，他们是否存在歧视行为，例如有的学生学费高，有的学生学费低？

与那些明确追求收入的活动相应的是学校所从事的非营利性活动，这些活动属于使命产品范畴的活动，不过这些活动并不包括其所涉及的成本问题。例如学校资助本科生并不是由于他们的"需要"（need），而是由于他们有"价值"（merit）——有利于学校的多元化或其他目的（详见第五章）。此外，这些学校参与校际运动会毫无疑问也是非营利的目的（详见十三章）。而相比之下，营利性院校很少提供基于价值的学生资助，或是参与校际运动会，因此他们从不参加美国大学体育协会（NCAA）第一级别的竞争，因为这些运动会竞争中的损失可能是最大的。

非营利性院校则会将钱投入到非营利性的校际运动会中——当然不包括一些商业性的橄榄球和男子篮球比赛。有时这样做的目的是推进学校的使命，能够吸引更为多元化的生源。例如最近弗吉尼亚的一所小型文理学院——雪兰多大学（Shenandoah University）发起的校际足球赛目的就不是营利，至少不是直接营利，而是吸引更多的男生，从而平衡本科生的性别差异（Pennington 2006）。

收入产品：来自学费、运动会等渠道的收入

首先我们要关注大学和学院的财政活动，也即收入产品的生产活动，很显然这其中有多重可能性。有创造力的学校正在尝试日益多样性的创收活动。非营利性组织的领导者显然已经注意到创收不是简单说说而已，而是不可或缺的。正如YMCA校长在其电子邮件签名中所言："使命：挣足够多的钱来支持使命。"

学校最大的创收渠道就是本科生学费（见表2.1）。尽管教育是学校使命的核心，但是学校必须确定教育的价格，当价格涉及到学生支付特定项目的意愿、学生群体的特征、地址等问题时，就会受制于竞争情况。因为学生的付钱意愿各有不同，而学校在向不同的学生收取不同的学费时有两种目的在其中。

这时二元视角再次为我们提供了帮助。一所学校，无论是属于什么性质，都有获得收入的动机，希望招收尽可能多的付费学生。获得收入需要高学费——学生愿意支付的最高额，而学生的情况又各有不同，因此只能让一部分学生缴费，同时为那些无力或不愿意付费的学生提供助学金。差别定价——让愿意付费的人付费——是学校收益最大化的途径。

首先要讨论的是第一个影响学校学费价格政策的因素——使命。在吸引特定群体的学生的范围内，使命的实现就不再只是最大化收益和招收任何学生的途径，还需要学校采用助学金政策的战略。学校要通过学费政策和助学金政策吸引特定群体的学生，甚至需要上文所提到的收入。使命的推进有时需要特定群体学生的净学费（net tuition）（学费减去助学金）价格低于那些愿意付费但不利于学校多元化的学生的学费。这就意味着基于"价值"的助学金会挤占一些基于"需要"的助学金。

无论助学金政策的动因为何——或是将学生作为收入渠道，或是将学生作为使命的一部分——学校都将通过给予学生不同的助学金来收取不同的净学费。简言之，学校都有差别定价的动机，但是所采取的方式取决于学校想要达到的目标。

任何行业所出售的产品都是"私有"产品，这些产品提供给那些付费的顾客，也可以不提供给不付费的人，所收取的费用主导着组织的收入。无论是公立的还是非营利性的生产者，这些费用可以通过捐赠收入弥补，这些捐赠来自私营部门、公共组织、个人以及公司。在高等教育领域里，学费构成营利性院校的大部分收入，这些学校来自捐赠和政府拨款的收入很少，但政府拨款是传统的公立和非营利性院校的重要收入渠道。

将学费称为付费有利于区分不同来源的收入，例如顾客日常消费的付费（必须要有价格，否则这一定义不适用）和其他不是来自直接受益人的收入。学费收入对三种性质的学校而言，重要性是不一样的。营利性院校主要依赖于这一收入；非营利性院校对其的依赖性相对小一些，但是非营利性院校因为捐赠收益和捐赠基金规模有所不同，因此依赖性的差异也比较大，一般来说学费占其总收入的比例是一半或更多；公立院校学费收入占总收入的比例较小，然而这一比例正在快速增长，因为本科教育的成本已经从州拨款转移到学费上，这一问题我们在第二章曾经讨论过（详见附录表A2.4，A2.5）。

高等教育并不是一个严重依赖于付费的特殊行业，当然除了营利性组织之外。在医疗行业，病人付费是医院主要的收入来源，由病人直接支付，或是由保险公司支付。付费在非营利性医院收入中的比例高达98%。非营利性的日托中心、博物馆、动物园中，用户也需要付费。"没有利润，就没有使命"这句话直中本质。

捐赠是另一个收入渠道——至少对公立和非营利性大学是如此（详见第六章）。与学费相似，捐赠收入在一定程度上也由学校把握。学校可以决定将多少资源用于开发校友和其他人的捐赠市场，包括公司、基金会和政府。公立大学也需要倾注资源向校友募捐，一般来说是通过非营利性基金会、公司等组织运作。所有的学校都想尽办法获得政府补贴——事实上就是政府捐赠（详见第九章）。当学校以雇用、合同等形式获得立法者、行政官员的补贴时，他们就是在生产收入产品。

学校还会寻求其他途径来获得收益。这一过程绝非易事。所有能够出售的东西似乎私人部门都已经在售，因此要迅速地捕捉到营利机遇。对于大学和学院来说，最有潜力的途径就是利用劳动力和资本设备（capital equipment），基于学校教育和研究使命的需要，这些资源正在出售。学校营利的渠道就是寻找利用这些资源的渠道，这种做法的成本微乎其微，出售产品的价格远远超出成本。可以以专利的、出租实验室的形式出售科学研究成果，也可通过提供高尔夫课程、健身房、出售篮球和橄榄球运动会门票等形式出售休闲娱乐服务，不过很多学校的休闲娱乐服务已经商业化了。因此学校与其他学校、私人公司之间形成了竞争，但是有时他们也会通过与私企的合作创收。

美式橄榄球可以说明大学获利机会寻找过程中所具有的创造力。对于实力强的大学来说，那些实力比较弱的学校会成为他们晋级的垫脚石。水牛城大学（University of Buffalo）2005年的记录是1—10，2006年的赛季中在与奥本大学（Auburn University）的比赛中赢得600,000美元，也因此被认为是全国冠军的有力争夺者。最受欢迎的十所大学之一——爱荷华大学与蒙大纳大学（University of Montana）对抗，后者甚至都不在IA级别的范畴内，爱荷华大学竟然输给对方650,000美元（Thamel 2006d）。那些在季后赛中被寄予厚望的球队赌注非常高，这就依靠球队在赛季中获胜。确保胜利是非常重要的！如果对手是弱队：绝对挣钱！

西弗吉尼亚大学的主教练理查·罗德里格斯（Rich Rodriguez）在球队输给水牛城大学、同时赔付威斯康星大学300,000美元后说得很直白："所有的一切都关系到钱——每一个领导都会这样对你说。这并非为橄榄球本身而兴奋。我们不要自欺欺人。"（Thamel 2006d）

我们的二元视角适用于收入产品，也预示着弱队对于强队的价值不仅仅因为前者一定是个失败者，其中还有其他原因。弱队希望能够以较低的价格在强队主场比赛，这就会为主队带来更多收益。此外，弱队很少坚持相互主场比赛，而强队必须与弱队对抗，才能保证自己再次安排主场上与另一个弱队的比赛（Thamel 2006d）。

大学还可以出售什么？对公立和非营利性院校来说，私企是一个非常有潜力的收入来源。如果发现可服务的机会，大学或是出售服务，或与之合作。"如果"是一个复杂的事情，我们将在第十二章继续探讨。毕竟营利性需要一所学校与私企以及其他进入相关市场领域的学校相比，能够以较高的价格出售产品，或是以较低的成本生产产品。我们再一次看到残酷的竞争对大学的制约性。

大学也可以通过向政府出售产品获得收入。加州大学伯克利分校就是典型例子，该校数年来为联邦政府新墨西哥的阿拉莫斯科学研究实验室（Los Alamos National Laboratory）提供管理服务。加州大学旧金山分校和圣地亚哥分校2005年，联合为州投入数十亿美元赞助的造血干细胞研究中心提供计算机服务。研究型大学及其教师每年都会为来自国家科学基金会和国家卫生研究院（National Institution of Health）的数十亿美元研究经费而激烈竞争（详见第八章）。

使命产品

营利性大学和学院的使命非常清晰——股东利益最大化。这迫使学校追求利润最大化，参与任何能够带来利益的项目和活动。营利性大学的特征就是利润最大化,无论其是四年制本科院校,博士学位授予学校,两年制学院,职业学院,还是其他性质的学校,都是如此,这样概括毫不夸张。凤凰大学的创始人约翰·斯佩林(John Sperling)这样描述自己的学校:"这是一个公司,而非社会机构"。(Cox 2002)尽管如此,利润仍是营利性大学与传统大学的区别标准所在。

在第一章中我们曾经讨论过,公立及非营利性大学的使命相对较为模糊。教学、科研、社会服务是一个宏大而全面的目标。这样的使命描述较为普遍,在大学和学院的网站上就可以看到。迈阿密大学的使命是:"教育和培养学生,创造知识,为社区及其他地区提供服务。"西方学院(Occidental College)的使命是:"为富有才华的各类学生提供高质量的全面教育——为他们成为这个日益复杂、共生、繁荣的世界的领导做准备。"惠顿学院(Wheaton College)的使命是:"建设教堂,并通过基督教教育推动基督教的发展,进而推动全社会的发展。"评价这些目标的实现程度必须发展一套可行的"业绩"评估办法,这远比在报纸上的财经版面寻找一个营利性学校的股价要难得多。

评价公立及非营利性院校成功的所有手段都不同于股东价值的衡量。任何排名,例如,《美国新闻与世界报道》(U.S. News & World Report)的排名,都会受到那些满意自己排名的学校的拥护,同时也会被那些排名下降的学校所批评。排名在某种程度上是由那些不太了解其他学校教育的大学校长决定的。不管怎么说,这些排名主要是为学生提供信息,并不强调学校是否完成自己的使命,或者是否为社区服务了。另一个常用的成功标准是申请人数,申请者的录取比例,还有筹资以及捐赠基金的价值等。这些标准都很实用,主要是看标准如何使用,例如预测本科生的信息,或是董事会用来评估校长的信息,或是政府政策制定者评估高等教育公共补贴时所采用的信息等。

《华盛顿每月大学指南》(Washington Monthly College Guide)里出现有关高校排名的一个新概念——国家贡献(contributions to the country),该杂志始于2005年,每年一期。这种排名并不关心学校为学生做了什么,而是其为"国家"做了什么,包括低收入家庭学生的社会流动性,对社会研究的贡献，鼓励学生为美国和平部队（Peace Corps）或预备军官训练团（ROTC）服务等。这一排名与《美国新闻与世界报道》关系不大，例如，普林斯顿大学在后者的排名是第一，但是在前者的排名只是 78 名，而加州大学 2007 年在前者的排名中从 25 名跳至第二名。《华盛顿每月大学指南》还评价出排名前 30 位的社区学院，并且强调学院中 43% 的新生都来自两年制学校（Carey 2007）。

很明显，每一种评价业绩的手段都会强调不同的因素，突出学校不同方面的表现。同时，没有哪一种评价手段是为了引导营利性学校的决策，因为这些排名中不包含这类评价。

追求使命和创收：差别明显吗？

收入产品和使命产品的区别虽在前面章节多次讨论，但是仍不够明了。例如，基础研究看起来是高成本的非营利性活动，其研究成果不能申请专利。因此，基础研究对雇用教师从事研究、支持相关博士项目的研究性大学来说应该是使命产品的生产活动，但是对于注重本科生教育的文理学院则非如此。尽管如此，如果一个学校的基础研究能够获得国家卫生研究院（National Institutes of Health，NIH）、国家科学基金会（NSF）等机构的国家拨款，或者是得到基础研究中已获专利的特殊研究研究成果的经费；或者是医药公司等企业为大学基础研究提供资助，在发表前一两个月拿到研究成果来推进生产；或者是这些公司通过支持大学的研究机会，就会有机会聘用高水平博士，那么基础研究就可以带来收益。然而即使在这些情况下，一些科学研究的营利性可能仍无法说明基础研究对人文社会科学的支持作用，毕竟外部研究资助有诸多限制。那些博士项目很难盈利，但他们是学校使命的一部分。

收入产品与使命产品之间界限的模糊性表现在诸多方面。近些年，很多院校通过特定项目与私企形成合作关系，从而获得收益。例如 2002 年，宝马公司为克莱姆森大学（Clemson University）赞助 1000 万美元，来支持克莱姆森大学国际中心的汽车研究。这一赞助对克莱姆森大学影响重大，使其成为美国第一个授予汽车工程学博士学位的学校："在克莱姆森的支持下，宝马公司在汽车工程研究院开设课程，提出学生培养要求；宝马公司还为克莱姆森提供了很多教授和专家，同时在学校的建筑风格上获得审批权。"（Browning 2006）

两者这种复杂而微妙的关系引发了一个争议：对大学而言什么行为是"合适"的？尤其学校还获得了南卡罗来州的支持。州政府支持这种关系，又追加1000万美元用于教授席位，2500万美元用于学校建筑。但是宝马公司有权控制中心的研究成果。（Browning 2006）

早在1988年，加州大学伯克利分校曾与诺华公司（Novartis）合作，后者为学校的植物和微生物学系（Department of Plant and Microbial Biology）提供2500万美元，用于支持生物学研究，研究决策委员会五名成员中有两名来自诺华公司。后来学校终止了合作，因为学校转让了太多的决策权，这已经超过大学控制的底线，但是大学还在继续寻求私企的资助，因为那是财富所在（Rudy et al. 2007）。

当非营利性基金会为研究型大学提供大量研究项目时，使命和获得收入的活动之间的界限也非常模糊。大学想获得研究经费，但是不负责研究成果的用途，这就反映了大学使命以及私人捐赠者目标在利益上的潜在矛盾。2007年，阿尔弗雷德.E.曼基金会（Alfred E. Mann Foundation）为普度大学提供1亿美元的捐赠，用于大学生物工程研究成果的商业化，其中收入产品的元素非常明显（Blumenstyk 2007b）。这可能是大学史上最大的一笔捐赠。这实际上意味着大学具有通过研究成果商业化以及专利许可获得巨大收益的潜力。但事实不仅如此。

有些公立大学和私立大学曾经拒绝基金会的资助，"主要是考虑到基金会对大学知识产权的限制太多"（Blumenstyk 2007b）。早在一年前，约翰·霍布金斯大学、埃默里大学和佐治亚理工学院（George Institute of Technology）都拒绝了曼恩基金会（Mann Foundation）1亿—2亿的捐赠，主要原因是其要控制学校履行使命的过程。北卡罗来大学和北卡罗来纳州立大学也拒绝了该基金会的捐赠，据说也是考虑到"基金会要求拥有学校发明的优先使用权,并用于商业化用途,可能与其他的研究合同会有冲突,而且这并不会为学校带来什么好处"。但并非所有的学校都会拒绝曼恩基金会。1998年,南卡罗来大学就与基金会达成协议,"使学校的基础研究更快地投入到临床治疗、诊断测试,或是其他的生产用途"(Blumenstyk 2006c)。

一方面,致力于这些合作的努力属于教育活动,生产使命产品,因为学校提供的是教育和研究。但从另一方面来看,这些活动属于创收活动,也即生产收入产品,因为这些活动是为学校财政服务,虽然未必能够实现。实际上,检验某一活动是生产收入产品还是使命产品可以采取一种"假设"的实验:如果是非营利性的活动,大学还会实施吗?如果答案是肯定的,那么生产的是使命活动;如果答案是否定的,那么活动的唯一目的就是盈利。

然而,所谓的盈利常常很模糊。就像我们将在不同的背景下所看到的一样,纯粹的营利性与会计记录、报税表中所反映的盈利是不一样的,主要是因为与使命和收入相关的活动都涉及到成本的问题。那些看起来技术性的、神秘的规则都关系到类似于建筑物折旧之类的问题,以建筑物为例,其同时用于教育和研究(或基础研究)、企业合同研究,而这些建筑物的照明、取暖成本也决定着纯利润和账面利润之间的关系。再以运动为例,据NCAA统计,学校运动会成本的1/3会涉及到所有的运动项目,某一笔收入并非单单来自某一项特殊运动(详见第十三章)。这些钱是如何汇集起来的,或者说如何分配的?每一项运动都对特定项目的营利性有贡献。

使命、收入混合产品

大学使命产品和收入产品之间的区分属于二分法。这是对大学活动的一个简单化处理,但是这种分法也有其价值。

这种简单化处理的问题在于所有的活动不可能完全属于使命产品类别或收入产品类别。这并非偶然或个别现象。学校迫切需要通过个人或组织获得收入,同时能够得到使命产品。例如,教育学生是学校的使命之一,但是因为有些学生和家庭愿意,也只能承担部分学费,那么这些学生就是学校的潜在收入。事实上，37% 的全日制本科生没有助学金，必须承担全部学费（Berkner et al 2005）。学校也发现学生的剧院和表演项目——使命产品——需要提前排练，虽然这些排练不需要门票，但是也不禁止收费。收入只能来自那些希望观看演出并且能够付费的观众，这些收入一般作为"非相关收入"，因此不纳税。同样，校际运动会，尤其是橄榄球和篮球，尽管名义上属于学校使命的范畴，但对于 NCAA 等级 I 和 IA 的学校来说，校际运动会可以带来大量收入，这些收入同样不需要纳税。显然无须纳税的活动较那些需要纳税的活动更具吸引力。

简单来说，学校对美国国税局规定范畴内的营利活动、其他联邦或州立法等所规定的免税且与使命相关活动更感兴趣，通过这些活动获得收入，然后利用这些收益来资助非营利性的使命活动。学校的创收活动中，营利与否的边界非常模糊。学校避免从事纳税活动，同时也要避免受到学校为何在使命之外的活动上投入资源的质疑，因为这将影响到学校其他的收益，例如捐赠。学校也会避免私企的控制，形成两者之间的不公平竞争，从而使大学的使命陷入纯营利性的活动。

无论大学和学院如何看待自己的使命，毫无疑问收入有利于塑造更多的成功。无论学校是不是营利性院校，营利性的活动都是其考虑的主要因素，营利性院校考虑如何让股东们受益，传统院校则考虑如何推动基础知识的发展、如何教育学生、如何推动地方经济的发展。所有的学校都想获得更多收入，在收入的使用上，他们之间或许趋同，或许迥异。

从二元视角来看，所有的学校都想抓住那些营利的机会，从这一意义上说，学校之间是相似的。如果有同样的营利机会，他们都会利用这些机会。当然，他们的机会可能有所不同。研究型大学培养高水平博士生来从事研究，就有可能获得政府、企业的研究经费和合同，而四年制学院、社区学院则没有这样的机会。这些学院，主要通过为地方企业或政府提供专门的课程获得收益，而这些课程与研究型大学的基础研究目标可能是不相符的。

最近，出现一些新的教育项目，例如整合营销、生态学、生物学的专业硕士，还有一些新的教学手段，例如网络教学等。这些项目和手段都是能够产生净收入的合理手段，对学校使命也是有益的。

学校也从事一些其他的有关收入产品的生产活动，包括技术转换——尤其是药物专业授予和专利许可，还有航海、商标专利、学生住宿、娱乐设施、研究园区、针对退休人员的房地产投资。学校越来越多的涉足一些新的领域，这些领域适用于私立非营利性的免税学校，与学校的使命没有什么关系，但是所带来的收入可以支持学校使命。很多学校从事这些"不相关"的商业活动，虽然按照美国税法规定，这些活动的收入属于公司利润税收范畴。学校通过其高尔夫课程、游泳馆一起其他的娱乐设施盈利，在学校的公共场所做广告，将橄榄球场出租给摇滚音乐会、职业橄榄球赛等。[①] 非营利性医院的康复中心、药房也会对外开放，非营利性的博物馆也会设置一些礼品后来出售一些纪念品，这些活动与免税的使命都没有什么"实质性的联系"（Ainitsyn and Weisbrod 2008）。

跨越边界

前面章节我们利用二元视角对大学和学院的行为以及营利性学校的特殊案例进行了区分。事实上，商品的生产商只会关注营利性。但是使命产品和收入产品之间的界限并不清晰，因此营利性大学和非营利性大学之间的区分并不像我们想象的那么明显，且两者之间会互相渗透。正如我们在第三章所讨论的，一所大学或学院可能今天还是非营利性的，明天就成会成为营利性的。任何一种性质的转变都包含着与收入相关的使命调整，每所学校都是如此。

利用二元视角对营利性院校和非营利性院校进行比较

美国甚至全世界的高等教育都由非营利性院校主导：公立大学和私立非

---

① 虽然这些与免税的使命没有实质性的联系，但是因为它们被视为偶然情况，所以也是免税的。

营利性大学。这些大学的建立、资助、保护，是因为人们期望他们能够为社会提供有价值的服务，以及能够服务社区、地区或州的基础研究。如果说营利性大学与非营利性大学确实有区别的话，那是因为他们拥有不同的使命和收入渠道：也即上述二元视角的两个方面。

与营利性院校相似，公立、非营利性院校也利用广告等手段参与竞争。即使哈佛大学，也为招收暑期学生在《纽约时报》上做广告，鼓励"全世界的学生来哈佛，满足自己的求知欲，向杰出的教授们学习知识"（哈佛大学2007）。他们通过差别定价，向愿意支付更多费用的学生收取更多的学费。他们要决定校际运动会的性质是使命导向的还是收入导向的，确定门票价格，确定橄榄球、篮球教练的薪酬，确定是否像职业队一样建造、出售豪华包间。

与营利性院校一样，公立、非营利性院校也关注成本。因为有效地控制成本意味着收入对使命的支持作用更大。虽然不同的学校使命有所不同，但每所学校都需要关注成本问题。所有的学校都要确定是聘用全职教师还是兼职教师，要确定捐赠基金经理人的薪酬。

因此，当谈及收入最大化、成本最小化的问题时，二元视角将会告诉我们所有类型的学校都要抓住一切机遇。从这个意义上说所有的学校都是相似的。但这并不意味着他们完全一致，因为他们的机遇不同。税法可以使营利性院校的活动具有非营利性质，使非营利性院校的活动具有营利性质。两类院校在志愿者问题上亦有所不同，这一点我们并没有检验，一般来说，人们不乐意到营利性院校做志愿者，所以即使所有的学校都关注成本，但是临时工和志愿者的使用方面亦有不同。

简易的组织行为二元视角强调影响院校的基本要素，以及它们所面临的决策和两难困境。两种产品的企业框架有助于我们观察所有院校中相似与不同的行为。简单来说，学校会支持营利性收入活动，目的是通过收入最大限度的支持使命，无论使命是股东利益最大化还是更宽泛的社会目标。营利性院校和非营利性院校都从事营利性活动，只是原因有所不同。

使命与财富的冲突

当不涉及使命问题时，营利性大学和非营利性大学在寻求收益这一点上非常相似。也就是说使命产品和收入产品是截然分开的，但是当两者交织在一起的时候就会产生矛盾。某项活动会带来收益，也因此会为使命提供资源，但是同时也会对使命产生消极影响。招收富裕的学生可以为学校带来更多收益，但是这也意味着会挤走那些有价值的、更需要就学的学生。正如凡勃仑（1918，p.224）一个世纪前所指出的——即使能够带来收入的大班教学（有效削减成本）和标准化测试，也将侵蚀我们的使命。商业原则侵入大学，将妨碍对学习的追求，从而击溃大学所守护的底线。

另一个矛盾是从一种渠道获得更多收入对其他收入渠道的潜在消极影响。例如，某个学校成功完成一个筹资项目，但是可能会发现在之后很难再获得捐赠了。而一个刚刚为某次筹资项目作出贡献的捐赠人也可能会削减捐赠。捐赠情况的变化与捐赠人认为学校不再需要捐赠的判断不同，尽管对拥有广泛社会目标学校的而言这种区别非常模糊。在第六章我们对私人捐赠影响因素的分析过程中，我们发现拥有较大规模捐赠基金的学校不会受到捐赠减少的影响，至少不会受到某些捐赠的影响，但是捐赠增加的影响则完全相反。

对高等教育来说，用于支持非营利性、有社会价值的"公共产品"的收入是一个永无止境的挑战。尽管收入与使命很少完全对立，但一般来说获得收入的活动在支持学校使命的同时也会危害使命。例如，学校技术转移办公室与某个私人制药公司商谈特许权力和大学专利问题时，诸如治疗艾滋病的抗病毒药物，就会引发学校收益最大化与其部分使命之间的冲突，因为有人认为应该对非洲地区的艾滋病患者公开这些知识。这就是2001年明尼苏达大学所面临的问题。当时学生谴责学校和葛兰素史克公司（GlaxoSmithKline）在非洲出售的艾滋病治疗药物价格太高，呼吁学校出售低价药物。学校则认为自己无权控制价格,而且所获得的收入可以支持大学的研究,包括更多的艾滋病研究(Lerner 2001)。

当学校将研究专利出售给某个公司,而不是自由使用的时候,使命产品(创造和传播知识)和收入产品(限制性出售和知识专利许可)之间的矛盾就非常明显了。一个想垄断专利的公司愿意为此付更多的钱,而不是与更多的公司共享。与此相似,当学校与私企签订合同时,企业会获得学校研究成果的优先使用权,交易是如此明了。对大学而言这就是净"利润",但是这种利润要以推迟三个月发表研究成果为代价。

因此,涉及收入和使命的活动并非截然分开。这个问题的普遍性和严重性如何?这比一个人一开始所想的要普遍得多,因为期待两种活动区别不大是有原因的。能产生最大收益的活动意味着给予更多垄断权力的机会。将研究成果提供给所有的竞争者,等于这些竞争者都没有竞争优势,因此他们一般不愿意透露信息。相反,把成果提供给一个竞争者就等于一笔可观的收入。收益促使大学走向垄断(详见第八章)。

二元视角的深入探讨

二元视角还包含着更深的意蕴。其中很重要的一点是非营利性学校获得收入的活动也会像营利性企业一样需要压缩成本。如果是这样的话,可以确定地说公立大学和私立非营利性大学都在寻求通过整合资源来压缩成本的机会。二元视角能够解释这些大学倾向于聘用兼职教师和非终身制教师,而不是全职教师和终身制教师的原因吗?答案是肯定的。非营利性院校的预算也非常有限,就像私企受到竞争者价格的牵制一样,他们也要寻求降低成本的途径——选择兼职教师,而不是那些成本日益增高的全职终身制教师。在第十一章我们将会继续讨论这一问题,教师的替换将会带来大学的重组,这是学校成本降低策略的一部分,当然也会因此有更多的资金用于支持学校的使命。

私立营利性大学使命很简单：利益最大化。它们很少关注非营利性的社会活动，例如基础研究，主要关注营利性活动。我们发现高等教育营利性部门的活动范围要比非营利性部门和公立部门窄得多。他们集中在那些与就业机会联系紧密的领域，例如商业、教育、技术、综合医疗保健、具有前瞻性的基础研究、校际运动会等，他们会通过提供更多的在线图书馆而不是建设昂贵的实体图书馆来缩减成本。

令人惊奇的是，无论什么性质的大学（营利性大学或非营利性大学，公立大学或私立大学，研究型大学，四年制大学或两年制学院，或是提供副学士学位的学院），其所为、所不为都可以通过二元视角来简单地理解。大学的一系列活动，诸如选择拥有哪些学术单位，是否参加"一流的"橄榄球赛和篮球赛，发展办公室的规模，确定终身教职、讲师以及兼职教师的比例，构建学生资助体系，选择什么样的校长等，都可以归结为两个问题：获得收入，以及怎么利用收入发展学校的使命。

本科教育本身是一个复杂的活动。其中有一部分活动是为了获得收入，至少是针对那些支付全额学费的学生。同时，有一部分活动是为了发展学校的使命，为那些无法支付学费的学生提供教育机会。我们的二元视角强调学校抓住机遇吸引能够为学校带来收入的学生，同时利用这些收入支持使命。尽管本科教育是公立大学、私立研究型大学使命的一部分，但是对四年制学校以及社区学院来说，他们并没有声明要推进基础研究，因此本科教育是其唯一使命。在这些情况下，可以说公立大学、私立非营利性大学和学院的许多私人资助、政府补贴不仅仅是用来盈利。如果他们真是这么做了，那么与私企就没什么差别了，更不会享受到捐赠、销售、不动产、利润、邮政等方面的税收优惠政策。这里面潜藏的逻辑是这些机制鼓励为学校捐赠，同时缩减学校的成本，学校也因此获得更多支持使命的经费。

大学和学校的活动不可能整齐地分配在两个盒子里——要不就是使命的一部分，要不就是为支持使命而产生收益。但是这两个盒子是有价值的，他们能够简单地诠释学校所面临的基本选择。当我们询问公立学校或私立非营利性学校与私企有多像的时候，就营利性而言，两者都在关注如何获得收益。为了尽可能地履行非营利性的使命，这些学校必须想办法挣钱。因此，所有的学校都在追求营利性活动——尽管原因有所不同。对有一些学校来说，是为了让投资者满意；对于另外一些传统学校来说，则是为了支持非营利性的使命。

前面的章节我们讨论了营利性院校和非营利性院校、公立院校和私立非营利性院校的区别。但是毫无疑问的是，我们的二元视角揭示了一个事实：高等教育不仅与其他领域相似，而且它也是商业。它必须想办法获得收益，其中成功的学校将有机会为推进使命提供支持。

高等教育寻求收入的历史与生俱来。技术的变革为筹资项目带来新的手段，但是学校的目标却从未改变：获得更多收入来支持学校使命。

第五章　学费、差别定价、助学金

　　对大学或学院来说，学费是支持使命的重要收入来源。同时，学费也是影响学生报考学校的重要因素，因此也是学校吸引学生的重要手段。从另一个角度来说，学费在筹资方面扮演着双重角色，筹资的同时吸引特定学生群体，然后通过这些学生来推进自己的使命。

　　在下面我们将看到这种双重角色的关键之处是现在的"学费"的概念要比最初的概念模糊。一般会认为学费就是本科生缴纳的学费数量（注册学费，listed tuition），实际上学生之间支付的价格（净学费，net tuition）是不同的。的确，我们常常看到同样专业、同样班级的两个学生支付的学费不同，就像同一架飞机上的两个相邻的乘客飞机票价格也不同一样，知识价格差异的原因可能有所不同。飞机票的价格差异一般是基于利润最大化的战略，而一所公立大学或私立非营利性大学这么做则是出于收入和学生两方面考虑。

二元结构中的学费问题

　　高等教育的财政首先要看顾客的口袋：学生及其家庭。一所学校对学费的依赖程度决定了其所追求的目标。一所学校可能相对学生实行零学费，那么学校必须寻找其他渠道的收入——捐赠基金、出售教育相关产品、募捐等。如果除了学费没有其他渠道的收入来源，例如学费驱动型的学校，那么学校无法追求自己的理想使命，必须改变使命，调整理想使命（在收取学费时可能会为少数低收入学生提供奖学金），或者是完全放弃高等教育。同时，收入也会影响到一个学校完成使命的能力，而学校的使命也将影响其控制学费的能力：一所致力于卓越教育的学校对那些追求好的学位、好的学习环境或好的学习能力的学生富有吸引力，而这些学生也愿意为这些学习机会支付更多学费。

进一步说，学费的制定方式和学校所侧重的各种学费因素（家庭贡献、学生贡献、贷款、拨款）能够反映出学校的目标以及所面临的压力。举例来说，面临激烈竞争的学校不太可能收取高学费，即使对富裕的学生也是如此，因为高学费意味着这些学生将选择学费较低的学校，从而减少学校的净收益，同时这也会限制学校降低低收入学生群体学费的能力（假设这是学校的使命之一）。我们再看另外一个例子，学校（包括所有营利性学校）衡量收益时，很少将降低学费作为慈善手段，尽管他们必须降低那些没有能力支付全部费用的学生的学费。

在讨论本科水平的学费和助学金政策时，我们主要强调三点。首先是学校的注册学费——"标价"——就像汽车的标价一样。许多学生支付的学费比标价要低，因此任何将标价作为高等教育价格的研究都夸大了学生的实际消费水平和学校的学费收入（但是我们也考虑到注册学费能够为学生和家长提供有用信息）。第二点是不同的学生支付不同的学费很普遍，学校为实现价格差别所采用的方式反映了其所追求的使命。最后，我们通过文献研究了价格差别的趋势，尤其是奖学金的问题，我们主要关注那些传统学校的收入增长，尽管收入增长要对使命让步。[①]

学费问题意指哪种学费？

美国高等教育中关于成本（一般还要加上一个词"价格飞涨"）的

[①] 关于学校助学金政策的影响的相关研究请参见：Long 2004, McPherson and Schapiro 1991, 1998.

故事很多。在私立学院上学，每年的成本是 3 万美元以上（College Board 2006），仅这个数字就够让人吃惊了。然而高学费的印象容易误导人。结果是关注力都放在了知名大学和文理学院身上，或者说排名前 200 名的学校身上，但是在美国还有 4200 所授予学位的其他学校。[①] 如图 5.1 所示，2003—2004 学年初，每年实际学费超过 3 万美元的四年制大学数量仅占一小部分，只有 100 所学校的学费超过了 25,000 美元。大多数学校每年的学费都低于 1 万美元。然而即使每年 10,000 美元的学费，对大多数家庭来说也是一笔不小的开支，需要提醒的是图 5.1 中的注册学费是削减之前的额度。

最近几年，人们对学校学费的不断上涨愈发不满意，学校开始用"学杂费"（fee）作为学费的补充。学杂费过去并不重要，现在越来越受到重视了。在公立大学里，全部学杂费增长的速度高于学费，目前已经持平。例如，俄勒冈大学和纽约州立大学的学费增长比例都为 40%。立法者在学费问题上扮演了监督者的角色，但给予学校收取费用的权力。例如，俄勒冈大学的学杂费包括 51 美元的"能量费"（电费）、270 美元的"技术费"（计算机服务费）、371 美元用于健康中心、624 美元的"特殊"活动费（学生活动）。蒙大拿州立大学则收取 10 美元的图书馆服务费，北达科他大学每个学生要收取 37 美元用于级别 I 运动项目。马塞诸塞州大学每学期收取 4100 美元用于健康、学生活动和课程方面，这笔费用相当于学费（857 美元）的 5 倍（Glater 2007a）。在本章的讨论中，我们将学杂费纳入到了学费中去。

[①] 教育部收集的资料来自于 2530 所四年制学校以及 1706 所两年制学校 2003—2004 学年的数据（美国教育部，美国教育统计中心 2006a），最近的数据参见附录表 A2.2。

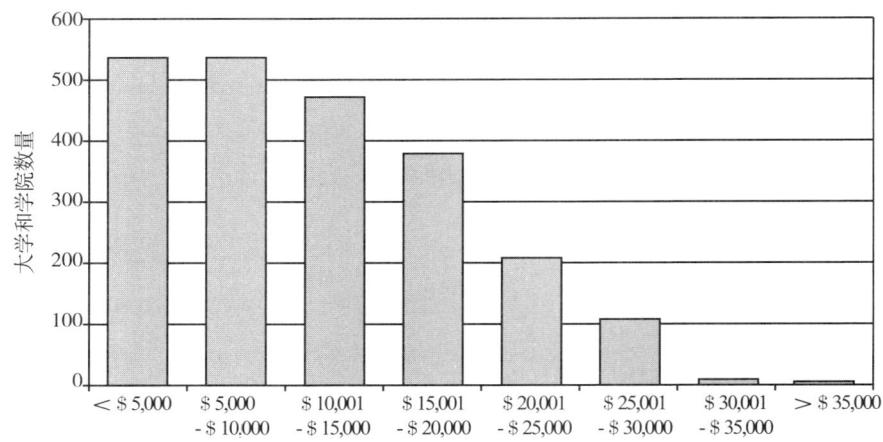

图 5.1　公立和私立非营利性四年制大学和学院的学费和学杂费水平，2003

来源：由 2004 年国家中等后教育学生补助研究（美国教育部，美国教育统计中心 2005）以及研究者的计算而来。

即使是最昂贵的学校，其注册学费的信息也令人震惊。一所学校的注册学费一般来说并不是入学的价格。助学金一般是以降低学费的形式出现，注册学费相对于"净学费"而言没有什么意义——降低后的学费——更不要说其他形式的补助了，包括助学贷款以及兼职工作。表 5.1 中提供了 2003 年秋季不同类别学校（这些学校包括了大部分的学生）新生的注册学费和净学费比较情况。

在所有的大学和学院中，平均注册学费是 3744 美元，比精英私立大学的 30,000 美元低多了。这个平均数包括所有类型的大学，包括非学位授予大学，以及大量的公立两年制学校和四年制学校。社区学院的学费一般不高，因此很少降低学费，而公立大学的年均注册学费一般位于 5000—6000 美元之间；根据一般情况降低 12% 之后，平均净学费则低于 5000 美元。

表 5.1　一年级大学生的学费和实际价格（net price），2003（美元）

	平均注册学费 & 费用	平均净学费 & 费用	平均降低比例
全部	3774	3347	22%
社区学院	1028	1005	2%

续表

	平均注册学费 & 费用	平均净学费 & 费用	平均降低比例
公立大学	5484	4838	12%
私立大学 & 文理学院	21633	15596	18%
营利性大学	7505	7446	1%

数据来源：根据美国教育部、美国教育统计中心 2005 年的统计数据计算而成。

文理学院和私立非营利性大学的学费较高，平均注册学费是 21,600 美元，但是他们也会大幅度地降低学费。平均来说，他们的净学费在 15,596 美元，比注册学费低 28%。

营利性大学的学费在 7000 美元左右，一般不会降低学费。他们的净学费自然也高于公立学校，但是仅相当于私立非营利性大学的一半。

当对所有的大学和学院一起考虑时，很少有学生支付了最高的价格。2003 年，两年制学院中只有 10% 的学生支付了 8100 美元以上的净学费。即使在四年制大学，也只有 10% 的学生支付的学费超过 14,000 美元。中间的学生（支付的学费额度居于所有学生中间）所支付的平均净学费也比这里报告的要少。我们估计社区学院中只有一半的学生每年支付学费超过 700 美元，公立大学中只有一半学生支付学费超过 4000 美元。私立大学和文理学院的学费较高，一半学生支付的净学费超过 13,400 美元。

注册学费是否有用？

当提到净学费而非注册学费时，大部分的家庭似乎都能承受上大学的经济负担。虽然一些学生要支付全部学费，但是即使在最昂贵的私立学校，很多学生其实是不需要支付全部学费。这对很多学生来说好消息，但是这意味着大学无法获得更多的收入。那么，注册学费有什么用呢？这里我们认为注册学费可能有如下几个作用。

对某些学生来说注册学费是有意义的，因为他们代表着学校收取学费的上限水平。对于富裕的学生以及无法获得助学金的同学来说，注册学费就是他们实际支付的学费。学校将这些学生作为"上限"多少反映了学校的使命。当生均成本高于学费时，通过寻找其他经费来源来压缩成本就成为学校使命的一部分。一般来说，那些学费驱动型的学校——这些学校没有大规模的捐赠基金，或是没什么其他经费来源——注册学费至少等于生均成本，甚至高于后者。当然，对于有其他经费来源的学校来说，注册学费可能低于生均成本（Winston 1997）。

注册学费也是反映学生成本的重要信息，即使不够全面。学生选择学校的时候会考虑学费问题，尽管很多人知道他们不会按照标价支付（Leslie and Brinkman 1987）。直到获得助学金，一个学生才确定他所要支付的净学费，因此注册学费无法作为选择学校的依据。但是，如果一个学生希望注册学费和净学费之间有关联时，前者的确能够提供一个大概的参考，尤其是不同公立大学之间或营利性大学之间进行比较时，学费减免的差异和变化都很小。

最后，很多学生会将注册学费作为质量的信号。虽然我们认为这种想法很有意义，但是我们仍然相信这不可能像一般命题那样正确。然而确实有一些证据可说明高价格具有"信号价值"。2007 年，格林内尔学院（Grinnell College）校长宣布了该校注册学费上涨的消息，以弥补其学费与同等院校之间 10% 的差距。这一消息意味着格林内尔学院在质量上与同行一样，所以应该收取同样的学费（Jaschik 2007）。2000 年，乌尔西努学院（Ursinus College）通过提高学费来应对报考人数下降的局面，很显然是想通过高价格来反映高质量，学校 17.6% 的上涨比例（涨至每年 23,460）效果非常明显：第二年的报名人数多了 200 人，学校新生数量达到 335 人。还有很多其他学校也采用了同样的策略，例如圣母大学、克斯学院（Hendrix College）等。

在商业贸易中，如果你提高价格，就意味着更少的人买你的商品。而乌尔西努等学校的做法却产生了相反的效应。这确实令人困惑，许多学校通过提高学费，吸引了更多的学生报考，同时也必须有更多的助学金预算，结果是净学费并没有随着注册学费上涨而上涨。因此学生有两点无法确定——某一学校的净学费额度以及该校的质量——高等教育产品里的质量着实难以衡量，所以可以理解利用零碎的信息判断质量的做法。注册学费的作用就在于此。学生认为这些学校学费"成本"（注册学费）水平与常春藤大学持平，所以质量应该很好的；其实昂贵的大学会减免更多的学费，低收入家庭的学生如果意识到净学费是一个有意义的数字，他们就没必要受到那些注册学费很高的学校的干扰。

这并不是故事的全部。如果是的话，将有更多的学校会上涨学费，而且涨得很迅速。同样，一所学校可能发现学费太高时，报名的学生数量会减少。问题是除此之外，学生可以通过其他信息来判断质量。关于质量，除学费价格外的哪些信息学生难以获得呢，例如学校指南和排名？

事实上，尽管对于《美国新闻和世界报道》（U.S. News & World Report）中排名前 100 名的学校而言，排名靠前意味着学费高，但是这种关系并不是必然的。对于顶尖的文理学院来说，这种关系几乎不存在，而且他们的学费差距比较合理。例如，在 2004 年排名前 10 位的文理学院和前 10 位的大学中，只有两所学校的注册学费非常高，而威廉姆斯学院，2007 年排名第一，但是学费水平仅排名第 29 位，难道这意味着威廉姆斯学院的学费低于学费最高的学院——萨拉劳伦斯学院（Sarah Lawrence College）？绝对不是，因为注册学费之间差距很小。威廉姆斯学院注册学费为 29786 美元，只比萨拉劳伦斯学院 31680 美元低 6% 而已（美国教育部，美国教育统计中心 2007b）。更多的细节参见附录表 A5.1。

学费之外

评判一个学生上大学的成本要避免两个误区：一是上面所讨论的夸大学费数量的误区，一个是忽视其他成本的误区。除了缴纳的学费和费用外，学生还需要购买图书和其他相关物品，如果离家远，还需支付房租和伙食费。更重要也很少被承认的是，全日制学生上学意味着放弃获得收入的机会：一个有高中文凭的毕业生全日制工作四年大概可以获得 84000 美元的收入。因此，媒体讨论学费时有所遗漏既是好消息也是坏消息。好消息是如果学费和费用被认为是折扣后的额度，那么实际学费成本要比任何一种估算都低。坏消息是学费只是全部成本中的一部分——虽然是一个重要部分。

表5.2以2003年为例，展示了不同情况下获得四年制学位的成本（不仅仅是学费）差异。我们主要讨论五种路径：（1）在社区学院学习两年，然后工作的同时在地方公立四年制学校中再学习两年，期间住在家里；（2）在地方公立四年制学校中学习，期间住在家里；（3）在工作的同时就读于地方公立四年制学校，期间住在家里；（4）在私立非营利性学校学习，住校；（5）就读于"昂贵"的私立非营利性学校——注册学费最贵的25所学校之一，支付全额学费，住校。我们描述了不同的四年制学位获得方式，比较他们的成本；这些并不是唯一，或者说必要的获得学位的一般途径。

基于各种原因，前两种情况成本最低。住在家里的学生无须支付住宿费和伙食费（虽然家里的预算需要有所调整）。更重要的是，全日制工作的学生还可以读书的同时挣钱。

表中的其他途径成本较高。主要是由于这些途径假设学生放弃收入而读书。进一步说，住校的学生（第四种、第五种情况）还要承担食宿的成本，平均四年下来要20,000美元。当然，如果一个学生就读于一所"价格很高"的学校，成本会更高，这是最后一种情况。最后一种情况颇受人关注，但是只有少许的学生会进入这些学校。这些获得学士学位的途径各有利弊。"2+2"模式——社区学院两年加上公立四年制学校两年——虽然成本低，但是吸引不了那些想从名校获得硕士学位的学生。如果只想获得某一领域的特殊技能，营利性学院是一个不错的选择，但是这些学院的文科不是太理想（Allen 2001）。

表5.2 五种情况下获得四年制学院学位的成本比较（美元）

如果学生进入……	成本（四年）
1.（1）前两年在社区学院，后两年在公立学校； （2）学费减免额度为平均值； （3）住在家里； （4）全日制工作；	9838

续表

如果学生进入……	成本（四年）
2.（1）营利性四年制大学或学院； 　（2）支付注册学费； 　（3）住在家里； 　（4）全日制工作；	30,736
3.（1）公立四年制大学或学院； 　（2）支付注册学费； 　（3）住在家里； 　（4）不工作；	101,044
4.（1）私立非营利性四年制大学或学院； 　（2）学费减免额度为平均值； 　（3）住校； 　（4）不工作；	149,872
5.（1）"高成本"的私立非营利性四年制大学或学院； 　（2）支付全部学费； 　（3）住校； 　（4）不工作。	236,094

注：数据年份为2003年。学费内包括费用。成本是四年总成本。成本不包括书籍、旅游及其他。"高成本"私立非营利性院校是指成本排名前25名的私立非营利性院校，衡量指标是学费。

数据来源：来自美国教育部，美国教育统计中心2005、2007b，高等教育纪事2006。

在分析不同方式的成本时还需要考虑学校的成本，以及大学学位所带来的收益。[①] 戴尔（Dale）和克鲁格（Krueger 2002）发现就读于价格较高（以平均注册学费为衡量标准）的学校更可能带来未来更高的收入，其他因素方面没有差别。以此为标准的话，高学费意味着高质量。

表5.2并没有完整地描述出一个本科生读书的成本。政府定义"成本净额"（net cost）（等同于学生预算）时包括学费、学杂费、书费及相关开

---

① 当然，我们还未谈及大学的非财富回报，例如实际经验的丰富以及其他无形的东西，这些都是应该考虑到的。

支、住宿、交通、伙食，同时减去所有的助学金。助学金包括各种形式且无未来责任限制的资金：来自政府、州、学校的拨款，来自外部集团的奖学金。全日制学生一年的平均成本净额可以通过政府数据估算。一个学生如果进入社区学院，并居住在家，每年的成本（不是四年制学位的成本）大概是 6144 美元。如果一个学生进入一所公立大学，并且住校，成本大概是 13,050 美元（不住校的话成本是 10,726 美元）。在私立非营利性大学上学，住校和不住校的成本分别为 17,060 美元和 11,031 美元。与表 5.2 不同的是，学生从兜里掏出的钱不包括全日制学习的最重要成本：求学所放弃的收入，这对家庭条件好的学生不算什么，但是对于家庭条件不好的学生来说十分重要。

差别定价

如果考虑到学费减免，一些学生不用支付学费，一部分学生支付全部学费，还有更多的学生支付的额度位于两者之间。最近几年，注册学费上涨迅速，但助学金也随之增长。净学费，平均来看没有注册学费上涨那么快。净学费之间的差别说明学校越来越多地使用差别定价（price discrimination）——一些学生交得多，一些学生交得少。

与所有人支付同样的净学费相比，价格差别是收益增长的良策。一所寻求收益的学校会尽量向顾客收取其所能承受的费用。其他行业，像航空公司，一直都在这么做。

为什么要差别定价？

差别定价是否能够，以及多大程度上反映学校的目标呢？当一个商品差别定价的时候，先要确定哪个卖家愿意出高价，哪个卖家愿意出低价——当然低价要高于产品的成本，然后据此差别收费。

高等教育领域的情况错综复杂。首先，一所学校可能不像营利性企业那样，基于学生付费意愿来收费。大学和学院的行为与营利性企业截然不同，学校的使命不仅限制了价格差异的程度，更重要的是谁应该付得多，谁应该付的少。当目标是为了帮助特定类型的学生，学校可能会避免收取他们更多的学费，即使学校可以这样做（Steinberg and Weisbrod 2005）。结果就是所有低收入家庭和中等收入家庭的学生交少量学费，甚至不交学费。

第二，为了能够得到好学生或特定特征的学生，而不是来自低收入家庭的学生，学校会利用"基于优点"的奖学金。招生办公室会招收一定数量的运动员、艺术特长生、音乐特长生，有某方面潜力的学生，来自不同国家的学生，学校认为这些学生对那些欲申请本校的学生有重要意义。

这种情况下，不仅学生希望掏钱进入这所学校，学校也可以获得一些收入。结果是，令学校满意的学生因为获得奖学金或运动员补助，实际支付的学费会比注册学费少。这种学费折扣与低收入家庭学生的折扣不同。即使他们可以支付全部学费，但是为了与其他学校竞争，学校也会提供奖学金。因此，与其他行业一样，差别定价并不一定意味着竞争环境允许这样做。简单来说，当富裕学生要求支付实际学费额度时，通过收取富裕学生更多学费来补贴低收入家庭学生并不是有效的措施。

公立院校还面临一种复杂的因素：学校不能简单的定价，还要经过州立法机构的许可。通常，当地居民需要交纳多少学费是一个哲学争论和政治争论。因为立法者的参与，公立学校在涨学费或差别定价时，比私立学校要受更多的限制。

基于需要的助学金（为低收入家庭学生减免学费）适合所有类型学校追求收益的策略。营利性学校和私立非营利性学校在资助这些学生时的做法有所不同。营利性学校强调外部贷款（一般通过联邦政府），这就意味着学校可以收取全额学费，而非营利性学校更倾向减免机构学费。2003 年，联邦拨款和贷款中，营利性院校的贷款占据近 71%，私立非营利性大学仅占约 29%；两年制学校的情况也是如此（美国教育部，美国教育统计中心 2005）。

营利性大学大量使用贷款还有一个显著副效应。这些学校非常依赖信用市场，尤其是商业市场中学生贷款方面。2008 年，次贷危机所发贷款收紧，使营利性高等教育陷入了危机，因为这些学校非常依赖学生贷款的低利率。许多营利性学校向低收入家庭的学生提供职业倾向的课程（例如卫生保健、烹饪、汽车维修），这些学生必须贷款，但是现在贷款也很难获得。一些大型营利性学校开始开发其他资源，包括发展其自己的贷款项目，例如科林斯学院公司（Corinthian College Inc.），职业教育公司（Career Education Corporation）。但是这样做也有风险，因为教育类公司相当于进入了其并没有经验的领域——学生贷款。营利性学校如此依赖学生贷款还有另外一个原因：学校倾向于削减学费，尤其是实行差别定价，据此对学生进行区分，从而提供不同的课程。正如我们所展示的，营利性学校的学费折扣很少，但是如果学生贷款的危机持续，这种情况可能会有所变化。

公立学校和私立非营利性学校的学费减免比较普遍。2003年，私立非营利性学校的助学金中，每一美元的学费折扣比例为28%。而营利性大学这一比例仅为2%。公立大学和学校提供的机构拨款补助（等同于学费减免的概念）比私立非营利性大学要少，每一美元补助比例仅为6%。如果一个典型的公立学校使命包括保持所有学生的低学费——无论学生付费能力如何——这并不奇怪，因为这一目标意味着学校不存在差别定价。两年制学位项目，一般与向所有人提供教育机会的使命联系在一起，所以他们确实收取很少的学费，减免的额度也很少：社区学院、私立非营利性两年制学院、营利性两年制项目平均学费减免学费的比例分别是3%、9%、2%。

2004年，哈佛大学宣布要对学费以及其他收费进行卓有成效"打折"——减免家庭年收入低于40,000美元的学生的学费，尽管这些学生还需要通过兼职等途径交纳其他费用（Basinger and Smallwood 2004）。2007年，超过1/4的哈佛学生获得减免学费的资格，现在家庭年收入低于60,000的学生就可以获得减免学费的资格（哈佛在线新闻 Harvard Gazeetee Online），如果家庭年收入在120,000—180,000美元之间，可能只需要支付1/10的收入就可以上哈佛了（Hoover 2007）。利润最大化的交易则是另外一种做法：只有一点点的机会，不要期望营利性学校做慈善，而且他们确实没有这样做。

项目之间的价格差别

学校也会针对项目差别定价。① 在研究生和专业层次的学费中,差别定价由来已久。医学院经常使学生背上沉重的学费债务,很多博士项目免除学费,而且提供丰厚的奖学金,而且没有什么限制,不附带任何教学限制或研究责任。

当学校决定某一项目的学费时,要考虑诸多因素。有些项目并不热门,有些项目很能赚钱,有些项目的运行成本很高。营利性的院校对一些成本高的专业收取高额的学费,需求不太高的专业则收取相对低一些的费用。但是一些公立院校和私立非营利性院校则非如此,因为他们的使命是要提供某些项目,即使这些项目不太受欢迎。营利性院校不会提供那些非营利性的项目,除非这些项目可以间接营利,就像零售店的亏本销售一样,以此来抵销损失。营利性院校避免开展那些没有明显收益的项目,例如凤凰城大学,提供很多专业领域的课程,但不包括人文学科。当然,如果人文学科可以带来收益,营利性大学也会提供此类项目的。

过去,传统的公立大学和私立非营利性院校在本科生阶段没有差别定价。这些学校所有的项目的学费都一样,尽管不同项目不同收费的理念由来已久(Yanikoski and Wilson 1984)。此种"单一价格"背后隐含的是公平和社会福利的观念,教育者更关注那些高收费领域中的低收入群体,或者某些项目的社会效应。因此,如果学校决定上涨科学领域项目而非人文领域的学费,这可能会打击学生学习科学专业的积极性(Redden 2007)。

差别定价在实施过程中也有诸多困难。如果学校允许学生可以自由选择和调换专业,那么学费差别就很难执行。假设某个学生选择了英语专业,学费比较低,但是第二年又转到了机械工程专业,这是一个学费较高的专业,而且可以直接上研究生。在转专业之前,学生会尽量将收费低的专业的学分

---

① 严格来讲还不属于差别定价,因为差别定价是同样的产品向不同的买家收取不同的费用。英国文学和生物化学则属于不同的产品。我们从较为宽泛的意义上使用"差别定价"这个词,差别定价意思是在同一所学校向不同的学生收取不同的学费。

修完。这是一个难以克服的问题——最终，基于课程而非专业差别定价可能会解决问题。但是在实施差别定价政策时，学校将发现鼓励学生自由选择专业的传统在其关注不同项目价格的过程中消失殆尽。

近些年，传统学校对差别定价的负面情绪随着不同专业的不同学费或学费折扣，开始消失了。排名前十位的公立大学，除明尼苏达大学外，开始对商务专业的学生收取更高的学费，伊利诺斯大学的数学、科学、商务专业每年的学费比其他专业高出约 3500 美元（Redden 2007）。面临医学专业人数的过剩以及人文专业人数的缺乏，约翰·霍普金斯大学开始向有意向报考人文专业的学生提供更高的助学金（Stecklow 1996），从而平缓报名学生的"价格敏感性"——这也是出于为学校谋利的原因——学校的使命是要招收多元化背景的学生。通过助学金平衡收益和使命之间矛盾的做法越来越普遍。

许多传统大学和学院的管理者，尤其是公立大学，对这种差别定价很反感，认为这是对现实的妥协。按照威斯康星大学校长麦迪逊（Madison）的说法："这不是解决问题的办法。如果所有学校能同时筹集资源，我们很乐意去转变。但是就目前来看，可能性不大。"（Glater 2007b）因此学校常常下很大决心来采用这种"平衡"的方式，为了收益的目牺牲一些使命，或者是为了使命的目牺牲一些收益。

国家高等教育学生资助研究（National Postsecondary Student Aid Study，NPSAS）的数据展示了四年制公立大学的不同学费（美国教育部，美国教育统计中心 2005）。研究中涉及了七个不同的专业（人文，社会科学，教育，商务，健康，工程科学），健康和人文专业学费最低，每年净学费低于 9500 美元。工程专业学费最高，每年净学费高于 10,200 美元（高出健康和人文专业 7 个百分点）。但是在私立非营利性大学里，范围更大，健康专业学费是 11,000 美元，社会科学展业的学费是 14,900 美元。也就是说，社会科学专业的净学费高出健康专业 35%，差异很显著。

随着财政限制的不断扩大，不同专业的差别定价更可能在财政灵活性小的学校实行。因此，我们认为学费驱动型的学校，尤其营利性大学以及缺乏捐赠基金的非营利性大学，将采用不同的价格策略。那些无法获得学费以外收入的学校将来也需要采取更大的价格差异策略。在这里，差别定价只在一个方面有吸引力，它能增加学校从学费中获得的收益。

价格策略会随时间改变吗？

如果一所学校看到提高学费的必要性——例如，教师、研究成本提高，州经费支持降低，捐赠减少，捐赠基金业绩不佳——它将会采取更为复杂的差别定价策略，从而获得更多的收入。我们可以从国家高等教育学生资助研究（NPSAS）中看到公立大学、私立非营利性大学、营利性大学差别定价策略的变化。

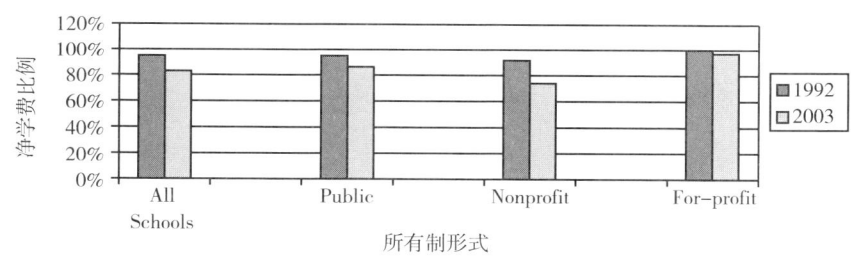

图5.2　不同所有制形式学校注册学费中净学费的比例（1992、2003）

数据来源：根据国家高等教育学生资助研究（NPSAS）1993年和2004年数据计算而来（美国教育部，国家教育统计中心1994，2005）。

图5.2显示了不同性质学校净学费占注册学费的比例不断下降的趋势，尽管营利性大学的下降并不明显。学费减免的实践不断加强。1992年，公立大学几乎没有什么价格差别。净学费占注册学费的97%；学费的减免比例只有3%，不过也有可能某些学生获得了更多的减免比例。2003年，公立院校学费减免比例平均达到13%。私立非营利性大学也是如此，学费减免比例从8%上升至25%。在营利性大学里，净学费和注册学费的差距很小，只有1%—2%，而且变化不大，因为他们还没发现减免学费有什么好处。

减免学费与学生贷款

理解学校价格变化的另一个途径是考察学生助学金中贷款与学校资助的

构成比例。减免学费或者学校补助是学校内部的学费政策，这种政策会降低学校的收入。学生贷款，由于利息方面的优势，可以降低当前成本使得学生能够上得起学——推迟还款——但是不会减少学校的收入。

贷款形式的助学金比减免学费形式的助学金发展更快。从所有学校情况来看，2003 年，本科生减免学费的平均金额上涨了 637 美元（1992 年至 2003 年从 128 美元涨至 765 美元），但是这些学费折扣无法与学生贷款相比。1992 年一个学生的贷款额度是 884 美元，2003 年已经是 2298 美元，上涨了 1414 美元（美国教育部，美国教育统计中心 1994，2005）。简单来说，学生贷款每年上涨的额度高于学费减免的额度。

学生越来越依赖贷款的证据显而易见，但是这也掩盖了学校之间的差异。正如我们所看到的，营利性学校几乎没有学费减免政策，只有围绕贷款设计的助学金。公立大学，学费减免补助也非常低，基于政治压力和相关使命的要求，其学费相对较低。私立非营利性大学变化最大。其注册学费上涨最快，已超出学生的承受能力，同时通过实行差别定价提高学校收入，鼓励学生使用贷款，这样既保证了学校的收入，又保证了学生顺利入学。

学生贷款额度的增长与学费减免额度的增长是同步的。20 世纪 90 年代早期，学生贷款额度的上涨较慢，1992—2003 年学费减免额度年增长比例是 500%，而同一时期贷款额度的年增长比例是 160%。除了一些小规模四年制营利性大学，这一趋势普遍存在于整个高等教育领域。在这些学校里，助学金形式的学费减免额度有所降低，贷款曾有所上涨——营利性学院增长比例是 29%，营利性大学的增长比例是 167%（美国教育部，美国教育统计中心 1994，2005）。整体来说，学生贷款的增长日益受到政策制定者的关注，学生贷款的上涨也构成了毕业生的压力。

学生助学金中贷款比例的上涨使得公立大学、私立非营利性大学、营利性四年制大学之间日益同质化。公立大学、私立非营利性大学越来越像营利性大学。在 1986 年，营利性大学 74% 的收入依赖于学生贷款，而公立大学和私立非营利性大学的这一比例分别是 46% 和 43%。但是这一差别正在缩小。2003 年，营利性学校收入中学生贷款的比例是 76%，只增长了两个百分点,而四年制公立大学的增长比例是15%,私立非营利性大学的增长比例是17%。说到大学教育对学生贷款的依赖问题,几乎所有的学校看起来都像营利性大学(美国教育部,美国教育统计中心1995,2005)。

传统的大学和学院为何要差别定价?

传统的私立非营利性大学或学院通过学费的差别定价获取收入的原因包括两个方面:(1)学校想通过大量的学费折扣来吸引尤其是那些家比较远、文化背景不同、SAT高分等类型的学生入学。(2)学校想为低收入家庭的学生提供机会,没有助学金,这些学生可能丧失入学的机会。的确,从使命来说学校应该招收更广泛背景下的学生,以上两个原因正是出于此的考虑。

有些学校,像常春藤大学或是顶尖的文理学院,因为其声望所以招生很容易。其他的学校致力于成为知名院校的大学,必须通过其他手段吸引学生。因此,最后都是落于减免学费的形式。因此,我们期望那些排名靠前的学校尽量不要为想招收的学生提供基于成绩的助学金,因为他们不需要以此手段吸引学生,而其他学校需要通过这些手段来招收好学生,从而提高学校学术水平。

除了招收成绩好的学生,很多私立非营利性学校和公立学校也强调多元化的课堂,努力使学生来自不同的宗教文化背景、不同的社会阶层、不同的地域。这些有特殊背景的学生入学时可以获得学费折扣。特殊能力也能获此殊荣。目前运动领域备受关注:运动奖学金就是为有运动特长的学生提供学费折扣。正如在第十三章要探讨的问题,招收顶尖的运动员可以多元化学生的构成,同时也会为其他学生带来直接的益处——招收到顶尖的橄榄球或篮球队员,学校的校队实力会很强。学校校队的胜利会带来捐赠,这个问题我们将在第六章讨论。

提供奖学金是竞争生源的一个特征,这种竞争属于校际之间的竞争。因此,当某个学校奖学金上涨时,同行的所有学校都会上涨。但是并非所有的学校都有同样的经济实力;他们无法提供相同的学费折扣,即使竞争的成功意味着长远的收入回报。这些经济实力弱的学校只能通过其他途径展开竞争。

谁能够获得奖学金？

从好学生的角度来看，学校针对某个人的"服务"竞争是好事。当一个人获得三四个单位的招收意向时，他为什么不利用此与心仪的单位谈判呢？多个单位的招收意向使得应聘者获得与应聘单位谈判的能力，多所学校为某个学生竞争，那么就必须提供最有吸引力的奖学金。的确，学生有权利选择最好的学校，但这可能会导致联合集团（Overlap Group）受到反垄断质疑（第三章）。

学生获得奖学金的故事亦是大学和学院使命和价格的故事——通过减免注册学费获得生源。根据国家高等教育学生资助研究（NPSAS）关于学生SAT成绩和收入数据，以及学生所选学校的助学金和注册学费信息的统计，我们可以评估出一个学生的学习能力——数学和语文SAT成绩——和家庭收入对学校学费折扣的影响，无论是助学金形式还是贷款形式的补助，还是学生能力和家庭收入的影响，都随时间发生了变化。

我们得出了惊人的结论。学校通过助学金吸引好学生，这些学生肯定会选取一所学校，而低收入家庭的学生不可能去一所不提供助学金的学校。当学校经济实力有限时，奖学金和基于需要的助学金就成为竞争对手。

我们考察了2003年SAT成绩和家庭收入对学校助学金的影响，同时考虑到公立大学和私立非营利性大学平均净学费的差异因素。为好学生而进行的价格竞争非常激烈。公立大学里，SAT成绩每多1分，就会多出2美元的学费折扣。因此一个数学和语文成绩是1100分的学生，其学费折扣可能会比1000分的学生高出200美元。私立非营利性大学这一趋势更明显，比例大概是公立大学3倍，平均高出1分，折扣多出715美元。①

低收入家庭的学生和能力突出的学生之间的学费折扣如何比较呢？家庭收入，作为学生需要的指标之一，无论是在公立大学还是在私立大学，对学

---

① 完整的数据请参见表A5.2。

生的缴费能力都有重要影响。公立大学会为低收入家庭的学生减免更多的学费——家庭收入每低 1000 美元，学费折扣多出 4.6 美元。如果一个学生家庭收入是 40,000 美元，将比家庭收入 50,000 美元的学生多减免 46.5 美元的学费。在私立非营利性大学，家庭收入 40,000 美元的学生学费减免的额度比家庭收入 50,000 美元的学生高出 225 美元。相比公立大学，私立非营利性大学会基于学习能力和需要提供更具差别的学费政策。这与我们早期的发现一致，即公立大学的注册学费低，但是学费减免额度也低。

奇怪的是我们发现低收入与更高的学费折扣之间并无显著联系。其中一个原因可能是低收入家庭的学生比较容易获得助学金，包括其他渠道的拨款，尤其是联邦政府。学校意识到学生在其他地方很容易获得助学金，因此将此作为其助学金和招生策略中的一部分。诸多研究考察了联邦的直接拨款是否导致学校学费折扣的减少或学费上涨这一问题。这个观点由前教育部长威廉姆·巴内特（William Bennett）提出，并以巴内特假设著称。联邦助学金的提高的确会影响到注册学费、学费折扣，或者两者兼有之（参见 Li 1999，Long 2004; Rizzo and Ehrenberg 2003; Singell and Stone 2005）。在私立非营利性学校这一现象较为明显，公立大学并不明显。

最近几年，生源竞争是不是愈加激烈？如果答案是肯定的，我们希望找到学校热衷于争夺优秀学生的证据——为他们提供更多的奖学金（更多的学费折扣）。人们日益关注的一个问题是：基于需要的助学金正在成为奖学金的牺牲品（Hauptman 2005）。

事实上，公立大学和私立大学的学费折扣都在向学生"优秀"方面倾斜。而对高分学生的竞争也提高了学费折扣的比例。图 5.3 基于附录中表 A5.2 的数据，显示了每类学校中学生收入和学习能力之间的差别（学习能力主要指 SAT 分数），以及学校吸引低收入家庭学生以及高分学生的策略。我们的研究显示出 1992 年公立大学，一个家庭收入低于一般学生 1000 美元的学生，学校为其减免学费的额度与 SAT 分数是 9 分的学生相同。在考虑收入之前，学校必须平衡两类学生的学费折扣——为两者减免同样额度的学费。SAT 分数高的学生当然更有价值，只要高出 2 分，就可以得到与家庭收入低于一般水平 1000 美元的学生同样的学费折扣。显然公立大学认为学生分数比学生需要更重要。SAT 的一分对学生补助的影响力相当于收入低于一般家庭 1000 美元影响力的 4 倍。

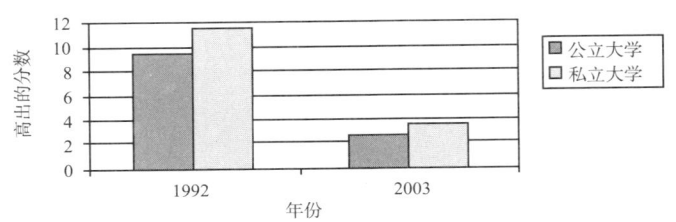

图 5.3 获得学费折扣时，当收入减少 1000 美元相当于 SAT 高出的分数

注：两年的收入都以 2003 年的价格为标准。

数据来源：根据 NPSAS1993 年、2004 年的数据计算而来（美国教育部，美国教育统计中心，1994，2004）

这一现象也适用于私立非营利性大学。1992 年，SAT 高出 11 分得到的学费折扣等同于家庭收入低于一般水平 1000 美元的学生所得到的学费折扣，但是在 2003 年，一个学生只需要高出 3 分就可能得到家庭收入低于一般水平 1000 美元的学生所得到的学费折扣（已考虑过通货膨胀的因素）。与家庭需要相比，公立大学和私立非营利性大学越来越重视学生成绩。学校对于生源和声望的竞争——基于使命和收入的视角——导致学校越来越重视学生成绩，而非学生需要。更进一步说，公立大学和私立非营利性大学倾向于给高分（SAT 成绩）学生奖学金，而非那些低收入家庭的学生。

我们关于基于需要的助学金和基于分数的助学金之间的比较可以传递这样一个信息——学校需要决定是招收高分学生，还是低收入家庭的学生。实际上招生过程中的权衡很难说，因为还有一些其他的因素需要考虑，包括学校多元化的目标、对校友子弟的青睐。进一步说，整个资助的过程比我们所想的要复杂，这涉及到联邦和州的机构，不同的私人捐赠群体，以及其他的收入渠道，这些因素关系到学校关于整个财政情况的决定，以及关于基于需要的助学金和基于分数的助学金的决策。

尽管如此，我们的研究发现已经明确了许多质疑：学校对于高分学生的资助增长速度快于对于低收入家庭学生的资助。此外，公立大学也倾向于将更多的资助给予高分学生——在这一点上，公立大学和私立非营利性大学之间的差距日益缩小。

结论

在那些数额庞大的学费故事中，我们发现了净学费的变化情况，而净学费也是决定学生态度的重要因素。事实证明净学费虽然日益增长，但速度慢于注册学费，而且入学成本也在日益增长，但其增长速度没有注册学费的增长速度快。

当然，学费也是学生要支付的成本，但是它同样是学校的收入来源。因此，学校在学费中得到的收入低于注册学费，也就是说学校学费收入的增长速度低于注册学费的增长速度。无论是公立还是私立非营利性大学，其注册学费和学费折扣都在增长，都热衷于通过差别定价来获得收入。营利性学校与他们完全不同，他们很少考虑差别定价。

当我们发现传统学校中差别定价趋势不断增强时，净学费在注册学费中的比例也不断缩小，我们还发现学费折扣的变化非常大。学费价格的降低使得学校倾向于通过奖学金来吸引高分学生，基于需要的助学金则增长缓慢。我们将这种模式总结成为一个系统过程：在注册学费上涨的同时，将一部分学费给予学校的目标学生，实际上，学校在这个过程中获得了更多的收入，然后利用这些收入实施差别定价策略。当我们研究学费价格折扣时，我们发现公立大学和私立非营利性大学日益倾向于通过学费折扣来吸引高分学生，而非低收入家庭的学生。学校的使命似乎也发生了变化。这种变化使得公立大学和私立非营利性大学之间的差距减小。公立大学对所有的学生都收取较少的学费，目的是吸引学生，尤其是那些低收入家庭的学生，而私立非营利性大学传统上学费很高，但是会基于学校的使命有选择的对某些学生减免学费。公立大学和私立非营利性大学在诸多方面的差距都在缩小，尤其是注册学费的政策以及学费减免政策非常相似。进一步说，公立大学和私立非营利性大学的目标学生都一样——高分,而非低收入家庭的学生。

在学费政策中,我们也看到使命和收入之间的紧张关系。通过巧妙的差别定价、学费价格制定和学费减免,一所学校能够提高其收入,但是净学费因学生群体和学校使命而有所不同。收入最大化与招收目标学生之间总是有矛盾。而且,与其他领域一样,使命在这种矛盾中很少取胜。很显然,学费折扣可以提升低收入家庭学生入学的概率;另外,学费折扣也可以导致其他结果,力度较大的学费折扣可以吸引高分学生,但是也使得学校收入减少,这也就削弱了学校支持非营利性活动和项目的能力。传统学校的管理者必须面对通过学费政策提升收入以及政策所产生的负面效应之间的矛盾。

在公众将学费作为学生入学障碍的背景下,我们要强调关于学费的两个问题。一是学费本质的两面性,学费既是学生上学的成本,也是学校获得收入的来源,虽然消费者喜欢低价格,但是无论是高等教育还是其他领域,都不可能无偿服务。第二,对许多学生和家庭来说,将高学费视为入学障碍的看法是一种过于简单化的观点。我们发现精英私立大学中,获得四年制学位的成本仅相当于注册学费的1/10,这些学校将学费水平作为抓公众眼球的工具。此外,对于低收入家庭的学生来说,进入大学的成本障碍可能并不是学费,在社区学院和公立大学中尤为如此,但是这些家庭需要孩子去就业,哪怕从事卑微的职业,其就业也可以为家庭带来收入。

第六章 捐赠在高等教育经费中的地位

无论什么领域的私企，其收入几乎都要依靠出售产品和服务。捐赠并没有什么作用。对于捐赠人来说，基于税收政策的考虑，所以不会向梅西百货和通用汽车公司捐赠，同样也不会向凤凰大学之类的营利性院校捐赠，而且，捐赠人很难确定捐赠的用途不是为了股东或管理者的利益。

高等教育领域亦是如此。2680所营利性学校——基本上都是职业教育，不提供四年制学士学位甚至两年制的副学士学位（见附录表A2.2）——就像经济领域的营利性企业一样。事实上他们捐赠收入微乎其微，来自捐赠的收入仅有1%—3%，或者更少。与其他营利性企业一样，他们的收入主要依赖于向"顾客"出售产品——就是学费。

但是传统的公立和私立非营利性大学和学院则是另一回事。他们主要依颓捐赠——美国国税局（IRS）将之称为"捐赠、赠品、拨款"——对于公立大学、社区学院来说主要来自州和地方政府，对于非营利性大学来说主要来自个人和企业，详见表2.1以及附录中的表A2.4和A2.5。

明确大学或学院如何获得收入这一问题是理解其行为的基础——从规模到学费政策，再到教育和运动项目。谁付钱谁有话语权，无论是在高等教育领域，或是其他领域，无论是营利性、私立非营利性还是公立性的部门，都是如此。一所学费驱动型学校——主要依赖学费收入——必须通过使付费学生满意而获得生存，更不要说富裕了。一所接受政府拨款的学校，一般以美国公立学校为代表，必然会受到州立法及政治权力的影响。在私立非营利性大学，政府拨款较少，尤其是针对课堂教学的资助，因此这些学校主要依赖学费和私人捐赠，学校必须将注意力放在如何使学生和父母满意这件事上，另一方面就是捐赠人和其他人的想法。

本章主要讨论作为大学和学院主要收入来源的私人捐赠问题，以及大学募捐的影响因素。吸引捐赠人属于收入产品活动，目的是促进学校更好的实现使命，但是募捐与支出是密不可分、相互依赖，本章我们将会对此进行探讨。

捐赠收入

2004 年，四年制私立非营利性学校 15% 的收入来自私人捐赠。公立大学的这一比例是 3%，而营利性大学的比例仅为 0.3%。公立大学对捐赠的依赖较少，更多的依赖于政府拨款，但是这一事实已经发生了剧变。公立大学来自州和地方政府的拨款陡然下降——从 1985 年的 44% 降至 2004 年的 28%（见附录中的表 2.4）。但是州与州之间在这一点上有所不同——怀俄明大学的州政府拨款占其总收入的 45%（美国教育部，美国教育统计中心 2007b），伊利诺斯大学的这一比例是 25%，而弗吉尼亚大学这一比例只有 8%（Dillon 2005）。

收入来源将会影响到支出的方式——如果资助者不满将会削减资助——公共资助的降低，正如我们在第二章所言，被人们认为是公立大学的"私有化"（Lyall and Sell 2006; Priest and St. John 2006）。人们关注的是随着州政府拨款的减少，学校将会改变自己的行为方式，例如为那些"应接受"高等教育的学生提供更少的机会。

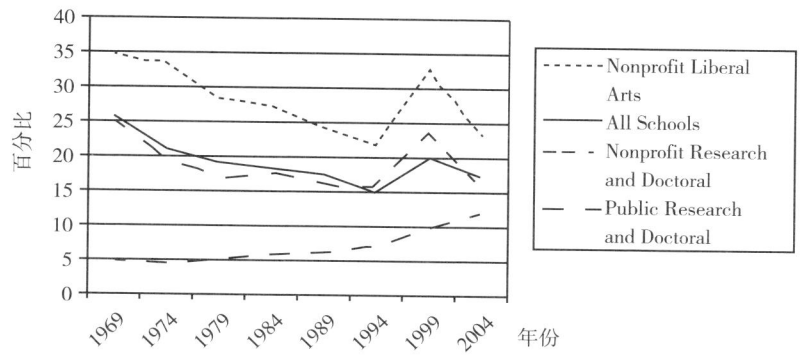

图6.1 学校经费中的私人捐赠比例，1969—2004

注：统计中不包括营利性学校。

数据来源：数据来自教育资助委员会（Council for Aid to Education）的统计（2004）。

如果政府拨款之外的选择只有涨学费，那么我们很容易看到这种私有化剥夺低收入家庭学生入学机会的过程。在第五章，我们讨论了一种选择——上涨注册学费，同时为贫困学生减免更多学费。现在我们来看另外一种途径——私人捐赠。毫无疑问这种私有化形式——学校从对政府拨款的依赖转向对私人捐赠的依赖——将会影响学生入学。在之后的章节我们将探讨收入的相互依赖性：从一种渠道的收入转变为另一种渠道的收入。然而，之前我们的注意力主要放在公立大学、私立非营利性大学、文理学院里不断增长的私人捐赠上。表6.1显示了私人捐赠的重要性——校友、父母、其他个体、公司、基金会等——向各种类型的学校捐赠。

私人捐赠在公立大学经费中的比例不断增长。在1969—2004年间，私人捐赠在研究型大学经费中的比例从5%升至12%。尽管期间伴随着通货膨胀，私立非营利性大学和学院对私人捐赠的依赖性越来越大。例如在私立非营利性文理学院，私人捐赠在总经费中比例从21%上涨至35%，如图6.1所示（教育资助委员会，CAE 2004）。

表 6.1 私人捐赠数量排名前 20 位的学校，2004

学校	捐赠（百万美元）
哈佛大学	583
斯坦福大学	525
康奈尔大学	386
南加州大学	354
宾夕法尼亚大学	337
约翰·霍普金斯大学	316
MIT	295
哥伦比亚大学	293
杜克大学	269
耶鲁大学	268
德克萨斯大学奥斯汀分校	265
加州大学洛杉矶分校	264
威斯康星大学	263
印第安纳大学	251
明尼苏达大学	250
加州大学旧金山分校	218
纽约大学	216
密歇根大学	212
俄亥俄州立大学	206
华盛顿大学	198

数据来源：VSE 调查数据（CAE 2004）

尽管表 6.1 显示了不同公立和私立非营利性学校对私人捐赠的依赖情况，但是不同性质的学校之间仍然有所区别。2004 年，公立大学经费中的私人捐赠比例平均为 12%，其中俄克拉荷马大学，私人捐赠的比例为 25%，而南缅因大学的比例只有 2%。在非营利性的文理学院中，私人捐赠占学校经费的平均比例为23%，但是不同学校之间差别很大，尤蒂卡学院（Utica College）（Utica，New York）的比例为3%，卫斯理学院的比例为73%（Macon，Georgia）（CAE 2004）。

除了比例的差别外，捐赠的绝对值上差别也很大。2004年，在983所大学和学院中，获得私人捐赠额度最高的院校是哈佛大学，总额是5.83亿美元，少的也有不到10万美元，大多是社区学院，他们收到的捐赠很少。如表6.1所示，排名前10位的大学均为私立非营利性大学。无疑，私立非营利性大学更容易获得捐赠。

如何捐赠？为何捐赠？

"私人"捐赠与政府拨款不同，其很多来源——校友、家长、其他个体、公司，以及基金会。我们的注意力主要集中于特殊捐赠群体捐赠的影响因素以及他们的捐赠目的两个问题上。我们分析了捐赠基金规模、募捐努力、学术项目和运动项目成功对捐赠的影响，包括公立大学和私立非营利性大学之间的区别。简单说，不同学校之间捐赠的差别如此之大——为什么呢？这里可能有许多答案，我们只能涉及部分答案：

·筹资努力："捐赠者会回应学校的恳求吗？"是的。

·捐赠基金："大规模的捐赠基金对捐赠有积极的、消极的或是中立的影响吗？"是的。这可能使捐赠者捐得更多，因为他们看到学校很节约资源；也可能捐得更少，因为大规模的捐赠基金说明学校并不需要捐赠；或是没有影响？我们发现一所学校的财富（捐赠基金）对当前的捐赠以及校友捐赠具有重要的积极影响——结果不言自明。更多的捐赠基金不会将捐赠挤出去。

·性质："学校的性质会影响捐赠吗？"答案是肯定的，公立大学接受的捐赠要少于私立非营利性大学，虽然捐赠与现存校友的数量有关。

·学校成就："一所学校在学术或体育方面的'成功'会影响捐赠吗？"答案是肯定的或否定的。新的成功标准已经成为解释特定群体私人捐赠的因素。

・捐赠群体:"家长、校友、公司以及其他群体对体育、学术成就的反应有所不同吗?"是的。的确有所不同,在体育成就方面,来自校友和家长的反应截然不同。

整体来说,这些影响因素在30%—75%的程度上解释了不同学校之间捐赠总额及用途不同的原因。有些因素我们无法衡量其影响——但是不同学校之间肯定有所不同——校友财富、学校发展办公室的能力、学校挖掘捐赠人的野心、全球化市场对企业竞争力的影响、企业慈善捐赠的意愿等。

私人捐赠的哪些影响因素为人所知?

虽然大学和学院捐赠非常重要,但奇怪的是人们很少了解不同类型学校筹资方式的有效性——公立和私立,大型和小型,研究型大学和文理学院——以及不同的用途,例如用于日常运行或资本积累,体育目的或学术目的等。捐赠的类型尽管没有什么随意性或者不可预期性,但依旧很难被全面理解。

关于校友捐赠的研究最多。很少有人知道其他来源捐赠(非校友的捐赠)的原因,尽管这些捐赠比例很大——占所有捐赠的73%(见表6.2),公立大学和学院中的比例是68%,私立非营利性大学的比例是82%。影响校友向特定学校捐赠的原因已经很明确。大概20年前,有一项关于73所研究型大学的调查显示来自非校友的捐赠,例如当前学生的家长以及企业,与学校人均(校友)捐赠基金规模有关,而来自校友的捐赠则与此无关。捐赠基金规模每增长10%,与其相应,来自非校友的个人捐赠增长2.6%,来自企业的捐赠增长2.3%,但是对校友捐赠没有什么影响(Leslie and Ramey 1988)。最近,一项关于60所特定学校(一半是研究型大学,一半是文理学院)的研究发现,捐赠基金的增长会带来更多的校友捐赠以及个人和企业的捐赠。除了捐赠基金,学校的特征也与此有关——在《美国新闻与社会报道》(*U.S. News & World Report*)中的排名、学生的性别比例、本科学位的学科构成。

表 6.2 每所学校接收的平均捐赠额及其来源的比例构成，1969—2004

年份	接收的平均捐赠额（百万美元）	捐赠的来源（%）					
		校友	家长	其他个人	企业	基金会	其他组织
1969	8.0	24.4	1.3	24	15.0	24.3	11.0
1974	7.0	22.9	1.0	23.8	15.7	23.9	12.7
1979	7.1	24.3	1.2	21.6	17.2	21.7	14.0
1984	8.5	22.7	1.1	22.0	23.3	19.8	11.2
1989	10.5	25.7	1.8	21.4	21.8	19.5	9.8
1994	14.9	27.2	1.5	20.7	21.0	20.7	9.0
1999	23.6	28.8	1.5	21.7	18.4	22.4	7.2
2004	23.8	27.4	2.0	20.5	17.6	24.8	7.7

注：2005 年美元价格。

数据来源：根据 VSE 调查数据计算而得（CAE 2004）。

人们很自然的会想到成功会带来进一步的成功，而且在高等教育经费中，体育或者学术的成功会带来捐赠的成功。这个话题很重要，但是缺乏证据。有些研究发现体育的成功对捐赠并没有影响（Baade and Sundberg 1996）。尽管如此，"成功"的体育依旧很重要——一所学校的橄榄球如果获得更多的胜利、得到更多的电视转播，就会带来更多的校友捐赠（McCormick and Tinsley 1990; Grimes and Chressanthis 1994）。

而且，有研究发现校友捐赠的增加不仅与体育有关，与学术也有关（Grimes and Chressanthis 1994；McCormick and Tinsley 1990）。这种关系很重要，如果有进一步的研究支持，这可能意味着学校对体育的投资，或者只是橄榄球或男篮，也是对获得更多捐赠的投资，而不仅仅是体育本身。我们将在第十五章探讨体育及其营利性时，进一步讨论这种可能性。但是如果我们的研究发现体育成功并不能带来更多的校友捐赠或是只带来对体育方面的捐赠，而非学术方面的捐赠，或者更糟糕的情况是，虽然对体育的捐赠增多了，但是以学校整体捐赠下降为代价，那么关于体育成功是否是一项增值的投资的讨论可能会非常复杂。体育的成功可能对学校的其他方面发展没有什么意义。更坏的情况是，这可能意味着其他学校捐赠的下降，改变了校友捐赠的总额度。在后面的章节中，我们将讨论导致校友向体育、学术及整体捐赠的复杂原因。

来自校友的捐赠是一个问题；来自非校友的捐赠则属于另外一个问题。当我们讨论影响非校友的私人捐赠的原因，以及向体育和学术捐赠的区别时，问题非常复杂，而且父母、其他个体以及企业的反应也完全不同。

什么是"捐赠"？

在定量研究之前，还有一个问题需要解决——捐赠到底是什么？

当大学或学院获得的捐赠经过审查后，显然捐赠无非就是大学或学院报告中的收入。但是究竟什么可称为捐赠，是合同约定的付款，是出租服务所得到的报酬，还是其他呢？其中一个根本区别就是这里是否存在等价交换物。一般会认为从"出售"中所获得的收益是一种交易，从捐赠者那里获得的没有限制的捐赠主要涉及如何支出的问题。但是现实远比这复杂得多，两者的区分也十分模糊。

两者的区别不仅限于语义的不同。如果这里有交易（"出售"），或是单方面的赠与，其中蕴含着重要的内涵：真正的捐赠会使学校获得无条件的收入，且可以自由地对其进行支配，进而支持学校的使命。当对私立非营利性学校捐赠时，捐赠人拥有免税资格——这使得捐赠人的收入所得税降低40%。而且，根据《美国新闻与世界报道》的统计，学校获得捐赠总数会影响到学生的选择、学校的学费收入等。

如果这是一个交易，"捐赠人"则要获取一些有价值的回报，从税收角度看，"公平市场价格"是没有免税一说的，所获得的捐赠是其净价值。然而，多种因素决定着捐赠的净价值。例如，美国国税局曾有一个案例，是说有一笔针对大学橄榄球项目的捐赠，捐赠人因此获得50分线上的座位（尽管门票常常售空），使得捐赠人以前的座位得以升级。国税局认为这一座位的价值与捐赠人的捐赠是不相匹配的（Colombo 2001）。一般来说捐赠人获得的收益价值非常小，但并非都是如此，例如学校会以捐赠人的名字命名建筑物、体育场、教授席位、学院等。

当这里存在等价交换物，或是捐赠使用的限制时，事实上其既是捐赠，也是交易。虽然交易的价值很难衡量，但是可以明确的是：一个橄榄球场或是以捐赠人命名的教室的市场价值绝非是零。因此，大学或学院所获得的捐赠的价值很容易被夸大。

学校捐赠报告中的财务和动机

有这样的捐赠也有那样的"捐赠"。我们知道学校报告中从捐赠中所获得的收入总量，也知道学校定义收入名称的动机。如果一个公司向学校提供报酬，前提是学校为其提供具有商业价值的研究，这种收益应被称为"捐赠"，还是"研究合同"，还是其他名目呢？

没有人知晓每一个决策产生的过程。但可以肯定的是，如果一所因获得更多"捐赠"或是从校友那里获得更多捐赠而得到奖励的话，例如《美国新闻与世界报道》中的排名，那么学校则希望报告中的捐赠收入更多一些，从而开展下一步的战略活动，例如，花更多的钱来获得更多捐赠，甚至有时成本高于收益，目的在于提高排名。同时，这也使得学校在校友录上剔除那些没有贡献的校友，从而提高校友的捐赠率，这本身也有利于提高排名。学校愿意与企业捐赠者达成协议，例如，等价交换协议，而非捐赠，也就是说企业为学校的特定研究付费，尽管大家心知肚明，这种合作还是被称为"单方面"意向，至少企业如果对学校的研究很满意的话，会支付额外的费用。大学很清楚企业对什么研究感兴趣，也知道什么样的研究可以带来额外收入。事实上，这种双方的理解包含着交易，但是仍被称为企业捐赠。

大学和学院在捐赠领域内的战略性行为有多种令人惊讶的形式。最近，阿尔伯恩学院（Albion College）认为应该关注其在《美国新闻与世界报道》中的排名，这一排名受到校友捐赠率的影响。《美国新闻与世界报道》的排名中，校友捐赠率在总分中的比重是5%。这样看来，谁是校友、捐赠贡献如何的事实似乎很清晰，但事实并非如此。学校可以影响结果。学院可以通过很多方式提高校友捐赠率。一是通过支出来吸引校友，另一种方式是丰富学生的教育经历，提高他们未来捐赠的可能性。两种方式的成本可能都很高，而且期限很长。

最有效的方式是动动笔。学校可以通过会计来提高排名——"操纵校友捐赠率"！学校认识到排名能够反映出校友的捐赠率，因此无论校友捐赠多少，很多学校都会将其计算在校友捐赠率中。阿尔伯恩学院中，一个准毕业生捐赠了30美元，目前其仍在校，记录中显示其是男校友，五年中每年捐赠6美元（Golden 2007）。因为《美国新闻与世界报道》的评估中并不显示校友的捐赠数量，仅仅是校友的捐赠率，因此学校的这种算法可以改变学校的排名。学校并不想将关于这种做法的历史、参与学校的数量的信息公诸于众。

根据《美国新闻与世界报道》的界定，校友捐赠率并非指所有校友，而是指目前仍在世且学校与之保持联系的校友。那么，这个比率的大小取决于学校。学校如何知道一个校友是否在世呢？学校有充足的经费从事该工作，但是确定校友是否捐赠的成本非常低，学校因此可以确定与谁断绝联系，并宣称没有正确的联络地址。

学校的创造力是无限的，但有时也会弄巧成拙。例如多米尼加大学（Dominican University）2005年试图提高校友捐赠率，所以该校篡改了学校的网络数据库，减少了"失去联系"的校友数量，比例从21%降至11%。但是这也大幅度地降低了校友捐赠率，从2002年的39%降至2006年的26%（Golden 2007）。

学校弄巧成拙并不奇怪。在世的校友过去没有捐赠，而且与学校没有联系，几乎不可能捐赠。因此，与这些校友联络很可能降低学校的校友捐赠率。多米尼亚大学乐于扩充自己的校友数据库，校友捐赠的总量可能上升了。但是《美国新闻与世界报道》中的校友捐赠率却下降了,从而大大降低了学校的排名。

通过有技巧的管理进行操纵各式各样。高等教育中有多少这样的财务操纵行为不得而知。

政府拨款

从词义上看,私人的"捐献、礼物以及提供的资金"一般被称为捐赠,来自政府的资金则被称为拨款或经费,两者之间具有相似性。美国国税局申报表格990(reporting form 990)主要针对私立非营利性组织,包括大学和学院,其需要一所学校报告其来自私人的捐赠额度以及来自政府的拨款额度。

公立大学和私立非营利性大学,政府拨款的依赖性很强。公立大学(2004年教育部报告中有608所公立大学)来自政府的拨款数平均为860万美元,占学校总收入的31%。与之相比,1529所私立非营利性学校中,政府拨款数平均仅为170万美元,占总收入的比例为21%(美国教育部,美国教育统计中心2007b)。

州和地方政府的支持与联邦政府支持又有所不同。尤其是在公立学院和大学,四年制学校和两年制学校中这种差异非常明显,但也不足为奇。即使在这些学校中,如我们在前些章节所讨论的一样,政府的支持也很有限。1985年之后,政府在高等教育拨款中的角色日益淡化,政府拨款在四年制公立大学经费中的比例从44%降至2004年的28%(美国教育部,美国教育统计中心2007b)。

在营利性大学中,来自州和地方政府的资助和私人捐赠一样非常少。2004年,州和地方政府的资助仅占其经费总额的3%;1985年是2%(美国教育部,美国教育统计中心2007b)。

公共拨款，私人捐赠，以及公立高等教育的"私有化"

历史上，公立大学主要依靠政府拨款，私立非营利性大学则较少地依赖政府，主要依赖私人捐赠。但是一切都在变化。例如，宾夕法尼亚州立大学的校长格拉哈姆·斯帕尼尔（Graham Spanier）曾哀叹："公立高等教育滑向了私有化。"（Dillon 2005）

收入来源的变化是否意味着公立高等教育的"私有化"还有待商榷，但是毫无疑问的是公立大学和学院越来越像私立学校，越来越依赖私人捐赠和学费。在竞争日益激烈的环境中，大学别无选择——削减项目、关门，或被别人兼并——只能追逐金钱，迎合那些能够支付学费的学生，迎合那些能支持学校科研的企业。

以威斯康星-麦迪逊大学（公立大学）为例，该校新建一栋名为格兰杰楼（Grainger Hall）的商学院教学楼，最初建立于上世纪90年代，资金来自于一笔900万美元的私人捐赠——大卫·W. 格兰杰（David W. Grainger）及格兰杰基金会，其余的1700万美元来自州政府（Nicklin 1990）。2005年，大学宣称这栋楼有3000万美元来自私人捐赠，仅有1000美元万来自州政府（Daily Cardinal 2005）。15年期间，州政府资助的比例从近2/3降至1/4。还有另外一个例子，BP公司与加州大学伯克利分校、伊利诺斯大学合作建了一个研究所，即劳伦斯伯克利国家实验室（Lawrence Berkeley National Lab），这个研究室使得伯克利的教师们开始担心这个实验室对学校研究施加的影响。10年期间，BP公司提供了5亿美元来支持生物燃料的研究。作为一所私立的研究机构，虽然坐落于伯克利分校的校园内，但是只能聘用BP的科学家，这些人并没有与学术界分享科研成果的义务（Blumenstyk 2007a）。

公立大学在政府资助下降的局面下，是否要选择一条与私立非营利性大学或是营利性大学相似的路径呢——努力吸引个人和企业的捐赠，或是努力获取更多的学费？这确实很重要，但是哪种路径更可靠呢？答案可能差别非常大，因为学校之间可供选择的财政策略有所不同。例如，一所拥有坚实捐赠基础且成功的公立大学，对政府削减经费的反应会不一样，可能会越来越像私立非营利性大学。当一所学校来自公共的支持越来越少，而来自私人的捐赠越来越多时，其没有选择，只能像营利性大学一样去追逐金钱——提高学费（见第五章），并且与企业界建立联盟（见第十二章）。

如果要理解公立高等教育收入来源的变化，认识到如下一点非常重要——所有一切并非因为政府资助削减了多少，而是其他收入来源的快速增长。例如，联邦研究经费的快速增长，使得研究型大学从中受益，这意味着大学来自州和地方政府的经费不断下降。然而，我们还是认为这种变化使得学校努力更为争取的研究经费，也使得大学的控制权由州立法转向了联邦资助者。

私人捐赠对学校有什么影响？

我们研究中的新发现

现在我们将探讨影响捐赠额度和目的的因素，以及这些因素之间的异同点。已有的事实展示了校友、家长及其他人对学校"成功"的不同反应；对学校体育和学术成功的不同反应；对学校筹资努力、捐赠基金及性质的不同反应。

我们通过教育资助委员会 VSE 的调查研究了高等教育私人捐赠的最新数据，也清楚了为什么学校之间的捐赠收入差别如此之大。我们也拓展了以往研究中的学校类型，不仅限于私立非营利性学校，也涉及公立大学和学院。而且我们的研究不仅限于私立的文理学院和私立研究型大学，以往研究中主要关注这些学校，毕竟他们的招生数量最多。我们可以将高等教育作为一个整体来分析，尽管所获得的数据并不完美。VSE 数据来自自愿性质的调查，

3080所学校中只有33%的学校回复了调查，因此虽然有1000多所学校参与调查，但是他们并不属于高等教育领域内的随机样本。

VSE的数据显示了每所学校来自不同捐赠群体的收入，但是不对学校的成功进行评价。对此我们开发了一种新的评价手段——其在出版文章中出现的频次——尤其是《纽约时报》。尽管没有什么手段可以评价学校在体育、学术等方面的成功，能够抓住学校在全面推进使命时的所有要素，但是我们所采用的这种方法与研究文献的确不一样。

文章数据囊括30所公立大学和30所私立非营利性大学中某所学校出现的次数，或是26所公立学院和私立非营利性学院中的某所学校，我们选取了2004年1月的《纽约时报》（学校样本参见附录表A14.1）。这些文章只包括有实质意义的文章，不包括婚姻、校友、求职、逝世以及其他提及个人母校之类的文章，也不包括学校运动得分、分数线之类的文章。选取一个月主要出于时间成本的考虑，因为这个过程需要阅读每一篇文章，确定该文章是否是实质性的提及某所学校，以及其主题是什么。选取2004年是因为我们分析所需要采集数据距离最近的一年，选取1月是因为该月位于学期中间。今后的研究可能会囊括更长的时间。

在分析中，每所学校的文章数略低于6，运动和学术方面数量相当，40%的文章有关运动。内容很广，关于路易斯安那州立大学有18篇体育方面的文章，2篇学术方面的文章，关于纽约大学没有体育方面的文章，但是有15篇学术方面的文章。（关于样本中的文理学院几乎没有什么文章）。

在探寻大学成功（影响到学生或捐赠人的选择）的评价手段方面我们并不孤单。的确，很多学校对《美国新闻与世界报道》排名的评价并不满意，因为这种评价只对本科生招生有用，但是对捐赠的意义不大——而且在这个过程中，学校为提高排名所采用的策略备受质疑。最近，安纳波利斯组织（Annapolis Group）中80所文理学院的大部分校长共同声明他们不想参与每年一度的《美国新闻与世界报道》调查。（Finder 2007b）。

学校管理者的常规思维是学校在校际体育方面的成功，尤其是橄榄球、男篮等主流项目方面的成功，会为学校的体育部门而非其他部门带来捐赠收益。经过对校友、家长、其他个体、企业等不同捐赠群体的研究，我们得出了不同的结论。即使关于所有来源捐赠的研究发现也反映了学校常规思维中的问题。

文章并不是衡量学校成功的有效手段，当然没有哪种手段是完全有效的。但至少在一定程度上，这种手段有助于解释学校之间捐赠差异的原因，也引出了一个没有答案的重要问题：一个成功的事件及其公开对学校捐赠有什么影响？显然，一篇文章意味着学校的公开亮相，但捐赠是否增加取决于潜在捐赠人对于这一事件的反应，因为捐赠人可能知晓，也可能不知晓文章的独立性，而且事实上，事件本身具有引发公众关注的价值，并因此被作为评价手段。

以文章作为评价手段的另一个限制就是所有的文章价值都是一样的，尽管我们将文章分为体育捐赠类和非体育类，且两类文章的效果也有所不同——的确是不同的。进一步来说，我们假设所有的文章被喜爱程度是一样的，但事实并非如此。有一些文章可能是"不受欢迎的"。然而通过对文章的研究，我们发现即使一篇文章在贬低某所学校，也很少对其有不利影响——例如2006年关于杜克大学的一名曲棍球队员强奸案的报道（后来报纸对此不断道歉，其指控律师也因此辞职）。有些校友在母校处于困难时期，或是面临险境时依旧捐款，一般会追加捐赠，至少不会减少。而且，几乎没什么负面新闻出现。

哥伦比亚大学2006年10月时曾经有一桩丑闻，学校一名民兵计划的发言人是一名反移民分子，因此学生上台阻止其发言。一名校友对学生报——《哥伦比亚每日观察》（*Golumbia Daily Spectator*）说，这些学生看起来像"一群野兽"，但是这并不影响自己与母校的关系："我在一个礼拜之前刚刚捐赠了250美元……如果他们改变核心课程的话我会放弃捐赠。"哥伦比亚大学校友关系负责人埃里克·富达（Eric Furda）报告说学校的校友捐赠并未因此减少，其所收到的来自校友和捐赠人的200封邮件中，25%的邮件认为这件事情"表达了对大学处理问题方式的积极情感"（Morgan 2007）。我们不清楚这件事对捐赠的实际影响。

伯明翰南方学院（Birmingham-Southern College）2006 年发现两名本科生因在 9 个阿拉巴马教堂纵火而被逮捕。这件事的社会影响特别差，但是学校捐赠并未因此降低；相反，还有所上升。学校校友关系负责人如是说：

"通过这件事，我们知道我们的校友和朋友是我们的坚强后盾。在学生被捕后，我们接到数百通电话，收到数百封邮件，同时还有各种捐赠等。为了重建学院的阿拉巴马教堂，我们收到来自全世界的自愿捐赠高达 36.8 万美元。此外，BSC 66 岁的董事皮特·邦汀（Pete Bunting）提出如果伯明翰校友可以提供无限制的匹配捐赠，其将每年为学校提供 5 万美元捐赠，我们校友的捐赠远远超出预期，高达 13 万美元。所有这些都是在一个月内发生的事情。"（Harrison 2006）

总体来说，文章评价手段比起以往其他的手段，有两点突破：文章可以捕捉到大部分学校的成功，包括个人事件，例如某个教师获得特殊奖励，或是某个新的研究大楼得以建立。文章也可以将学校的成功传递给潜在的捐赠人——通过公开发表，不仅仅是《纽约时报》与《美国新闻与世界报道》，还包括数百种其他报纸，以及广播、电视、网络博客、邮件等。这些效应都可以通过《泰晤士报》得到检索，虽然信息并不完整。《泰晤士报》是国家级报纸，囊括全国的新闻，不仅仅是纽约领域。当然，洛杉矶的南加州大学拥有最多数量的文章。

我们对我们的研究假设进行检验——一所成功的大学，如果其成绩公开将为其带来更多的捐赠，结果发现确实如此。然而问题是捐赠依赖于成功是体育方面的还是学术方面的（我们把发表的文章主要分为这两类），以及主要捐赠群体是谁。校友、家长、其他个人以及企业对这些文章的反应是不同的，同时对体育类文章和学术类文章反应也有所不同。

说到学校的成功可以带来更多的私人捐赠，这里要考虑两个问题：

·学校可以影响其在这些市场上的成功。但是这种影响非常有限，因为这需要高的成本，包括巩固校友、家长、其他个人、企业及基金会捐赠（后面章节继续讨论）；游说立法者提供政府拨款（见第九章）；建立与产业界、合资企业的合作关系（见第十二章），为自己带来更多的捐赠；

吸引并留住那些有研究成就且能为学校带来声誉的教师；通过吸引好的球员和教练来提升学校橄榄球和篮球的成绩，进而为学校带来荣誉和财富（详见第十三章）。

任何获得收入的途径都会影响到其他途径。收入渠道之间是相互影响的。例如，公立大学日益增长的校友捐赠可能会降低州政府的拨款，因为立法者认为学校对公共资助的需求减少了。与此相似，不断增长的学费可能会降低来自家长的捐赠，而不断增长的企业捐赠可能使校友捐赠消失（关于收入渠道的相互依赖性将需要相当深入的研究，这将作为我们的后续研究）。

我们的统计资料包括学校报告中的私人捐赠总量及来自不同捐赠群体的捐赠数量，学校的特征）规模、校友数量、捐赠基金数量、学校性质（不包括营利性院校），学校筹资方面所做的努力，包括校友、家长、其他捐赠群体的数量（我们假设的是同一年份中影响捐赠的因素，但是这些因素可能会有延迟效应）。最后，我们专门研究了学校学术、体育方面成就对捐赠的影响；这些影响与校友、家长、企业之间的区别；这些不同的因素对学术捐赠、体育捐赠的不同影响。研究结论出人意料。

学校筹资对私人捐赠的影响

之前关于非营利性组织筹资的研究包括是高等教育在内的许多行业，研究结论很广泛。一些研究中，以及一些行业中，筹资成本的水平与利润最大化的水平有所不同：或者特别高，或者特别低（Khanna and Sandler 2000;Okten and Weisbrod 2000;Weisbrod and Dominguez 1986）。不同国家的情况也有所不同，例如美国和英国之间；不同的非营利性组织之间也不同，例如高等教育、医院、艺术组织、动物园、科研机构、图书馆等。但是从国税局1982年至1994年的数据来看，私立非营利性学院和大学的筹资均不属于利润最大化的水平，其筹资支出一般略高于成本。

大学和学院主要考虑如何吸引更多的捐赠者。我们考察了它们针对三个群体的筹资策略——校友、家长、其他个人。学校报告了其校友的记录，以及已联系的校友数量，我们并不确定为什么有些校友没有联系，而且这个数量并不少。

收到学校捐赠请求的人比没有收到的人更可能捐赠。大学和学院不会联系所有的校友、家长或其他人。有时是因为他们并没有完整的联络方式或地址，有时是因为对方拒绝联系，或是学校认为联系没有价值。没有联系的人员数量并不少；MIT2004年没有联络的校友数低于15%，而肯塔基大学的数量则是85%（CAE2004）。

只要有收益，学校就会有动力投入筹资资源——这与其他交易一样。校际之间的筹资就是交易。大学和学院的支出项目很少在功能上较发展办公室更为清晰：筹资是一项能带来收入的活动，目标是为学校的使命筹款。正如我们在第四章所讨论的二元结构一样，当学校推进使命时，纯收入越多，学校的使命越能够履行。

筹资当然需要成本。私立非营利性大学和公立大学与任何私人企业一样认识到了这个问题。最近，当一所大学的发展办公室为捐赠者举行一个晚会以吸引公众的注意力时，普顿大学负责大学关系的副校长认为576,778美元的成本就是"筹资的一部分"（Wallheimer 2007）。

尽管大学除了发展办公室，还有很多地方与私企相似，但是两者在财富的积累方面截然不同——营利性企业，无论高等教育还是其他领域，都是要为股东的利益服务，但是公立组织或私立非营利性组织则倾向于服务社会使命——至少要维护来自公共部门和私人部门的资助。无论目标是什么，我们的二元结构都意味着筹资将跨越所有制形式的界限。

当然更多的捐赠很好，但是也要有条件。一所学院或大学履行社会使命时，就需要考虑到任何一笔捐赠的潜在负面效应，还有积极的财政作用。一笔捐赠虽然可以为学校使命提供资金，但是也可能侵蚀学校的使命。最近有马歇尔大学商学院获得一笔捐赠（100万美元），需要学校教授艾因兰德（Ayn Rand）的《阿特拉斯耸耸肩》（*Atlas Shrugged*）一书；学校接受了捐赠，并且在课程安排中将这本书放在优先考虑的位置。校内外很多人对此提出批评，认为捐赠人无权设计课程及其内容（Jaschik 2008）。

在耶鲁大学和普林斯顿大学里，捐赠的使用限制和学校的意愿之间属于一种紧张关系。耶鲁大学1995年因为不同意支出方面的限制退回了李M.巴斯（Lee M. Bass）的2000万美元捐赠。同样的紧张关系也导致普林斯顿大学陷入数年高成本的诉讼中，目前仍未解决，伍德罗·威尔逊公共及国际关系学院的原始捐赠人们将捐赠转向了其他大学，因为他们认为这些大学能够实现捐赠人的目标——为美国外交事业培养更多的本科生。

耶鲁大学和普林斯顿大学的例子说明很多捐赠并非如学校所愿。学校更喜欢那些对学校使命没有限制的捐赠。学校拒绝某一笔捐赠，有时不是因为附加的条件，而是因为捐赠人本身。阿肯色大学的克林顿公共学院曾拒绝了一笔由纽曼·苏（Norman Hsu）提供的7.5万美元捐赠（其一共捐赠了10万美元），对方是一个很大的捐赠者，而且也是民主党的筹资者。该人于2007年因15年的诈骗罪被捕，这使包括克林顿在内的许多政客都退回了他的捐赠。在《华尔街日报》报道该消息后，克林顿学院决定退回捐赠，如学院院长所说——这笔捐赠"不值得拥有"（Jacoby 2007）。对于学校使命而言，与纽曼·苏有瓜葛的成本超出了捐赠本身的价值。在两类案例中，学校都是退回了捐赠，无论捐赠多还是少，使命的模糊性和复杂性使得关于捐赠的收益是否超过其负面效应成本的判断变得十分复杂——这也影响到学校的其他收入渠道以及学校的使命。

现在我们再来讨论影响实际捐赠的因素，我们的研究发现其中有一系列的影响因素。

学校保持联络的努力

每所学校都要确定是否为了捐赠而联络"记录"中特定的校友、家长和其他个体——学校有这些人的联络方式——我们选取了学校联络对象的数量信息。学校有必要确定哪些人可能捐赠，哪些人即使取得联络也不会捐赠。事实表明（详见附录中的表A6.1）学校联络的校友中，2004年平均每个校友的捐赠额是540美元，这个数量是非常大的，与我们从26所大学随机抽取的数额完全不同。与此对比，无论没有联络的校友数量是增加还是减少，对捐赠都没有什么实际的影响。尽管540美元已经超过学校进行联络的成本，但是这并不意味着学校做的努力很少。我们不知道对校友进行分类的过程是否成功，亦不知道减少没有联络的校友数量、增加联络人数是否会对捐赠产生影响。

问题的关键不在于学校是否增加了联络的校友人数，而是增减的校友特征是否与已联络的校友相似。如果相似，我们认为捐赠会增加，每增加一位联络的校友都可以期待一笔540美元的捐赠。但是很有可能所加强的联系中有一部分是不愿捐赠的人，那么增加的捐赠可能就是零。

与现有学生的家长联络似乎是对筹资资源的浪费。我们发现和家长保持联络并不会增加捐赠。可能他们的子女毕业后他们会捐赠，但是在校期间他们有可能会有资金上的压力，要支付学费、住宿费、书费等，因此不太可能捐赠。

学校的财富对私人捐赠的影响

学校的捐赠基金也会影响学校来自校友、家长、其他个体、企业和基金会的捐赠。学校的捐赠基金和现有捐赠之间的关系尚不明确。例如，捐赠基金的规模将反映出学校校友及其他赞助人的富有程度以及他们捐赠的能力。捐赠基金也能反映出学校支配捐赠的能力，尤其是学校收到捐赠后是作为支出还是存入捐赠基金。捐赠基金还可能反映出外界对学校的学生服务、社区服务、社会服务的评价。所有的这些可能都会形成学校捐赠基金规模与现有捐赠水平之间的积极关系。

但是捐赠基金可能会被捐赠者看作学校"需要"的指标。在这种情况下，富裕的学校可能比不富裕的学校收到的捐赠要少，至少对那些愿意将钱捐给有所需要的机构的捐赠者来说是这样。

虽然捐赠基金规模与捐赠之间的关系很复杂，且这种关系还要因捐赠者而异，我们还是发现学校捐赠基金与其捐赠总收入之间非常积极的关系。就每年来说，捐赠基金每增加1亿美元，捐赠就会增加200万美元。

然而2%的积极关系掩盖了不同群体对捐赠基金的不同反应。并不是所有的捐赠群体对待学校的财富都是同样的反应。对于校友来说，学校越富有，他们捐得越多——捐赠基金每增加1亿美元，校友捐赠会增加110万美元。对于家长和其他个人捐赠来说，捐赠基金对其几乎没有影响。对于基金会来说，捐赠基金增加1亿美元，来自基金会的捐赠会增加50万美元，相当于校友捐赠增量的一半。

其中值得一提的是没有证据发现学校的财富会打击捐赠人的积极性。捐赠基金对私人捐赠、企业捐赠没有什么负面影响。捐赠基金规模小，说明对资源的需求更大，但这与捐赠的增加没有什么关系。

学校性质对私人捐赠的影响

公立和私立非营利性大学和学院在私人捐赠的接受方面是不同的。公立大学和学院平均每年收到的私人捐赠是2600万美元，学生规模小很多的私立非营利性大学和学院则是2000万美元。然而，当我们控制捐赠的影响因素，包括学校的规模，校友、家长、其他个人捐赠者的数量，学校联络对象的数量，捐赠基金的规模，学校的对外宣传，而非学校时，我们发现公立和私立非营利性大学的捐赠没有什么不同。不过，公立大学来自家长的捐赠特别少（少于430万美元）。

学校成就及其宣传对私人捐赠的影响

媒体有关学术、体育成就的报道的作用

有时学校在学术、体育方面的成就会受到媒体的极大关注。无论是否考虑这种公开性，成就的宣传的确是一种投资——为学校体育项目、学术项目等带来捐赠。我们尝试着看看媒体对成就报道是否会带来经济利益——带来更多捐赠——主要是通过"自由宣传"进行衡量，例如《纽约时报》关于某所学校学术或体育成就的报道。这向捐赠人传递了学校在某一领域成功的信息，这样的文章会对捐赠人产生影响。

学校的成就及宣传能够增加捐赠吗？我们答案是：能和不能。这不仅依赖于特定的捐赠群体，还要看宣传是否针对体育或学术，以及针对的是哪些

捐赠群体。

学校体育和学术成就会对捐赠产生的影响有何不同？

学校的体育和学术成就可能产生不同的影响，我们要对两者进行区分，看看其对捐赠的不同影响。我们考察了它们是否对不同的捐赠群体有不同的影响——例如，《泰晤士报》的文章是否会影响捐赠者对某所大学学术项目、体育项目的捐赠意愿。我们发现，关于体育成就的报道的确会增加捐赠者对学校体育项目而非其他项目的捐赠。

不管文章的主题是什么，宣传对捐赠是否很必要？我们研究了一系列文章，得出的结论是"不受欢迎"的文章很少，即使不受欢迎，也不太可能对捐赠者产生负面影响。即使一个看起来较为负面的事件可能对捐赠产生影响——例如一个学生遭受袭击的报道强调警察工作的出色，学生之间的同性恋现象，或是通过橄榄球比赛失利反映球队的精神，进而折中有关胜利重要性的观点。这样的文章可能打击一些捐赠人，但同时也鼓励了其他捐赠人。我们关于哥伦比亚大学、南伯明翰学院负面案例的研究发现没有什么负面效应和积极效应，这也说明了学校宣传及其捐赠收益之间的复杂关系。

即使某篇文章备受欢迎，也不能保证捐赠随之增加。一篇描述大笔捐赠的文章会被潜在的捐赠人看作学校未来信心的符号，因此给予更多捐赠，但也可能因此认为学校现在不需要捐赠，因此放弃捐赠。我们考察了新闻报道（包括体育或学术等方面的成就）对各种捐赠群体的积极影响、消极影响以及零影响。

事实上，我们发现《泰晤士报》上的文章对捐赠确有影响。体育成就方面的文章对捐赠者的影响比较持久。所以体育方面的文章有积极影响，至少是零影响。

再说说校友捐赠。体育方面的成就，例如《纽约时报》上关于某学校体育成绩的报道，为学校体育发展带来189,000美元的校友捐赠，不过对体育之外的领域并没有影响（详见附录中表6.2；我们的估计十分完美）。

接下来是将所有的私人捐赠作为一个整体。体育方面的文章占据总文章数的一半，所带来的捐赠是390,000美元，但是体育方面的文章对非体育方面发展、学术及教学的捐赠影响尚无统计。可以说体育方面的成功只是对体育方面的捐赠具有积极影响。

现在我们再来讨论一下学校非体育方面的成就，也就是学术成就是否会带来更多捐赠，答案是"否"。学校非体育方面成就的文章从统计上看对学校整体捐赠、学术捐赠、体育捐赠无显著影响，对每个捐赠群体影响也不明显。涉及体育方面时，关于学校成就的宣传是有价值的，但是其他方面则非如此。而体育成就方面的文章也只是对体育捐赠有影响，其他方面则无影响。

捐赠的其他影响因素

当然，关于个人和组织对大学和学院的捐赠意愿，还有其他影响因素。学校会通过各种方式加强与潜在捐赠者的联系。

其中一种方式是发展非教育项目来吸引校友。巴纳德学院提供了"亲爱的母亲"项目，来吸引校友关注母亲话题（Sanoff 2005）。大学和学院也会为校友和教师提供将骨灰保留在学校的机会。弗吉尼亚大学1991年建立了一座记忆墙——骨灰安置所，以期望其可以为学校带来实质性的捐赠。虽然事实并非如此，但是很多学校都在效仿。里士满大学2001年也建立了一个校园骨灰安置所，有3000个位置，之后的6年内卖出100个。斯威特布莱尔学院（Sweet Briar College）是所女子文理学院，早在20世纪90年代建立了一个骨灰安置所，但是直到2007年，只卖出一半，即64个位置，价格位于1800—2800美元之间。森特学院（Centre College）是位于肯塔基的一所文理学院，7年内，84个位置只卖出7个。汉德里克斯学院（Hendrix College）和圣母学院现在也开始建立骨灰安置所。李普曼·赫尼（Lipman Hearne）是一个负责非营利性组织的公司，其管理主任强调了学校此种做法的潜在动机："学校的目的在于通过满足愿望及不动产的想法等抓住人们，这属于一种附属产品"（Finder 2007a），在第四章我们将之称为收入产品。

追求捐赠的意料外后果

学校对捐赠的专注会将其引向一个意外的方向。例如,有人要捐赠但食言了,学校怎么办?要付诸于法律吗?很多案例的答案都是"是"。1994年,加州大学欧文分校对一个捐赠人的遗孀提出诉讼,该捐赠人曾经要捐献60万美元来建设一个剧院,但是该遗孀拒绝支付。学校将其告上法庭,最后对方以不动产的形式进行了支付(Stosnider 1998)。当大学和学院欲起诉捐赠人或其继承人时,募捐看起来更像交易。

获得更多捐赠:学校募捐方面的成就会影响其他方面的收入吗?

一次只关注一个渠道的收入——首先,是学费(见第五章),然后是捐赠,然后是其他渠道,例如研究和专利、商标许可、游说、大规模的体育赛事(见后面章节)——掩盖了一个关键的问题:这些收入渠道相互影响,一个渠道的收入将会影响其他渠道的收入。例如,学费的上涨,会导致捐赠人认为学校因学费收入增加,所以对捐赠的需求不大。但是,不断增加的学费也会导致捐赠上涨,因为捐赠人认为学费上涨意味着学校质量的提高,所以学校值得捐赠。

如果学校筹资成就卓越,或是捐赠基金收入丰厚,可能会有降低学费或是增加学生补助的压力。普林斯顿大学 2007 年由于投资的高收益,40 年来首次保持学费不变(Arenson 2007),虽然食宿费用已经上涨。学校捐赠基金收入超过 4.5% 的话,学校必须支出更多捐赠基金,同时降低学费,这再次证明不同渠道收益之间的相互影响效应。2008 年,麻省开始考虑向捐赠基金超过 10 亿美元的学院和大学征收 2.5% 的税,爱荷华州参议员查尔斯·格拉斯利（Charles Grassley）则试图让富裕的学校支出更多的捐赠基金，同时降低学费（Schworm and Viser 2008）。

尽管在教育、医疗、艺术等领域内已经有一些关于各收入渠道之间相互影响的研究，但是有关各渠道收入规模对彼此影响我们知之甚少（Brooks 2000; Kingma 1989; Young 1998）。虽然我们已经找到关于各收入渠道之间相互影响的研究成果，但是这个问题非常复杂，尚无结论。

结论

学校获得捐赠并非偶然。根据我们的二元结构（见第四章），捐赠是收入产品活动，与其他收入产品的来源一样，其受到多种因素影响。其中一个因素是保持联系的捐赠者人数，这直接取决于学校，因为学校可以决定在筹资上的投入。其他的因素，例如学校的捐赠基金及管理可以影响捐赠，但是也会受到学校的影响，不过很少受学校的控制。在公共宣传方面都会受到体育和学术活动的影响。学校的性质也会影响到捐赠，公立大学的影响小一些，学校性质虽然可以变化，但是一般很少有变化。

捐赠并非唯一的收入渠道。捐赠行为反映了学校针对不同群体（校友、学生家长、其他个体、企业、基金会、其他组织）筹资的效果。我们发现这些群体对学校规模、筹资努力、学校捐赠基金规模、学校性质、学校在体育和学术领域的成就等方面的反应有所不同。

校友对学校体育方面的捐赠的确因为其体育成绩，但是学校的体育成就并不一定能带来校友对学校学术发展的捐赠。涉及到学校的学术成就，我们发现捐赠群体对此并没有明确回应。企业捐赠对学校的体育成就反应积极，但是对学术成就没有什么回应，也即学业成就对企业捐赠没有影响。

影响学校捐赠的其他方面包括：加强与校友之间的联络——学校筹资活动，这属于经济、市场领域的问题；大规模的捐赠基金与私人捐赠有关，例如，捐赠基金每增加1亿美元，捐赠基金大概增加200万美元；捐赠过程的影响因素很多，并不限于哪一种。

为什么这些因素如此重要？因为学生及家长竭力想理解大学的财政行为，所以我们要阐明了影响大学捐赠的诸多要素。对于潜在的捐赠者来说我们提出不同的捐赠人对于学校各个方面特征的回应——捐赠基金市值、宣传、学校性质等。对于公共政策制定者来说要考虑平衡支持公立大学与控制学费上涨之间的矛盾，为此我们的研究将提供一些促进捐赠的启发。

第七章　捐赠基金及其管理
——资助使命

尽管学费、捐赠、研究可以带来收入,但是很多大学和学院还从捐赠基金管理中获得了丰厚的收益。捐赠基金受到种种限制——大学不能简单的决定在某一年支出所有的捐赠基金——但即使没有硬性的规定,谨慎的管理原则也要求学校要为未来储存资金,所以捐赠基金管理也是大学财政管理中的一部分:追求收益,支持使命。

高等教育领域内捐赠基金规模的差别很大。最富有的学校捐赠基金规模几乎是企业界的标准:哈佛大学2007年捐赠基金规模是346亿美元,与伯灵顿(Burlington)(标准普尔指数排名110)、安泰(Aetna)(标准普尔指数排名119)和高露洁(Palmolive)(标准普尔指数排名72)的市值相媲美。2007年捐赠基金排名前18位中,康奈尔大学捐赠基金规模超过50亿美元,这是标准普尔指数的标准,与Aramark的市值持平。拥有大规模捐赠基金的学校绝非偶然,捐赠基金的规模既是学校发展和声望的推手,也是其反映。

但是这类富有的学校毕竟是少数。大部分学校的捐赠规模都是以千万美元而非数十亿美元为单位。拥有大规模捐赠基金的学校与捐赠基金规模小的学校相比,在投资方面亦有所不同,因此投资回报率也有所不同。

终极收入产品（ultimate revenue good）的管理

　　学校管理其资产的方式，无论是捐赠基金还是其他，都反映了学校使命方面的重要信息。所有的学校，无论捐赠基金规模如何，至少在一点上是相似的：没有人采取一种好像学校的寿命可能只剩下一年了的管理方式。相反，捐赠基金的管理方式都是假设学校会永久存在。

　　如果一所学校陷入财政危机，在关闭之前只想招收少数的学生，它更倾向于持有一些现金形式或货币市场基金形式的资产；这些学校很难从财政危机中挣脱，所以倾向于采取较为保守的投资策略。相反，如果一所学校想教育几代学生，那么就会为之进行规划，并据此进行投资。

　　我们将呈现，即使学校的捐赠基金规律最小，但是其投资的风险至少等同于美国普通股票的风险。捐赠基金经理人们深知，尽管短期内股票的风险高于现金以及债券收益，从长远考虑，他们还是倾向于投资另类资产，在劳动密集型的高等教育产业内，大学需要更高的回报率。随着成本的不断提高，争议越来越少，平衡当前收入与长远规划之间矛盾的需要也减少了，对当前大学和学院来说如何管理好捐赠基金成为头等大事。

　　高等教育在很多方面都与其他行业不同，但是捐赠基金管理与营利性组织的对冲基金、共同基金、私募基金的管理很相似。的确，营利性组织资金管理的专家在捐赠基金管理中也会表现不错，反之亦然，因为两类工作很多方面都是相通的。正如在第四章中提及的，营利性企业和非营利性部门在资金支出上可能有所不同，但是在创收方面都是相同的。

　　事实上，大学和学院与私人企业很相似，都要通过资金管理人带来收益，这也成为大学的挑战——吸引有才能的人，至少留住有才能的人。2006年6月，斯坦福大学捐赠基金管理负责人迈克·迈克菲勒（Michael McCaffery）离开斯坦福，与微软的合伙人保罗·艾伦（Paul Allen）合作开始新的业务，有报道认为其原因是2005年斯坦福对冲基金经理人亚历山大·克里科夫（Alex Klikoff）的离开。2005年哈佛大学捐赠基金管理公司的杰克·R. 梅耶（Jack R. Meyer）在学校取得辉煌成就时离开，开创一个新的对冲基金管理工作——（Convexity Capital Management），同时还带走很多经理人（Fabrikant 2007b）。他的继承人默罕默德·A. 艾瑞（Mohamed A. El-Erian）两年之后也离开，重新回到了太平洋投资管理公司（Pacific Investment Management Company）。事实上，2006—2007年间，大学里超过40%的投资经理人都离开了。

为什么离开捐赠基金管理、开始私募基金成了一种风尚？因为金钱。最成功的捐赠基金管理人每年可以挣数亿美元，而大学捐赠基金管理人的收入不超过200万美元（Grant and Buckman 2006）。进一步来说，投资经理人常常一方面对收入不满，另一方面又受到教师和校友的抵制，抱怨他们挣得太多了。

院校业绩的评估：捐赠基金规模的大小

表7.1列出了2007年参与美国大学和学院财政官协会（National Association of College and University Business Officers）捐赠基金规模排名的学校中，排名前10位的四年制私立大学，并且列出了捐赠基金规模超过100万美元的学校。我们认为公立大学的经费主要来自州政府，我们只想做一个同类别间的比较（但是，我们之后也会再讨论公立大学的捐赠基金）。在这些数据中我们获得很多有趣的发现，可能最惊人的发现就是大学之间财富的差距。

如果哈佛大学自己算一个层次的话，2007年捐赠基金规模排名前10位的学校捐赠基金市值位于133亿美元至108亿美元之间。捐赠基金最少的10所学校平均是760美元，最富有的学校相当于后者的1800倍。读者们可能听说过那些排名靠前的学校，但是对排名靠后的学校知之不多。当然，这其中可能蕴含着这样的一个假设：一流大学更容易积聚财富。

即使在最富有的大学里，财富差距也很大。哈佛大学比排名第二位的大学要高出 2/3。耶鲁大学是圣母大学（排名第 10 位）的 6 倍。的确，只有 5 所大学的捐赠基金市值超过 100 亿——哈佛、耶鲁、斯坦福、普林斯顿、MIT，后面的学校的差距就很大了。即使捐赠基金是 10 亿美元的学校也不太显眼。2007 年 NACUBO 捐赠基金调查的 516 所学校中，只有 50 所，也就是 10% 的学校捐赠基金市值超过 10 亿美元。有一半的学校捐赠基金市值低于 1 亿美元，超过 10% 的学校捐赠基金等于或低于 2500 万美元。

表 7.1 2007 年捐赠基金排名前 10 位以及后 10 位的四年制非营利性大学

大学	2007 年捐赠基金市值
排名前 10 位的大学	（10 亿美元）
哈佛大学	34.6
耶鲁大学	22.5
斯坦福大学	17.2
普林斯顿大学	15.8
MIT	10
哥伦比亚大学	7.2
宾夕法尼亚大学	6.6
西北大学	6.5
芝加哥大学	6.2
圣母大学	6
平均值	13.3
排名后十位的大学	（100 万美元）
Dever Seminary	8.8
Holy Family University	8.6
Boston Architectural College	8.6
Longy School of Music	8.6
Chaminade University	8
Thomas College	7.4

续表

大学	2007 年捐赠基金市值
Holy Name University	7.3
Cornerstone University	6.5
Caldwell College	6
Keuka College	5.7
平均值	7.6

数据来源：NACUBO 2008。

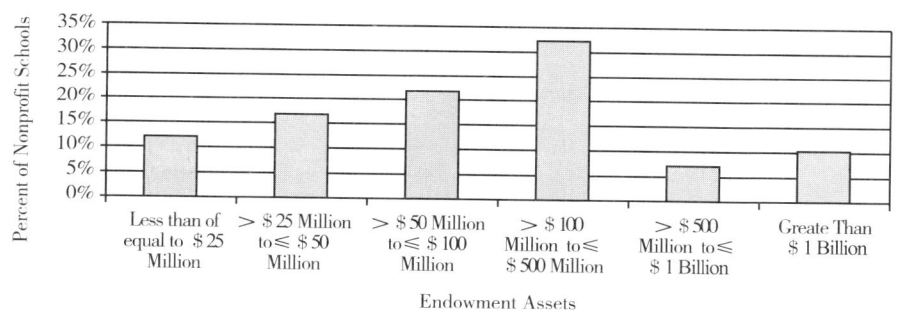

图 7.1 2006 年私立非营利性学校捐赠基金资产的分布

数据来源：基于 NACUBO2007 年表 30 的数据计算而来。

捐赠基金变化的方式及原因

有人可能倾向于将捐赠基金市值的年度变化作为衡量捐赠基金经理人业绩的指标。但是年度变化有时会误导人，因为捐赠基金市值的变化可能基于三个原因：（1）当捐赠基金支出后，市值会下降；（2）当捐赠增加时，市值会上涨；（3）市值的上涨或下降与捐赠基金资产的投资有关。

图 7.2 中显示了 2007 年高等教育机构的平均业绩，主要基于两个被广泛应用的指标：标准普尔 500 指数以及雷蒙兄弟综合债券指数。

过去的十年间，高等教育机构的年度平均投资回报率是 8.4%，高于标准普尔指数的 7.1%，债券回报率也很好。过去三年内，高等教育机构平均回报率超过股票、债券，反映出捐赠基金管理在另类资产方面寻求突破的趋势——

不动产、自然资源、对冲基金非常流行——目的是在收益上有大的突破。

基于图7.2中的数据,高等教育的投资看起来还不错。一个经理人的任务主要是达到或超过给定的指标,但是必须要考虑到投资组合的风险。某个经理人在高风险证券领域的业绩可能超过了标准普尔500指数,另一个经理人因为强调资产保值以及低收益投资工具,所以业绩低于指标。大部分高等教育机构强调捐赠基金在财政运行中的支出,但是无法接受捐赠基金的大幅度下滑。因此,投资经理人的决策过程中会掺杂着一定程度的保守主义,目的是尽量提高收益来应对谨慎管理风险的需要。

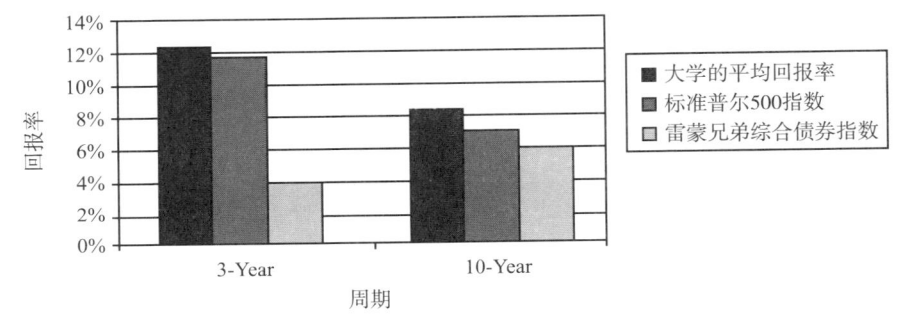

图 7.2　大学捐赠基 3 年和 10 年的平均回报率

注：包括私立非营利性大学和公立大学。

数据来源：NACUBO2008 年第一部分的表 1。

西北大学是 2007 年捐赠基金市值排名前 10 位的大学之一,其如是陈述投资目标：

西北大学捐赠基金的首要目标是保持其购买力,为学校发展提供资金。换句话说,就是西北大学必须达到平均水平,也即年度回报率等于通货膨胀率加上实际支出率。

高等教育使命的一个直白的表述就是——捐赠基金的目标就是收益。收益高于成本和通货膨胀损耗很难满足富足的要求。过去 10 年中,捐赠基金经理人都获得了收益,达到或超过给定指标,从资产保值的角度看他们都成功了,也都达到了目标。同时,正如西北大学投资目标中表述的一样,捐赠基金升值的要求不断提升,这使得捐赠基金经理人要不担当更大的风险,要不就是在投资中不再考虑股票和债券。捐赠基金经理人如何面对这些挑战，主要取决于所任职学校的性质。

为何富者越富？

收益规模和投资业绩将会影响到一个学校的捐赠基金。一个最惊人的发现是捐赠基金的回报似乎与捐赠基金的本金规模有关：当捐赠基金规模增长时，回报也会随之增长。因此捐赠基金规模是 2500 万美元的学校与 7500 万美元的学校可以进行比较，6 亿美元的学校与 10 亿美元的学校可以进行比较。捐赠基金规模最大的学校（超过 10 亿美元）2007 年之前 10 年里的平均投资回报率是 11.1%；捐赠基金规模小的学校（低于 2500 万美元）投资回报率仅为 6.7%（NACUBO 2008）。

如果我们以捐赠基金规模 8000 万美元作为标准的话，NACUBO 的投资调查显示 8000 万美元捐赠基金投资回报率为 7.9%，比捐赠基金规模顶级的大学低 3 个百分点。一所拥有 10 亿美元捐赠基金的学校，收益率是 11.1%，比 7.9% 的标准高出 3000 万美元。最富有的学校，财富增长的速度也最快，即使是不考虑学校捐赠的差异：富有的学校投资回报率更高，高的回报率要基于高水平的投资资产。

关于最富有的大学的业绩有三种解释：首先，捐赠基金规模大的学校可以承担更大的风险；第二，捐赠基金规模大的学校的投资策略不适用于捐赠基金规模小的学校（Jaschik 2006）。非现金的投资需要大盘子的本金。捐赠基金规模大的学校可以买一个公司做投资，而其他的学院可能只能买公司的一部分。另一个限制就是投资的范畴。耶鲁大学或哈佛大学投入资源来研究木材投资，但是捐赠基金规模小的学校可能关注股票、债券，无法涉及木材、矿产、别国对冲基金和证券。第三个解释就是财富管理能力的成本非常高，而且捐赠基金管理日益复杂，需要一大笔资源。拥有大规模捐赠基金的学校一般要聘用数个全职雇员负责捐赠基金管理，而捐赠基金规模小的学校没有这样的资源去承担这个任务。在这些学校里，捐赠基金管理是一份兼职工作，或是为学校的战略计划做贡献而已。简单说，财富管理中存在规模经济——在一定规模的管理运行中降低投资研究成本——这就意味着富有的学校和不富有的学校在资产配置、风险承受能力方面都会有差异，这种差别就在于前者聘用了资深的基金经理人。

的确很多专家认为不富有的学校无法复制哈佛大学捐赠基金管理人的成功（Bovinette and Elkins 2004），但是目前捐赠基金投资组合之间确实存在差异。2007 年规模超过 10 亿美元的捐赠基金中，会有 40% 投资在另类资产，47% 投资在股票，其他的是债券和现金。规模位于 5000 万至 1 亿美元之间的捐赠基金，60% 投资在股票上，17% 投资在另类资产上债券和现金的比例为 23%。捐赠基金规模最小的学校在另类资产方面的投资比例更少（7%），而现金和债券的比例较高（34%）（NACUBO2008）。

整体来说，不同规模的捐赠基金，其投资组合也不同：最大规模的捐赠基金投资在股票、债券、现金方面投资比例大约为 60%，规模最小的捐赠基金在这些方面的投资比例高达 93%。另类资产的投资风险高于股票和债券。不动产投资的流动性低，木材方面的投资——最近这些年新兴的投资领域——最近几十年会占主流。风险资产的投资，例如生物科技公司，风险要高于公开交易的公司。捐赠基金规模大的学校可以从事这些投资。捐赠基金规模小的学校无法复制这种模式，因为无法承担风险资本和其他另类资产投资的长期性。

另类资产投资是最近流行起来的。剑桥协会的报告认为其投资研究和顾问服务的客户——包括捐赠基金规模大的学校——在 15 年前投资另类资产的比例仅为 5%，但是 2005 年这一比例已升至 25%（Gose 2006b）。

耶鲁大学的案例可以说明大学资产组合的变化情况。1985 年，大卫·史文森（David Swensen）开始负责耶鲁的捐赠基金，当时耶鲁 90% 的资产投资在股票和债券领域。1985 年耶鲁的投资回报率是 25.8%，略高于高校的平均投资回报率——12.1%。当时，10 亿捐赠基金可以获得大约 4500 万美元的收益，相当于大学的日常运行预算，或是学校支出经费的 10%（Waters 2001）。20 年之后，也即 2005 年，耶鲁股票和债券的投资比例从 90% 降至 37%，其 2000 年之后的业绩高于之前年度平均数至少 4 个百分点，2000

年的回报率是41%，相当于高校平均数（12.1%）的3倍。学校从中收益大约是150亿美元，占学校日常运行支出的32%（高等教育纪事 Chronicle of Higher Education 2005）。

小型院校在2000年之后开始关注另类资产投资，股票投资比例下降。另类资产的需求上涨也抬高了其价格，导致投资分析开始质疑之前的投资收益是否能够得以维持。例如木材投资的收益很好，近20年来年度收益率近15%，但是范德比尔特大学（Vanderbilt University），作为首批投资木材的大学之一，开始考虑当竞争加剧时，学校很难寻找新的发展机遇。范德比尔特大学不准备增加其在木材方面的投资比重（Strout 2005）。最近这些年高等教育内外都开始关注对冲基金的投资。

捐赠基金的作用

耶鲁大学的例子可以看出捐赠基金规模大则会为学校的财政收入作出积极贡献，目前耶鲁大学每年支出中大概有10亿—30亿美元都来自捐赠基金。这种优势使得大学可以从事那些单靠学费无法支撑的项目。或者说，捐赠基金的收入使得学校能够完成学费低时要完成的项目。的确，将捐赠基金收益以学校拨款的形式为学生补助提供支持的做法非常普遍（详见第五章）。

捐赠基金收益的使用有很多方式：可以用来聘用知名学者，建立实验室，支持各种组织。我们主要关注捐赠基金和学费之间关系的部分，探寻更多的财富是否意味着可以降低对学费的依赖性。

如果捐赠基金规模很大的学校利用捐赠基金收入替代学费收入，我们期望发现学费在富裕的学校的收益中比例很小。如表7.2中所示，富裕的学校中，学费仅占总收入的一小部分（平均来说低于10%），但是捐赠基金规模很小的学校中则有所不同，学费的比例高达60%。

事实不仅如此。拥有更多财富的学校可以利用财富进行高品质的教育，这就需要高学费，这种情况下学费在总收入中的比例并不一定低于不富有的学校。但是这种情况几乎不会发生，我们发现捐赠基金规模最大的学校，其预算中来自学费的比例小于捐赠基金规模小的学校。

在捐赠基金和学费在总收入中比例的对比中我们获得许多信息。假设学校每年将捐赠基金中的4.5%作为学校运行支出（这是一般的支出比例，虽然不是基于当前的市场价值，但是会基于最近三四年的市场机制），就有可能计算出捐赠基金支出与学费在整个支出中的比例。我们随机抽取了30所研究密集型大学。结果见表7.3，以学校捐赠基金支出在学校总支出中的比例来排名。

从中可以看出捐赠基金支出和学费在总支出中的贡献是负相关的：如果学校捐赠基金在总支出的比例较高，那么学费的比例就较低。

当然，捐赠基金收入可能无法直接解释为什么学费的比例高低。但是可以解释对于富有的学校来说，部分原因是他们捐赠基金规模很大，同时也可能因为他们其他方面的筹资能力很强。尽管如此，研究结果发现捐赠基金规模小的学校属于学费驱动型。这对学校使命来说是一个重大的限制。学费驱动型的学校必须关注其学生：这种观点短期看对学生来说是好事，但是并非是学校所愿。学费驱动型的学校，在提供基于需要的补助时会受到限制——必须接受意愿较低的学生，这些希望支付更多的学费，而不是更有能力的学生，或者是一些非营利性、具有社会价值的项目。捐赠基金对学校最大的意义在于推进其使命。

表7.2 捐赠基金规模与学费之间的关系：学费在捐赠基金规模不同的学校支出中的比例，2006

学校	学费在总收入中的比例（%）
哈佛大学	7
耶鲁大学	4
斯坦福大学	10
普林斯顿大学	3
MIT	5
哥伦比亚大学	15

续表

学校	学费在总收入中的比例（%）
宾夕法尼亚大学	12
西北大学	22
埃默里大学	8
芝加哥大学	10
平均值	10
南加州先锋大学	62
恩典神学院	37
库克大学	50
考德威尔学院	74
波士顿音乐学院	70
基石大学	58
托马期学院	49
圣洁家庭大学	80
檀香山夏明纳大学	66
马尔特莫马圣经学院	44
平均值	59

表 7.3 随机抽取的 30 所研究密集型大学中捐赠基金支出和学费在总支出中的比例，2004

学校	在总支出中的比例		学校	在总支出中的比例	
	捐赠基金支出	学费		捐赠基金支出	学费
莱斯大学	52	20	圣路易斯大学	9	45
耶鲁大学	34	11	锡拉丘兹大学	9	60
斯坦福大学	23	14	塔夫斯大学	8	38

续表

学校	捐赠基金支出	学费	学校	捐赠基金支出	学费
	在总支出中的比例			在总支出中的比例	
里哈以大学	17	49	卡内基梅隆大学	6	30
南卫理公会大学	17	61	乔治华盛顿大学	6	60
芝加哥大学	16	20	约翰·霍普金斯大学	5	10
麻省理工大学	15	10	乔治城大学	5	47
圣路易斯华盛顿大学	13	14	圣母大学	5	51
康奈尔大学	12	29	福特汉姆大学	5	NA
布兰代斯大学	12	42	波士顿大学	4	48
凯斯西储大学	11	19	纽约大学	4	48
范德堡大学	11	20	丹佛大学	4	73
杜克大学	10	16	美国大学	4	87
罗切斯特大学	9	17	迈阿密大学	3	37
南加州大学	9	42	杨百翰大学	NA	20

注：NA 指没有数据。捐赠基金支出率假设为 4.5%。

数据来源：基于 NACUBO 2005 年的数据、美国教育部、美国教育统计中心的数据计算而来。

作为应急资金（rainy day fund）的捐赠基金

每一个组织、学校或其他机构都需要应对临时收入空缺的资金。与进入资本市场进行短期借贷不同，捐赠基金可以满足这一需要。

学校之间满足意料之外资金需求的能力差别很大，这种资金需要可能由于收入短缺，也能由于成本增加。拥有大规模的捐赠基金与大笔的应急资金是不同的，这看起来似乎自相矛盾，但事实确实如此。但是，捐赠基金确实可以缓解短期的经济压力，平衡收支，帮助学校避免财政危机（Fisman and Hubbard 2003; Hansmann 1990）。这种平衡并非是学校累积捐赠基金财富的必要理由，但至少看起来十分合理。

在卡特里娜飓风后，杜兰大学的收入降低了 10%（美国教育部，美国教育统计中心 2007b），同时学校要处理飓风带来大量损失。没有人知道学校遭受严重的自然灾害时，或联邦资金突然削减时，抑或其他情境下，捐赠基金能够维持多久。即使某年 10% 的收入下降比例对学校也意味着重创。

杜兰大学的捐赠基金 2005 年市值约 7.8 亿美元，虽然为学校提供了一定经费支持，但是十分有限。学校需要用 13 年的捐赠基金收益来补偿损失——如果学校考虑飓风对学费收入、重建成本的长期影响，这个时间不算长。简单来说，即使大学的捐赠基金规模排名在前 15%，杜兰大学也无法应对这突如其来的冲击。

表 7.4 中显示了学校应急资金可维持年份的差异——这些学校需要应对收入降低 10% 的压力。这 10 所大学单靠节省捐赠基金的支出很难维持两年。前几名学校的对比很鲜明，他们的财富足以应对 10% 的收入下降，以及维持他们一个世纪的运营以及捐赠基金的支出，格林内尔学院甚至可以维持 200 年。排名靠后的学校中，他们应对收入下降 10% 压力的能力十分有限，他们可能会挣扎在生死线上，这会增加他们捐赠基金收益下降的风险，无论潜在收益是多少。[①]

表 7.4　应急资金的比较：收入下降 10% 时，学校捐赠基金可以维持的年份，2006

应急资金最多的十所大学	维持年份	应急资金最少的十所大学	维持年份
格林内尔学院	191	罗克赫斯特学院	2.3

[①] 我们对临时的描述是为了说明一个机构的财政能力以及应对收入突然降低压力的能力。这并非说学校和大学可以自由的支配捐赠基金：捐赠基金的使用有所限制，何时使用，何种目的，尽管限制一般来说不十分严格，因为作为遗产的捐赠一般是用于支持有需要的学生，或是支持学校的艺术和科学。

续表

应急资金最多的十所大学	维持年份	应急资金最少的十所大学	维持年份
普林斯顿神学院	184	雅苏莎太平洋大学	2.2
柯蒂斯音乐学院	155	圣洁家庭大学	2
波莫纳学院	149	格雷斯学院与神学研究学院	1.9
伯利尔学院	148	库克大学	1.9
普林斯顿大学	141	考德韦尔学院	1.8
阿莫斯特学院	128	基石大学	1.7
奥斯汀长老会神学院	126	圣泽维尔大学	1.6
肯考迪亚学院	122	圣里奥大学	1.5
富兰克林瓦特欧林工程学院	122	南加州先锋大学	0.7

注：表格中数据从支出数额中计算而来。假设收入和支出相等。数据来自于NACUBO 的 517 所四年制私立非营利性大学，且捐赠基金规模高于 100 万美元，满足这一条件的高校占 34%。

数据来源：根据 NACUBO2007 年的数据、美国教育部、美国教育统计中心 2007b 的数据计算而来。

那些拥有大额应急资金的学校令人惊讶。首先是数据不为人知，且很多学校属于技术和音乐类大学。另一个令人惊讶的地方是其中没有那些知名的大学，如哈佛、耶鲁、斯坦福等，他们的捐赠基金规模很大，一定程度上可以满足支出的需要。哈佛大学的排名是第 17 位，维持 96 年，是格林内尔学院的一半。耶鲁大学排名第 21 位，可以维持 92 年，斯坦福大学排名第 58 位，可以维持 53 年。

关于学校支出和"节省"之间的关系仍有很多问题有待研究，以及学校之间应对收入下降且维持发展的能力之间的差异。

公立大学的捐赠基金

提到捐赠基金,媒体一般比较关注私立非营利性大学,因为这些学校捐赠基金规模很大。但是公立大学也值得关注。与私立大学不同,公立大学可以接受公共税收的经费支持。州政府拨款在公立大学收入中的比例相当于捐赠基金在私立大学收入中的比例(Wiley 2005)。的确,有人会质疑州拨款是纳税人对公立大学和学院的捐赠,这也属于捐赠基金的范畴,尽管这笔资金由州政府控制,而非大学的管理者和董事控制。

然而,除了这些"捐赠基金",公立大学正在通过私人捐赠来构建自己的捐赠基金。德克萨斯大学系统2007年的捐赠基金市值超过150亿美元,仅次于哈佛大学、耶鲁大学、斯坦福大学和普林斯顿大学(NACUBO 2008)。然而从生均角度来看情况则有所不同,德克萨斯大学的学生要多于这些富有的私立大学,但是公立大学还是在寻求州政府拨款之外的收入渠道。的确,考虑到公立大学收取学费的能力低于私立大学,以及州政府拨款在运营预算中的比例不断减低(Wiley 2005),私人捐赠对公立大学来说越来越重要。

如果公立大学建立捐赠基金的势头越来越强劲,私人捐赠的重要性最终将影响到公立大学的使命和财富。随着公立大学捐赠基金的增长,他们对州政府经费的依赖性会不断降低。具有讽刺意味的是,如果公立大学的筹资卓有成效,公立大学对私人捐赠市场将产生很大的冲击力,从而导致公立高等教育的私有化,正如第六章中所讨论的问题。当公立大学寻求更多的收入渠道时,随着私人捐赠对其规划及发展影响力的增强,公立大学和私立大学的使命将日益趋同。

使命依旧是关键

我们需要考虑以下论断：捐赠基金管理的目标无疑就是收益最大化，而非为学习创造环境，也非追求和交流知识，亦非服务社区。如果说在这个象牙塔中曾经有过追求利益最大化的例子的话，确实有，而且是纯粹的收入产品。即使现在，在一个用收益率来衡量资产投资以及资产负债与收益表成功与否的世界里，学校的使命也会影响经理人的想法及决策。大学可能不愿意将资产投资在生产特定产品、雇用童工、与某些国家有贸易的企业里。因此，大学会禁止投资经理人从事特定领域的投资——主要是在以上限制基础上的利益最大化。哈佛大学和纽约城市大学在 1990 年时退出其投资组合中有关烟草股票的投资（Lewin 1990），有 50 多所大学和学院都撤出在苏丹的投资（Schworm 2007）。

第二个问题就是捐赠基金经理人的薪酬问题，尤其是那些成功的大学。如果捐赠基金属于收益产品，在控制捐赠、支出、管理费用这些因素的基础上，学校将只关注投资的净收益——投资组合的价值变化。捐赠基金经理人的薪酬确实是对工作业绩的考量，学校主要考虑其对净利润的贡献，并基于此支付薪酬。

但是捐赠基金经理人的薪酬是有一些内在关联性的。教师和校友认为捐赠基金经理人的收入太高了（Storm 2004），关于这种抱怨有各种解释。一种是基于业务的角度，认为利益最大化就需要通过高薪来达到高收益，因为投资精英的市场很狭小，在高等教育以及其他领域内，好的投资经理人是买方市场。私人企业想通过高新聘请成功的投资经理人，这就导致大学、学院之间的人才竞争。

第二种视角则认为好的投资经理人十分稀少，根据市场价格来决定管理价值必将导致高薪酬。有人可能并不知晓很难找到一位热衷于非营利性大学而非营利性对冲基金的经理人，一位只致力于部分投资的经理人。大学可能会选择另一种途径，即雇用一个外部的管理公司，保证投资经理人的高薪。

学校会报告其对雇员的薪酬，但是不包括为外部公司支付的佣金。

我们认为关于学校支付的管理薪酬的批评，是基于对大学可能浪费财富以及基本公正判断的考虑：如何评价一所大学支付一个顶尖投资经理人1亿美元年薪的行为，正如哈佛大学所为（Strout 2004b）？"投资经理人去年赚了足够的钱，这些钱够培养4000多名学生。"一位哈佛校友，同时也是重要的捐赠人，如是说（Strom 2004）。关于高薪的批评指出在投资经理人获得巨额薪酬和奖金的同时，学校学费上涨的幅度超过了通货膨胀率。当然，即使没有投资经理人的成功，学费也可能上涨。

究竟应该给投资经理人支付多少薪酬似乎没有什么一致意见，针对这一问题的批评者希望降低薪酬，或是支付较为公平的薪酬。有一些批评则是认为管理大学捐赠基金不单单是钱的问题，还要反映学校的社会使命：因为大学使命是神圣的，大学应该用较低的薪酬聘用投资精英，因为服务于大学的神圣目标本身就是一种补偿。这种期待只适用于大学或学院，而不是私人企业，后者的薪酬只是为了吸引投资经理人。

当德克萨斯大学调整其投资经理人的薪酬方案，进而吸引更优秀的投资经理人时，学校董事会的一个成员提出基于业绩的投资经理人薪酬制度是否适合公立大学，其提出："我的确认为这些工作是大学公共服务的构成部分之一——是你我共同为之努力的公共服务。"（Strout 2004b）如果说10亿美元对冲基金的薪酬是2000万美元，那么对于捐赠基金规模10亿美元的大学而言则应该是100万美元的薪酬，董事会成员认为其余的1900万美元属于公共服务部分。投资经理人如何看待公共服务则是另一码事。

真正的问题在于是否能够找到认同这一逻辑的投资经理人。耶鲁的确做到了，大卫·史文森服务耶鲁的薪酬要比在私人企业少80%。对于他来说，耶鲁富有吸引力，足以补偿薪酬的损失："我选择耶鲁，是因为我们所产生的资源适用于整个世界。"（Fabrikant 2007a）我们不知道有多少人认同这个观点。甚至，这种薪酬可能使得从事此种工作的投资经理人削减，甚至可能对他们回到私人企业是一种鼓励。大学可能最终需要在高薪和能力较低的投资经理人之间进行抉择。

结论

一般会认为大学和学院是一种永久性的教育机构。如第三章中所述，有时事实未必如此，但是学校资助其非营利性使命的能力以及在财政危机中求生存仍是我们理解高等教育行业的核心问题。

尽管哈佛大学拥有巨大规模的捐赠基金，但是拥有大规模捐赠基金的学校只是一小部分而已。那些捐赠基金规模很小的学校只能依赖于其他收入来源，例如学费、捐赠、研究，这使得他们在这些收入来源不稳定时变得十分脆弱。

一个很重要但并未解决的问题是：从社会角度看，捐赠基金的目的是否应该是"不断扩张"。但是无论一所学校捐赠基金规模是大还是小，都需要管理。捐赠基金管理的确是一个获取收入的活动。尽管学校的使命影响着捐赠基金的收益，与其他收入来源一样，捐赠基金管理的目的仍然具有"唯利是图"的味道：收益最大化，进而支持学校的使命。虽然这种使命迥异于私人企业的使命，但是大学和学院仍然希望获得更多收益。

在对收益的追求中，为未来的学生保存捐赠基金财富的需要对大学投资风险的缓冲作用非常重要。然而，这只是一个规模的问题。拥有大规模捐赠基金的学校倾向于承担更多的风险，至少最近几年，高风险带来了高收益，也拉大了拥有巨额捐赠基金的学校与大多数学校之间的差距。

第八章 来自研究和专利的收入

最近几十年，研究已经成为大学的重要业务及重要的收入来源。但是研究及其后续活动——专利也只是高等教育行业中一小部分大学的活动。营利性大学不从事研究，因此没有来自国家卫生研究院（National Institutes of Health，NIH）和国家自然基金会（National Science Foundation，NSF）联邦拨款。社区学院也不参与大量的科学研究，因此也没有来自政府和企业的经费，文理学院亦是如此。甚至许多研究型大学能获得的研究经费都不多。只有那些精英的公立和私立非营利性大学才参与"大的"研究。

研究和研究型大学

大学研究经历了一个迅速发展的过程，从图8.1中可以看出20世纪60年代末、70年代大学研究发展缓慢，80年代以来迅速发展，80年代后期再次飞速发展。从1953年到2006年，研究支出从8.17亿美元升至428亿美元，以定值美元（constant dollars）来看上涨了50倍。从高等教育总支出来看，研究发展的支出增长很快，从1971年的9%上涨至2006年15%。20世纪后半叶，联邦对研究发展的资助占研究总支出的60%以上。

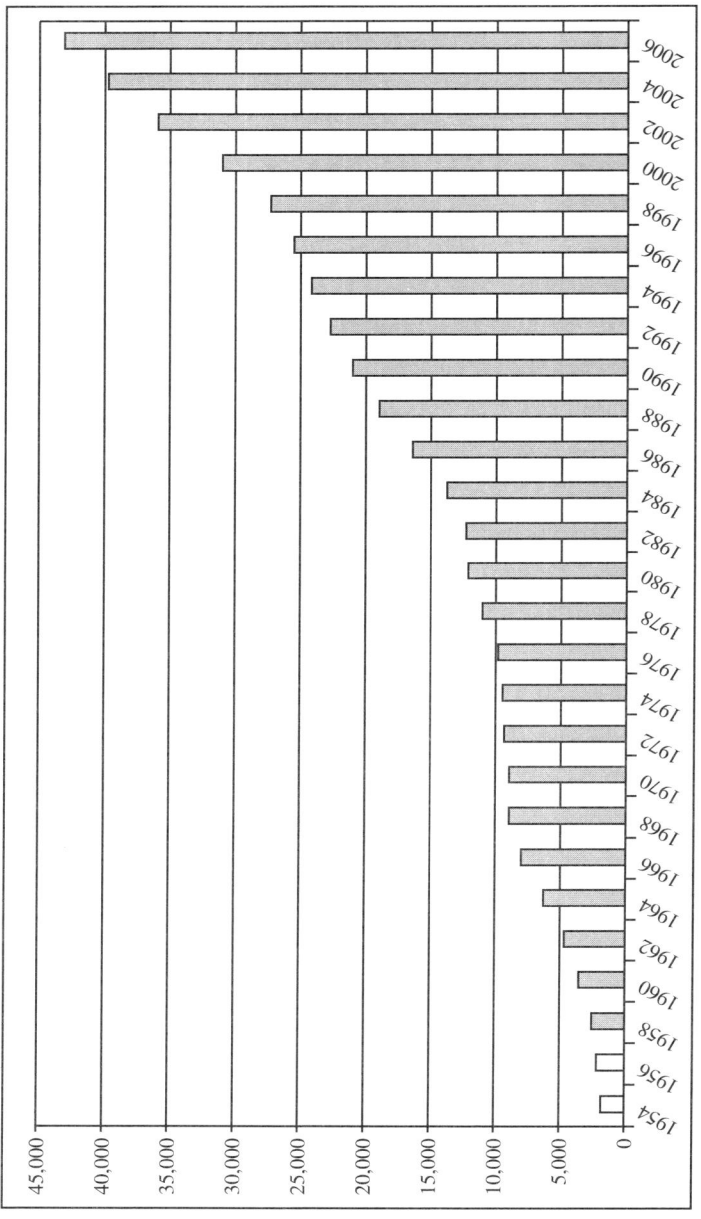

图 8.1 美国大学和学院研究发展支出,1954—2006

数据来源:国家自然基金会 2007c 表 1 数据计算而来。

很多大学已经成为研究工厂。2003 年，约翰·霍普金斯大学[①]获得 12 亿美元研究经费，主要来自联邦政府，其中一半来自国家卫生研究院以及其他卫生、社会服务部门，还有 2000 万美元来自私人企业，大多是制药公司。同一年，加州大学洛杉矶分校获得 8.49 亿美元的资助，斯坦福大学获得 6.03 亿美元资助。2003 年接受资助排名前十位的大学获得资助的总量是 68 亿美元（NSF 2006）。

私人企业对大学的资助引发了一个问题：他们期望从投资中获得什么回报？毕竟，联邦的经费支持是希望解决社会问题，提高生活质量，企业的资助则要基于利益的考虑。当企业资助的项目损害了企业利益将会发生什么事？企业会如何限制教师发表其资助的研究成果呢？一方面，这一系列问题会指向大学从事研究与广泛传播研究成果之间的紧张关系，另一方面则是经费的诱惑。在第十二章我们将讨论研究型大学与企业之间的关系。

如何资助学术研究，资助的限制是什么，如何平衡学术机构责任和资助者之间的关系，这些问题都非常尖锐。但是要在合适的环境中来考虑这些问题。大卫·布鲁门萨尔（David Blumenthal）（2002）研究生命科学的经费后，提出经费少于预期的结论，1995 年只有 28% 的教师获得企业资助，但是企业资助占总研究经费的比例只有 9%。1971—2006 年这 35 年间，企业资助与总研发经费的比例从未超过 7%（数据根据 NSF2007c，国家教育统计中心 2007a，表 345 计算而来）。

进一步说，对于大部分大学和学院来说，研究经费，或者说从研究中获得的收入微乎其微。2004 年，2533 所大学中，只有 318 所研究型大学和学院获得联邦经费资助，平均是 500 万美元，只有前面一半的大学（158 所）获得 5000 万美元，甚至更多。同一年中，只有 601 所大学和学院获得了联邦研究经费，还不到四年制学校的 1/4。我们再次发现，在高学费（35,000—40,000 美元之间）和大规模捐赠基金的背景下，很多关于大学和学院的看法事实上只是针对少数学校。获得资助前十位的学校中，约翰·霍普金斯大学

[①] 包括应用物理学实验室。

获得拨款的总额占总收入的一半,但是排名第六位的斯坦福大学这一比例仅为10%(表8.1)。

表8.1 接受联邦研究经费排名前10位的大学,2005

大学	获得联邦经费的总额(百万美元)	经费占学校总收入的比例(%)
1. 约翰·霍普金斯大学	1234	51
2. 华盛顿大学	663	30
3. 宾夕法尼亚大学	558	25
4. 加州大学洛杉矶分校	526	26
5. 密歇根大学	513	17
6. 斯坦福大学	486	10
7. 威斯康星大学	477	26
8. 加州大学洛杉矶分校	474	35
9. 杜克大学	459	24
10. 哥伦比亚大学	447	17
总计	5837	30

注:约翰·霍普金斯大学包括应用物理实验室;华盛顿大学包括整个大学系统
来源:NSF2007b、美国教育部、美国教育统计中心2007b的数据计算而来。

在过去的半个世纪中,美国研发支出额度(包括企业、政府、大学及其他)增长迅速,从1953年的280亿美元涨至2004年的2880亿美元。产品的研发主要是在企业里,这部分研发经费占总数的70%,其中不包括大学所开展的基础研究。但是大学重要性的彰显令人惊讶。在20世纪50年代,大学研发经费占总额的5%,但是70年代已经是10%,90年代则是12%—13%(NSF2006附录中的表4-4)。

大学主要集中于基础研究,而且在这个领域大学的作用越来越重要。大学基础研究经费所占比例从1953年的27%涨至1998年的54%—55%。大学基础研究在市场中的份额不断增长,同一时期国家基础研究的投入上涨了20

倍。考虑通货膨胀的因素后，从 1953 年的 25 亿美元涨至 2004 年的 540 亿美元（NSF2006 附录中的表 4-8）。

最近几十年联邦政府拨款占研发经费的比例——20 世纪 50 年代占 55%，1964—1969 年间占 71%—73%，之后又降至 57%—58%，2001 年之后开始回升，2004 年是 61%（NSF2006 附录中的表 4-4）。州和地方政府、企业、基金会也在支持基础研究。

与州和地方政府相比，联邦政府对私立大学的资助要多于公立大学。在公立大学，2003 年联邦经费占研究经费总数的 56%，州和地方政府占 9%，两者共 65%，而私立大学的这一比例是 76%，私立大学更依赖于联邦政府（74%），较少的依赖州和地方政府（2%）（NSF2006 附录中的表 5-10）。因此在华盛顿公立和私立非营利性大学在议案游说者身上投资的行为就不足为奇了，因为后者的主要工作是维持和提高研究经费的比例，详见第九章。

专利在高等教育中日益重要的地位：技术转化

大学研究有时有转化为专利的潜力，有些专利则具有获得收益的潜力。但是撇开收益潜力，研究和知识的传播是大学使命的基础部分。当研究既是收入产品又是使命产品时，就会产生矛盾。使命的发展需要大学研究使用范围的最大化，而不是受专利的限制。与之相反，产生收入则要求对有价值的信息保密，申请专利，通过许可来限制使用。

在 1974—2003 年间，大学开始注意专利问题。1974 年他们一共有 249 项专利，但是 2003 年这一数字翻了 12 翻，达到 3259 项。在专利范畴内，学术专利仅占很小一部分；1974 年学术专利的比例仅为 0.3%（1969—1973），1992 年这一比例升至 1.5%。而且来自公立大学的学术专利大幅度增长，1982 年以来（除 1984 年）公立大学专利的数量高于私立大学。1991 年以来，公立大学专利数量比例超过一半（NSF2006；美国专利与商标办公室，U.S. Patent &Trademark Office 统计 2007）。总体来说，大学的专利数量日益增多，1982年仅有75所大学拥有专利，1992年这一数字增至156所，2003年则为198所，这是能够获取的最新数字（NSF2006附录中的表5-67和表5-68）。专利的营利性使得大学纷纷开始"技术转化"，也即专利—许可领域。[①]

大学专利数量的快速增长主要是受到1980年所颁布的《大学及小型企业专利申请程序法》（University and Small Business Patent Procedures Act）以及拜杜法（Bayh-Dole Act）的鼓励，这两个法案直接改变了大学研究及专利申请的动机，同时为企业和大学的合作提供了支持（Eisenberg 1996）。当时，联邦资助的知识并不能申请专利，必须将知识放至公共领域内使用。20世纪60年代以来，不同的联邦机构一致支持大学研究的专利许可，但是大学的专利负责人及研究者希望政府专利政策能够提供保护，拜杜法案因此诞生。

拜杜法案对大学研究和专利政策的影响备受争议（Broad 1979; Mowery，Nelson，Sampat，Ziedonis 2001），但是可以确定的是这一法案为大学教师和研究生借助资助进行研究提供了便利，或者可以说借助NIH然后申请专利，获得收益。然而还可以确定的是在拜杜法案之前，大学愿意确定哪些研究具有商业化、专利化的可能性，然后利用内部资金予以支持，而不是接受NIH的支持，很多学校，例如斯坦福大学，这方面做得非常成功（Mowery et al. 2004）。但是，拜杜法案是允许大学接受NIH资助、无须寻找其他研究资助，且保留大学获得专利的权利的分水岭。在这一框架下，大学可以积极从事具有专利潜力的研究，然后通过专利许可将其转化为收入（技术转化）。当收入比较明确时，作为使命的知识传播，其限制尚不明确，收入和使命之间的冲突可能需要收入来解决。虽然存在这种冲突，但是获得收入的可能性使得大学在专利方面更加活跃。

[①] 关于技术转化和科学知识商业化的文献非常多，我们没有总结所有的内容，主要关注的是大学使命和基础研究获利之间的矛盾。最新的、比较有价值的文献包括Ehrenberg和Stephan2007；Rhoten和Powell2007；Rothaermel, Agung, Jiang2007。

专利许可中的收入

不断丰富的学术研究和专利申请行为使大学从中获得收入也不断增长。在1991—2003年间，大学从中获得的收入从1.76亿美元增至10.3亿美元（NSF 2006附录中的表5-69），略高于大学科技管理者协会（Association of University Technology Managers，AUTM）报告的数据（见表8.2）。在高等教育整体预算不足的背景下，这一增长非常重要，但是增长主要集中在少数主要的研究型大学中。2003年的专利收入主要集中在精英大学中。

联邦研发经费并不是四年制大学和学院的主要经费来源，两年制学院亦是如此，专利许可收入只是对少数大学很重要。2003年，AUTM调查的159所大学中，只有36（23%）所大学获得的专利收入超过500万美元。[①]84所学校的专利收入等于或低于100万美元（AUTM 2004，表8）。此外，即使在一些专利收入很重要的学校里，也只有少数教师负责科学和工程领域的专利许可工作。（Thursby and Thursby 2007）。

表8.2 美国大学的专利许可收入，2003（百万美元）

大学	专利许可收入
哥伦比亚大学	141
纽约大学	86
加州大学	61
斯坦福大学	43
威斯康星大学麦迪逊分校	38
明尼苏达大学	38
弗罗里达大学	35
华盛顿大学	29
罗切斯特大学	27

① AUTM对其会员大学、学院以及其他非营利性研究组织进行了调查。其中有7所大学不同意公布其专利许可的收入。

续表

大学	专利许可收入
MIT	24
总计	968

注：有7所大学不同意公开数字，但是总数中包括其专利许可收入。

数据来源：AUTM2004 表8。

大学技术转化办公室的出现

在获得专利到商业化并获得收入之间只有一小步。大学为此专门成立了技术转化办公室，专门管理研究的转化和商业化工作，以及研究的创新工作。包括鼓励教师从事研究、专利申请及许可工作。该机构设置的目标是创收，同时在实验室到消费者之间推进知识的发展（消费者只涉及专利许可，并为之付费）。

威斯康星大学麦迪逊分校的专利许可项目始于1925年，比拜杜法案要早55年，当时有个教师哈里·斯汀博客（Harry Steenbock）因在牛奶中注入维生素D获得专利。15年之后美国处于二战期间，所以没有人关注专利许可。当时只有3所大学建立了专利许可办公室——爱荷华州立大学（1935），华盛顿州立大学（1939）和MIT（1940）（AUTM 2005附录）。之后30年间的技术转化活动也比较少见：只有5所新的大学开始专利许可项目。但是在20世纪70年代，也即拜杜法案颁布的前夕，有13所大学建立了技术转化办公室。随着之后20年间专利转化办公室的涌现，大学专利许可的热情也随之高涨，但是也可以看到其他大学进入该领域的步伐比较缓慢（图8.2）。

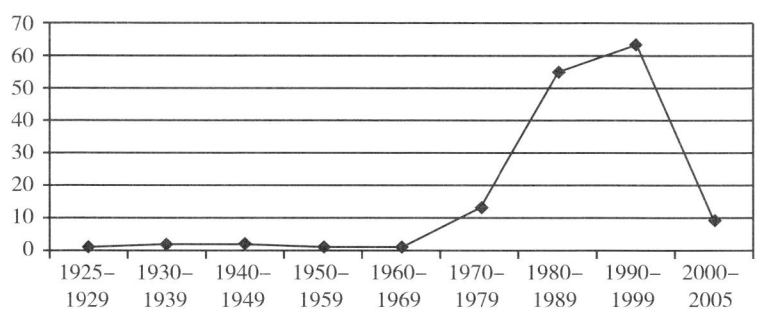

图 8.2　大学成立技术转化办公室的数量，1925—2005

数据来源：从 AUTM2005 年的数据计算而来。

但是，大学成立技术转化办公室和获得财政收入并不相同。的确，只有少数大学中的技术转化是高度营利性的（Powell，Owen-Smith，Colyvas 2007），他们的专利许可收入丰厚，这些专利主要来自一些重大发明，所获得的收入在大学研究预算中比例不足 2%（Dueker 1997）。2005 年的数据显示大部分技术转化办公室的收入依旧非常少，不足 100 万美元，只有少数学校能够达到 5000 万美元（AUTM 2005）。

专利许可收入作为技术转化办公室财政"成功"的指标，并不令人满意。有的专利申请可能无法产生收入，但是预示了未来的收益。

专利许可合同：大学与私人企业之间是否不同

私人企业专利许可的目标很清晰——挣钱。而大学专利许可的目标也是钱——这种情况下技术转化活动属于收入产品范畴。但是如果一所大学从不同的角度来看，专利不仅是收入来源，也是大学推进其教学、研究使命的工具，大学会保护专利中所蕴含的知识使用。任何专利都是一种垄断，一所大学拥有某项专利与私人企业一样持有财政上的考虑；学校可以自由使用专利，或是将专利授权给其用户。但是在这一方面，大学真的和私人企业一样吗？他们也是尽可能的获得更多收益，还是基于公立或非营利的性质、责任、使命考虑而放弃一些收益?

　　某种程度上说,大学确实与私人企业很相似。尤其是他们在专利许可合同中会采用排他性的条款,使被许可方享有专利信息使用的唯一权利。专利许可的价值依赖于竞争对手是否也能享受专利;专利的垄断性越强,获利性越强。一所大学想尽可能地从专利中获利,其就会像私人企业一样,赋予专利独占性,从而获得更多收益。尽管没有确凿的数据,但是独占性的专利许可似乎是大学技术转化的基本路径。

　　在很多情况下,专利许可更倾向于获取独占性,尽管有时候这样做的成本很高,因为独占权力可以使企业从中抬高价格,获得更多的利益。的确,在研发阶段,企业与学术机构的合作中投入得越多,越有可能获得独占权力(Lieberwitz 2003)。1986年和1990年,3所主要大学(哥伦比亚大学、斯坦福大学、加州大学)的技术转化活动中,以独占性专利许可为主,尽管学校之间的比例和专利类型有所不同(生物医学和软件)。然而我们发现,与独占性专利许可相比,非独占性专利许可可以获得更多的收益(Mowery et al 2001)。大学看起来与营利性企业无异,都要通过独占性使利益最大化,或是在特定情况下获得更多收入。

　　但事实不仅如此。尽管专利许可很大程度上是一种赚钱的工具,研究型大学——公立的和非营利性——意识到他们可以做得更多。他们要推进教师研究,例如,避免专利管理限制教师的研究,以及其研究成果在教学中的传播。这些活动并非私企的使命,它们不需要考虑这些活动,但对大学而言,技术转化的专利许可合作是否保护了这些活动?

　　答案是肯定的。一般来说,大学专利许可合同会保护这些研究和教学活动。在西北大学,"独占性专利许可协议"中包括如下条款:

文本Ⅶ——出版

　　西北大学在获得专利保护后,可自由发表与专利权、专利技术、专利产品相关的研究结果,基于研究教学及其他教育目的时可使用任何信息。

　　加州大学圣地亚哥分校中也采用了相似的条款:"专利许可和发明",也是为了保护学校的教育和研究使命,认可大学的公共地位,其中包括保护

其他非营利性组织的条款:

2.3 权利的保留。大学保留如下权利:

(a) 基于研究、教学目的使用发明、专利的权利;

(b) 在任何时候都可以出版或是传播发明的相关信息;

(c) 允许其他非营利性组织基于研究、教学目的使用发明、专利。

基于二元视角,我们再次发现在保护教学、研究的社会使命方面,研究型大学的专利许可不同于私人企业,但是在保护财政利益、获得收益方面与私人企业又是相似的。在关注专利许可收入数量和时间的不确定性方面,大学与私人企业也非常相似。因此,密歇根大学最近将其鼻腔疫苗喷雾剂(nasal spray vaccine FluMist)的未来版税(future royalties)出售给阿斯利康医药公司(AstraZeneca pharmaceutical company),期望未来 10 年内收入能够达到或超过 3500 万美元。另一个例子是纽约大学,其类克药(Remicade)的未来版税获得 6.5 亿美元的收入,这种药主要治疗风湿病以及其他自身免疫失调病症(Blumenstyk 2007d)。耶鲁大学和埃默里大学也将其医药的未来版税出售了,西北大学最近从其治疗神经疼痛的药物普瑞巴林(Lyrica)的未来版税中获利 7 亿美元。

使命与财富之间的矛盾

有时使命与财富之间会出现矛盾,例如我们在第四章讨论的明尼苏达大学的案例,该校 2001 年因为学生的压力降低其在非洲地区艾滋病药物的价格。同一年成立的学生组织基本药物大学联盟(Universities Allied For Essential Medicines),要求大学将降低在发展中国家的药物价格作为专利合同条款。该组织主要针对接受国家卫生组织(NIH)研究资助的学校,例如宾夕法尼亚大学、耶鲁大学、哈佛大学、埃默里大学、杜克大学,但是目前尚无学校同意这一要求。在宾夕法尼亚大学,技术转化办公室的负责人认为 UAEM 的目标很好,但是他提到:"如果一所大学单方面将这一条加入合同为,企业肯定首先要剔除这一条。如果你坚持自己的意见,业务可能就给了其他学校"（Ginsburg 2006）。在这种情况下，收入产品——药物专利许可——最终战胜了使命产品（在贫穷的国家以较低的价格出售药品）。

这里不是争论的地方，更不要说解决问题。但是问题的本质需要引起注意。如果某所大学满足了UAEM的要求，它将失去收入——药物专利收入。同时，一所大学要进一步支持该目标——帮助艾滋病患者以及其他无法承担药物治疗费用的患者。金钱和使命之间产生冲突。私立的营利性企业没什么问题，其只需要对股东负责。但是大学，基于其多元化的支持者，在挑战面前困难重重。

推广新知识和保护专利权之间的矛盾长期以来备受教师们的关注（Lee 1996; Powell and Owen-Smith 1998），这主要涉及到大学研究领域内的知识转化问题（Owen Smith 2003）。如果特定领域内的研究者因此无法涉入新的思想领域，就会使知识因具有排他性而止步不前，知识创新的成本提高，而具有讽刺意味的是专利本身的目的是提供创新的动力（Heller and Eisenberg 1998）。财富的增长作为研究和专利的动力因素，将会影响到研究者对研究的追求以及研究方式，就如上述所呈现的结果（Lieberwitz 2003）。欠考虑的合作关系将会影响到大学的诚信以及研究的独立性（Slaughter and Leslie 1997）。

但是技术转化的确有益处（Lee 2000; Van Looy, Ranga, Callaert, Debackere, and Zimmermann 2004），如果一所学校拒绝与企业合作，就会失去巨大的创收机会。学者们倡导在矛盾之中寻求平衡不足为奇，但是如何能够达到很好的平衡仍旧是个问题。

结论

研究领域内的知识拓展及其传播是高等教育社会使命的重要组成部分。但是将研究转化为获得收入的专利只是一小部分大学和学院中的工作，尤其是研究性大学。而且，研究中获得的拨款，专利许可中获得的收入，只会影响到小部分的大学和学院——尽管这些大学都是知名大学,但是这些研究和专利中的商业行为已备受关注。

专利许可行为使大学和学院陷入两难境地,这种困境成为高等教育研究中的重要因素。学校没有选择,如果想要有效率地推进使命,必须寻求收入。当学校寻求收入时需要限制别人对研究成果的使用——只能允许获得专利许可的人使用,而大学的使命就是知识的创造和传播——矛盾由此产生。

第九章　其他的收入来源
——游说、国际市场、远程教育

对每所大学和学院而言，使命的选择和其被资助的方式紧紧地连在一起。研究、教学、社会使得大学通过对特定领域的投资，提高收入，进而支持其使命。游说、国际市场、远程教育是支持学校使命的典型方式。

游说：以财生财

在美国，因资助或立法问题而游说立法者的行为已有很长的历史（有时令人讨厌）。与其他行业一样，大学和学院创收的方式中越来越重视游说。公立大学、私立非营利性大学、营利性大学将钱花在内部的游说者或是外部公司的游说者身上，目的是影响国会来颁布有利于研究型大学或营利性大学的立法。我们发现在高等教育领域内有很多有意思的游说活动。

以下3所大学在2004年为了游说，每所学校花费了近100万美元——波士顿大学是93万美元，迈阿密大学是93.7美元，约翰·霍普金斯大学是94万美元（响应政治中心，Center for Responsive Politics 2007），在之后的3年中一些学校报告称其游说费用每年超过70万美元——包括哈佛大学、西北大学、约翰·霍普金斯大学、波士顿大学。这些费用只是这些学校整体经费预算的一小部分（研究经费除外），2005年波士顿的预算是3.37亿美元，迈阿密大学是2.87亿美元，约翰·霍普金斯大学是17亿美元（AUTM 2005）。而且值得注意的是大学像公司一样采用这些政治手段，而且不同的学校，其游说也有多种类型。

第九章　其他的收入来源——游说、国际市场、远程教育

大学和学院游说的目的和费用

　　大学和学院的游说行为并非新生事物，虽然在20世纪80年代早期还比较罕见。州一级的游说——或者是殖民地——产生于17世纪，当时学院试图获得州政府的资助（见第二章）。在联邦政府层次的游说，可以追溯到1862年的莫雷尔法案，其开创了赠地学校，纽约学院为其游说者支付了差旅经费（大概4年）。

　　20世纪80年代，游说行为虽然还不普遍，但已经不再罕见。1981年，有30所大学（占学位授予大学数量的1%），报告称参与了游说行为，或是直接通过其职员游说，或是聘请一些游说者，但是根据美国政府的报告，2003年这一数字已经升至550所（占总数的13%）。学校以及高等教育协会，例如美国教育委员会（American Council on Education，ACE）和职业学院学会（Career College Association），他们的游说支出已经从1998年的2240万美元升至2006年的7890万美元（按照2006年美元价格计算）。1998—2006年，营利性高等教育公司的游说支出从11万美元升至17.1万美元。公立学校的年平均支出在这8年间大概是11万美元，但是学校实际支出额度要高出一倍（因为其每半年外部游说者的支出超过6万美元，内部职工的游说支出是2.45万美元）。私立非营利性大学和学院实际数额则要超出两倍，尽管他们报告的数额从1998年的16.6万美元降至2003年的10.9万美元，之后一直保持稳定，与公立大学的支出水平持平（见表9.1）。

　　游说的收益形式是获得国会的专项拨款——通过立法资助某个学校或某些学校——1981年是21所，2003年是1964所，大概翻了100倍。这一时期高等教育的联邦专项拨款，虽然不能全部属于游说的功劳，但是其额度远远高于游说的支出成本，且增长速度很快，从1980年的160万美元增至2003年的20亿美元（Pusser and Wolcott 2006）。

　　大学和学院游说的目标是何种专项拨款和项目呢？西密歇根大学（公立大学）2003年外部游说者的支出是14.85万美元，2004年收到的专项经费是300万美元，其中200万美元属于非技术中心（Field 2004）。达特茅

斯学院（私立非营利性学院）通过新罕布什尔州参议员贾德·格雷格（Judd Gregg）游说参议院拨款委员会（Senate Appropriations Committee），2000—2003 年间其安全科技研究机构收到 780 万美元专项拨款，用于保护数据库免受黑客和恐怖分子的攻击（Borrego and Brainard 2003）。

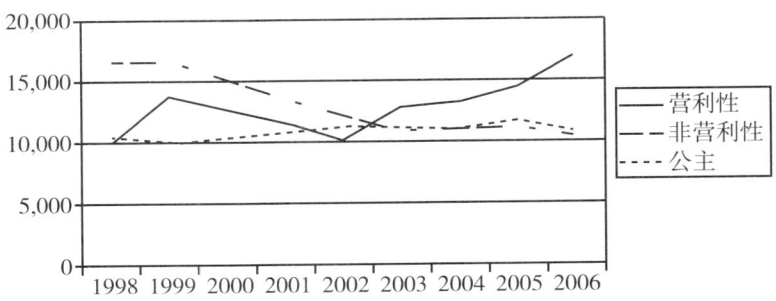

图 9.1　每所大学、学院、营利性高等教育公司的平均游说支出（1998—2006）

注：2006 美元价格；包括所报告的单位。
数据来源：根据政治回应中心（CRP）的数据计算而得。

营利性高等教育公司倾向于为制度的改变而游说，例如，允许这些学校接受联邦学生补助经费或是更多的招聘人员、招生人员补贴。营利性公司和其行业协会比私立非营利性学校和公立学校，更倾向于通过直接向国会议员奉上现金来参与立法过程（Pusser and Wolctt 2006）。每 5—6 年，国会重新考虑高等教育法案（Higher Education Act，HEA）（主要管理联邦高等教育政策）时，关键的立法者将会收到大量来自学校，尤其是营利性学校的捐款。在 2003 年以及 2004 年的上半年中，教育及劳动力内务委员会（House Committee on Education and the Workforce）主席约翰·博纳（John Boehner）收到来自营利性学校的 102,150 美元捐款；他的同事霍华德 P. 布克（Howard P. Buck）是高等教育附属委员会的主席，收到了 126,230 美元。营利性学校中最大的游说学校分别是凤凰大学所有的阿波罗集团（Apollo Group）、科林斯学院、教育管理集团、罗瑞特教育集团（Laureate Education）（Burd 2004）。

在 HEA 最近的全面调整之前，营利性学院的诉求（遭到私立非营利性大学和公立学校的反对）也得到了满足。国会 2006 年 7 月结束了"50% 规则"，这一规则要求学院和大学 50% 以上的远程教育学生通过教育部的特批才能获得联邦助学金（Field 2006）。

然而，营利性学校也加入了代表传统学校利益的游说集团，例如美国大学教授协会（American Association of University Professors），该协会的目的是终止"12 小时规则"。该条款也被视为学校远程教育学生获得联邦补助的障碍，因为其将全日制学生定义为每周在课堂上课 12 小时的学生。国会虽没有更改规则，但是在 2002 年终止了该规则（Pusser and Wolcott 2006）。

不同类型大学和学院之间的区别

我们研究了 2004 年间五种类型学校的游说行为——私立和公立研究型大学的随机抽样、私立和公立文理学院的随机抽样、所有的营利性高等教育机构（见附录中的表 2.3）。根据联邦游说行为公开计划（Federal Lobbying Disclosure Program）的数字，我们发现：

1. 研究型大学从游说行为中获益最大，它们更容易参与游说活动，而且投资最多。

2. 公立和私立研究型大学在游说可能性和支出水平上没有什么差别。

a. 在 30 所私立研究型大学中，26 所学校（87%）向联邦政府报告说它们的游说成本高于标准。所报告的支出平均是 356957 美元，但是如果假设 4 所没有报告的学校在校内职员或外部游说者身上的支出平均是 15000 美元的话，整体的平均支出将降至 311363 美元。

b. 在 30 所公立研究性大学中，28 所学校（90%）报告的游说支出平均为 328513 美元，整体的平均数是 308612 美元（假设没有报告的学校游说支出平均为 15000 美元）。

3. 教学型的学校，无论是公立的、私立的还是营利性的学校，很少游说，所以这方面的支出很少。

a. 在 30 所私立文理学院中，4 所（13%）学校的平均游说支出是 9 万美元，整体平均数是 25000 美元（假设没有报告的学校平均支出是 15000 美元）。

b. 在 26 所公立文理学院中（按照卡内基分类标准全美只有 26 所这样类型的学校），11 所学校（42%）的平均游说支出是 245,091 美元，整体的平均支出是 112,348 美元（假设没有报告的学校平均支出是 15,000 美元）。

4. 在教学型、非研究性的学院中，包括公立和私立文理学院、营利性学校，其游说投入有所不同。营利性学校的报告数额接近所要求的标准，尤其是与私立文理学院相比，尽管营利性学校的支出事实上少于公立文理学院。

a. 在 14 所营利性高等教育公司[①]中，8 所学校（57%）报告的平均游说支出是 92,214 美元，整体的平均支出是 105,643 美元（假设没有报告的学校平均支出是 15,000 美元，据我们所知，6 所学校的支出低于报告所要求的最低额）。

营利性学校的确看起来有所不同——不同于研究型大学以及公立和私立非营利性的学校——主要是通过游说行为推进使命的程度上有所不同。这是因为营利性学校追求利润，以及股东的利益，在目标上也不同于传统学校。我们无法排除营利性学校在其他方面与公立大学、私立非营利性大学不同的可能性，例如州拨款、捐赠等方面。比起教学型的对手来说，它们更关注政府提供的支持。

小结

我们进入大学和学院为利益而游说的世界已远远超出了所界定的范畴。我们并未考虑州层面上的游说行为。这些游说行为阐明了高等教育与政府之间的复杂关系。游说行为不仅存在，而且广泛存在，远不止在那些有重要研究项目或计划的大学。研究不仅仅包括游说行为的范畴及本质，还包括其影响、财政等。依据我们的二元观点，每类学校在追求使命的时候都会受到有限收入的限制，学校会想尽一切可能的途径来获得收入。

---

① 我们的研究包括嘉贝勒大学（Capella University）2004 年的游说支出，尽管其到 2006 年才成为公开交易的公司。见附录中的表 A2.3。

来自使命产品的利润：新的市场

游说行为通过获得研究拨款或是获得联邦补助，为学校带来收入。大学和学院也可以参加一些与学校使命相关且能盈利的活动获得收入，甚至可能是新的市场。正如我们在之前章节中所讨论的一样，当研究进入商业市场的时候，也可以是收入产品。通过发展推广教育、暑期项目、在线学习等，学校试图挖掘接受付费教育的学生。

这些产生收益的活动，与使命密切相关，且备受公立学校或私立非营利性学校的青睐。首先，收入活动和使命活动之间产生重大矛盾的可能性微乎其微。第二，因为收入产品与使命产品在很多地方很相似——例如，收取一些学生学费来帮助其他人——因此学校生产收入产品所产生的额外成本可能比其他与使命、研究无关的收入活动要小。

在第五章中我们看到学费的价格差别利用的是无须提供不同的服务而获得收入的机会，这已经超出教育使命的需要。学校学费的不同价格产生的收入无须学校在使命之外整合资源来提供服务。

关注自己的优势——核心竞争力——是企业的基本原则，对企业的长期发展而言这是必须的。核心竞争力的成本很高——时间和资源——学习生产新的产品，尤其是市场竞争不断加剧期间。选择拓展至一个相关的领域可以使一个公司或大学基于不同的目的，利用同样的投入来最小化成本（Sinitsyn and Weisbrod 2008）。

大学和学院的目的是提供教学（主要的核心竞争力之一），所以我们可能期望他们寻求最能带来收入的学生——尽管目前来说招收这样的学生并不像招收不富裕的学生能够反映学校的使命。我们是否发现了那些寻找这样学生的学校？答案是肯定的，而且不止一所学校。

世界大学

为了寻找能够带来收入的学生，大学努力开发地理方面的优势。曾经，宾夕法尼亚大学只是位于宾夕法尼亚的大学。但是现在已今非昔比。在高等教育领域这种将名字和地域联系在一起的传统意识已经过时了。现在加州也会有宾夕法尼亚大学。准确地说，1996年，其沃顿商学院在旧金山建立了分校——西沃顿[①]。其他的美国大学也开始拓展疆域。康奈尔大学威尔医学院在卡塔尔建立了一个医学中心，卡耐基梅隆大学、乔治城大学、弗吉尼亚联邦大学、德克萨斯农工大学亦是如此（Lewin 2008）。芝加哥大学的研究生商学院也在新加坡建立了分校。

多数情况下，海外拓展是与当地机构合作。例如，西北大学的凯洛格管理学院就是与香港科技大学合作建立的分校，提供MBA学位。这种情况被称为双赢模式（win-win situations），也就是当地的一所知名学校与美国的一所知名学校合作，这样后者在海外拓展时无须建立一所新的学校了。

然而，并非每所学校能够利用其品牌优势，这一点我们将在下一章进行讨论。2003年，杜克大学同意与新加坡国立大学合作，在新加坡提供医学学位，这对其来说是一个在亚洲拓展的良好机遇。作为协议的一部分，杜克大学有权决定课程、聘用教师、确定生源。但是就是这种程度的权力，也无法充分地说服一所大学利用自己的名字来授予学位。基于淡化其品牌的考虑，杜克大学坚持由新加坡国立大学来授予学位。也就是说等待一定时期以后杜克大学确保自己的品牌不会受影响，才会同意利用自己的名字来授予学位（Prystay 2005）。

我们相信这种拓展是与州立大学跨州建立分校不同。伯明翰、水牛城、奥尔巴尼都有纽约州立大学的分校，但是他们毕竟不是旧金山、卡塔尔，抑或是香港。对于纽约州立大学和其他的州立大学系统而言，建立多校区是推进其高等教育使命的一种方式。最近这些跨州、跨国目标地区一般是形象好

[①] 宾夕法尼亚加州大学位于加州，是加州州立高等教育系统的成员之一。

的地区，拥有能支付高额学费的学生，或者两者兼而有之。学校的形象和声望也会在这些地区得到提升。而且，海外拓展也为那些不想跨洋过海的学生提供了方便。

教室和网络课堂中的非传统学生

吸引付费学生的其他努力还包括学校边界的延伸以及网络学习项目。继续教育项目很早以前就已经扎根于大学，但是网络学习项目的建立则面临着巨大的挑战。尽管这些项目运行方式不同，但是大部分的影响都是可以预见的。

公立学校和私立非营利性学校通过一些方式主导着继续教育项目。2006年，大学继续教育协会（University Continuing Education Association）报告称其348个会员中，只有3所大学是营利性大学（233所公立大学，112所私立非营利性大学）。继续教育项目可能只提供课程，或是为学位打基础。有些项目针对未获得学士学位的在职人员。其他的项目主要是教授特殊技能。尽管很多项目在教室中进行，但是越来越多的课程通过网络进行。这些课程都是针对较传统大学生年长的成年人。所有的课程都是营利性的，注重付费学生、付费课程、付费项目，避免非营利性的运作。

长期以来，人们一般都会认为大学推行继续教育项目出于营利目的。如果项目成功，学校获得的利润大概是10%—50%，这是核心竞争力的直接结果；学校可以利用现有的设施，教师的额外工作时间成本也较低，尤其是那些依赖于兼职教师进行继续教育的学校——他们别无选择（Selingo 2006）。

这种方式的收入增长很显著。例如，工程技术认证署（Accreditation Board for Engineering and Technology）（2001）的报告显示纽约大学继续教育学院的年度收益从20世纪70年代的300万美元增长至2001年度9200万美元，即使考虑通货膨胀因素，其增长比例也高达620%。毛收入的增长并不等同于净收益的增长，但是毋庸置疑的是，收益如果不增长，大学将不会继续拓展项目。

波士顿大学将成人教育项目授权给其他学校,2004年该项目为学校增加了120万美元的收入,大概占学校继续教育总收入的2%。管理者在授权过程中很公开。按照波士顿大学继续教育部负责人约翰·艾博索(John Ebersole)的说法:"这种边际收益为学校减轻了负担"。(Klein 2004,76)

如果传统学校在继续教育上取得了巨大成就,他们的网络课程则更为复杂。远程教育,包括网络教育,是一笔巨大的生意——2004年是50亿美元(Wright 2005)。在这个市场上,营利性大学,例如德锐大学(DeVry University)和凤凰城大学,是最大的玩家。嘉培乐大学(Capella University)一所纯粹的网络大学,同时也是一所营利性大学。尽管受到利益驱动,传统大学进入这个市场还是要慎重考虑。纽约大学投资2500万美元的在线课程于2001年关闭了。两年之后,哥伦比亚大学也关闭了其网络教育项目。

但是网络教育依旧在发展。尽管参与高等教育课程的学生数量1999年到2005年期间增长了18%,但是斯隆联盟(Sloan Consortium)和国家教育统计中心的数据显示,同一时期参与网络教育课程的学生人数从74.4万人增至300万人。选修一门及以上网络课程的学生人数3年期间(2002—2005)几乎翻了两番。新增学生的目的是选修副学士学位或学士学位阶段后的课程,而非学士学位课程。所以这两个水平上人数激增不足为怪,因为申请副学士学位和参加研究生课程的学生一般是在职人员,倾向非全日制授课,网络课程正好具备这些条件。同时,学士学位申请的人数下降说明这一市场的赢家属于实体学校。

关于公立大学、私立非营利性大学、营利性大学网络教育人数的分布尚没有确切的数据,但是很显然(传统)公立大学和私立非营利性大学占绝对优势。2003年,只有6%的学生参与了营利性大学的网络教育(Sloan Consortium 2007)。

有趣的是营利性大学的网络教育价格并不比公立大学和私立非营利性大学的便宜。学生完成副学士学位课程或是学士学位课程所支付的费用上,营利性大学高于公立大学和私立非营利性大学。如图9.2显示,很多公立大学和学院对州内的学生收取的学费很低。公立大学州内外学生副学士学位的平均成本只有9500美元，营利性大学则是30,000美元。

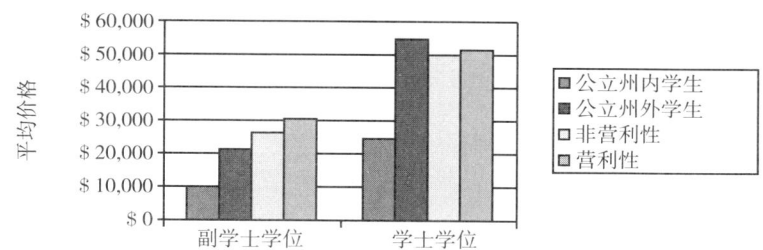

图9.2　不同所有制学校网络教育的平均价格，2006—2007

数据来源：根据《美国新闻与世界报道》2006年、学院署（College Board）2007a、高等教育认证署2007年的数据计算而来。

网络教育中的学生为什么会愿意选择营利性学校呢？或者说，为什么营利性大学不断发展，而在此方面拥有优势的传统学校却陷入了困境呢？从组织结构的不同可以看出两类学校所做的事情有所不同。营利性大学较后者更为灵活，因为前者只需要满足其股东就可以了。营利性大学不受复杂使命的束缚，努力寻求营利的机会，一旦机会出现就进入营利市场。相反，传统大学需要满足多方的利益，而且没有终点。尽管学生可能喜欢网络课堂，但并不代表教师能够接受，很多情况下是会出现针锋相对的状况，因为教师们在承担风险的同时没有额外的收益。教师可能还会关注网络教育的质量，换句话说，关心使命产品。除了满足教师外，还要关注立法者、校友、行政人员自己，他们决定了网络教育发展的程度。

满足多方利益的需要导致了决策过程的谨慎，这种谨慎有利有弊。从消极方面来说，网络市场的迟钝意味着将市场拱手相让给了营利性大学。在这个过程中，挣钱和完成使命的机会就成为过去式。而且，行动的缓慢不仅存在于新项目建设过程中，亦存在于已有网络课程的战略方向决策中。相反，营利性大学能够灵活地调整方向。新信息的调整、市场变化方面的迟钝，尤其是在新的市场中学生需求以及项目成本的不断变化更需要不断的调整，而这种迟钝对项目的发展来说无疑是致命的。

从积极的方面来说，行动迟缓可以为传统学校带来"后发优势"，他们可以吸取营利性大学的教训。这种后发优势以及作为网络高等教育的新手意味着将传统大学推出市场为时过早，尽管已有相关的证据。

但是决策的迅速只是营利性大学在网络教育方面优于传统大学原因之一。很多学生选择网络教育是因为网络课程的便捷和灵活，允许个体在自己的空间学习，可以选择课程。教师可以在网上与学生互动，讨论方便，可以以电子邮件的方式回应。营利性大学将学生作为消费者，传统大学将学生视为学习者，前者的观点更容易被接受。将学生视作顾客，学生可以自主学习课程，将教育者视为雇员，只要干得好就可以得到高薪。

传统大学网络教育发展缓慢的最终原因是因为网络教育需要一套全新的设施。除了教师愿意将知识提供给网络课程外，还需要在设施方面的重大投资。与传统教育不同，网络教育没有"已经存在"的课堂可以挖掘。虚拟课堂需要从头开始。教学内容不仅需要设计，还要呈现在网络上。同时需要设计新的评价方式，因为传统的评价方式无法使用。换句话说，网络教育与传统的课堂教育完全不同。传统学校可以从服务本科生拓展至服务成人，这种转变较为容易，但是转向网络环境则很困难，成本也很高。营利性大学之前就是技术导向性的，这也便于他们很早以前就涉入网络教育领域。

传统大学日益认识到在教学方面开发自身潜力获得收入的机遇，很多努力从它们擅长领域获得更多净利润。在其他的活动中，这些学校开始在新的地区寻求新的付费学生，在教室和网络同时提供教育。网络教育对传统大学是一个挑战，因为网络教育不同于课堂教学。随着新技术的引入，需要教师调整角色，即作为一个教育提供者和服务者，而非教师，而学生更像消费者，更多的传统学校努力使其网络教育项目盈利。

总结

无论是使命产品还是收入产品，都不是我们想象中的那么绝对。即使华盛顿高等教育的游说者，也不是将其行为简单的视作筹钱的活动，这些行为同时也是推进学校的使命。在美国海外商学院学习的学生能够为学校带来收入，但是教学毕竟是学校的使命。网络教育，是一种远程教育的新形式，一旦受制于特定项目，亦是一部分学校的使命。尤其是公立学校，其教育拓展至整个州的公民，但是其对利润的追求与表面上所看到的差距并不大。因为传统大学的收入必须支持其使命，他们不断地调整方向来获得收入——游说政府，在新的区域发现新的消费者，利用一些新的技术。

第十章 广告、品牌和声誉

对企业和组织来说，品牌就是资产。大学和学院，无论何种性质，都是一样的。那些享有知名度的学校可以拥有更大范围的、更有能力的申请者，可以获得更多的学费收入和卷子。

因为好的声誉会反映出大学和学院对其使命的成功践履，一旦声誉发展成为一种潜在的收入产品，其将具有营利性。有些讽刺意味的是，大学非营利性活动的声誉，列如研究、教学，可以使其在其他活动中获得收入。例如，利用其良好的声誉来开展其他营利活动，诸如继续教育，或是产品认证、认可，都可以使学校获得收益。然而，批评者认为学校的首要任务和使命是学生的福利以及知识的生产和传播，而非仅仅是挣钱。过分的品牌化将会产生更多的短期收益，但这将会以长期声誉为代价，例如约翰·霍普金斯大学关于皮肤护理产品的认可（详见第十二章）。因此，品牌在被作为收益手段时，也要维持其价值。一所公立大学或私立非营利性大学或学院在平衡这一矛盾的问题上，与私人企业非常相似。

本章描述了大学和学院树立、保存、出售其品牌的过程，以及这一做法的原因及影响。反映大学市场战略的资料很多，我们主要关注的是广告以及品牌化两个问题。我们主要讨论三种大学和学院提升其国内知名度的方式：（1）付费广告；（2）开发积极的免费广告（主要针对其成就）；（3）争取提高国内排名。

本章的最后一部分主要是研究大学和学院通过其声望获得收益的过程。我们要探讨大学树立和出售其品牌对使命产品的影响，讨论学校通过质量投资而树立品牌,进而更好地推进学校使命的过程。

声望和收入之间的关系非常有趣。某种意义上说,声望是商业行为的阻碍,公立大学或私立非营利性大学或学院越来越被看作私人企业,这将导致大学与其学生和捐赠者之间的疏离。一所学校商业化行为的历史可能会对未来产生不利影响,并因此减弱其商业化的倾向。同时,质量声誉,随着商业化行为的成功,会导致学校的学费水平上涨,好的声誉也使学校远离逐利行为和营利战略——这反映出不同收入渠道之间的相互依赖性(见第六章)。高质量的声誉可以以多种形式出售——例如对私人企业的产品进行认证(见第十二章),或是从事新的投资,例如基于网络的远程教育(见第九章)。

本章将广告、声誉两个问题融合起来,这将是一个统一的主题。学校为了获得收益,对其使命进行宣传的行为会影响到潜在的学生和捐赠人,从而影响到学生支付学费的意愿或是对学校的捐赠,以及学校为了推进使命而创收的能力。学术界的很多人对将高等教育与市场行为、夸大行为、误导性引导等联系起来非常不满。但是无论学校关于在"理想"的社会里的市场和广告行为持何种观点,当学校在竞争日益激烈的环境中想提高自己的知名度时,所有的大学和学院忽视了在这个过程中其形象所面临的危机。

大学广告的新世界

高等教育界里做广告并不是新的尝试。与有潜力的学生私下联系、张贴广告、邮寄宣传册、向其他院校的同行通告新的项目等都是大学为其"产品"做广告的形式(Krachenberg 1972)。最近几年的变化主要是高等教育广告和市场的急迫性、密集性以及创新性。大学每年市场营销的成本可以高达150万美元,很多学校都会在特定时间参与大型的宣传活动(Schackner 2004)。每年开学之前,大学大约要为每个所招的学生花费1500美元(Spivack 2006),花费的方式多种多样。直接写信——向支持者和高中邮寄精美的小册子、宣传册——这是较为常规的方式。但是最近几年,大学营销行为已经不仅仅是广告投入、招聘、营销等方式，还包括一些新颖的方式。

大学和学院市场营销面的花费远远高于几年前。根据对教育广告和支持委员会（Council for the Advancement and Support of Education，CASE）153所会员大学的调查，2000—2006年大学在市场营销方面的支出上涨了50%。在线广告日益成为营销计划的关键部分。例如，印第安纳卫斯理公会大学（Indiana Wesleyan University）2006年将其广告预算中的一半用于在线战略方面，较三年前提高了20%（Blumenstyk 2006b）。2000—2006年间，学校在网络营销上的支出比例一般是从5%上涨至10%（Lipman Hearne 2007）。

网页广告战略只是开始，因为学校已开始雇用顾问公司，以确保学校网页在谷歌、雅虎搜索中的排名靠前。CASE调查中，2/3的学校利用"网络交流、虚拟方式、网络视频"的方式吸引学生，预算高的学校会提供播客和学生博客（Lipman Hearne 2007）。还有一种流行的方式就是通过在线顾问公司设置广告、自动搜索等保证学生对学校的关注（Blumenstyk 2006b）。

当然，学校可以通过互联网直接联系学生，而不是等着学生感兴趣。美国大学董事会（College Board）正在致力于下列工作：2000年，他们开始出售参加SAT和ACT的学生电子邮件地址，就像之前所出售的学生名单和联系地址一样（eSchool News Staff 2000）[①]。今天，大学董事会宣称其460万名学生的信息中，可以为大学和学院提供280万名学生的电子邮件地址（College Board 2007b）。

像巴尔州立大学（Ball State University）、迪金森学院（Dickinson College）、MIT等学校会为描述自己大学生活的学生博客付费。学校管理者希望他们所写的内容是积极方面的，但是也希望其中掺杂一些负面的信息以保证真实性。目前尚无关于博客影响的研究，但是某些轶事也可以作为证据：MIT报告中，学生承认博客对其的决定具有重要影响（Welsh-Higgins 2007）。

其他学校则是通过电视媒体来达到自己的目标。2004年，里士满大

---

① 大学董事会出售信息时会经过学生的同意。

学通过电视节目《当你离开时》（*While You Were Out*），来宣传自己的校园和学校。内布拉斯加-林肯大学 2005 年让某部电影中的鼓手托米·李（Tommy Lee）承担 NBC 秀的三次课程，节目名称是《托米·李进大学》（*Tommy Lee Goes to College*），内布拉斯加大学校长哈维·佩尔曼（Harvey Perlman）提醒教职员工观看《我们的招聘潜能》节目（New York Times 2005）。弗吉尼亚联邦大学市场部部长非常谨慎，但是最终同意在电视上宣传学校："在一个完美的世界里，[我们的市场份额]将基于学术声誉，但更多时候还是要依靠某个人在一集 Road Rules 节目中穿着我们的 T 恤"。（Strout 2004a）

在各种各样的营销策略中，营利性大学最具代表性。2006 年，凤凰城大学用 1.54 亿美元买下亚利桑那职业橄榄球队（Arizona cardinals）所使用球场的 20 年冠名权。该学校没有自己的球队，但是在 NFL 职业球赛电视转播中的亮相能够吸引学生报考。

竞争滋生了这些新的市场策略，每所学校都惧怕落后。越来越多的学校聘清顾问来进行市场营销。可能自 1985 年开始，高等教育每年的市场营销费用已达到 27 亿美元，每年学校都要召开营销会议，专家们要为学校制定诸多提升市场竞争能力的策略。（Farrell 2006; Schackner 2004）。

受欢迎的文章、广告和公共关系

随时间变化的趋势

宣传学校并非总是需要高成本。大学也会开发那些与付费广告无关的宣传途径（当然要假设这些途径受欢迎）。

人们可能不知道付费广告和非付费广告之间的差异是否重要。如果某所学校大力投资医学研究，将专利售予某医药公司生产医药，学校就会因此获得免费的宣传——除了专利收入外（见第八章）——但是投资是成功的前提条件。

如果宣传不是大学预先设计的，人们可能倾向于认为宣传真的是免费的。1995年秋季，西北大学橄榄球队的表现，即在玫瑰杯橄榄球赛（Rose Bowl）上全国范围内的亮相，可以说是学校无法预先设计的一件事。尽管学校确实在其橄榄球项目上投入很多，很少有人预料到球队的成功，因为数年来该队都表现不佳。但是这种成功确实导致下一年报名人数的上涨。

作为"免费"宣传分析的一部分，我们再来看看《纽约时报》上的文章，这些文章我们在第六章中分析过。现在我们分析1954年以来有关学校的文章是否与其学费上涨、捐赠基金上涨有关。

我们的发现是：大学备受《纽约时报》的关注——我们称之为免费广告。1954—2004年间，我们的样本中有30所私立非营利性大学是报纸文章的主要对象，且每5年增长7篇。（我们只选择了1月的文章，如果是全年的话数量会更多）。如图10.1所示，体育类报道的文章数量变化不大，但关于学术类报道的文章数量增长较快，因此体育类文章的比例呈下降趋势，从1954年的28%降至2004年的18%。

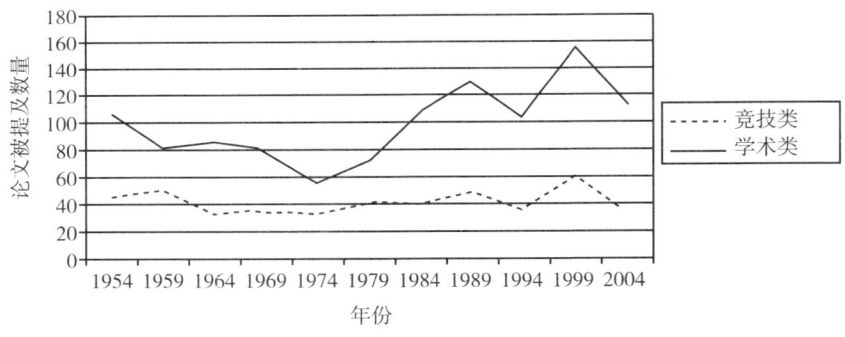

图10.1　1954—2004年间私立非营利性大学的文章数量

数据来源：根据《纽约时报》上的数据计算而来。

我们所选取的30所公立大学中，文章总数量的上涨趋势非常显著。1954—2004年间，文章数量每5年上涨12篇。与私立大学体育类文章数量急剧下降的趋势相比，公立大学此类文章不断上涨——1954年时52篇中此类文章有 22 篇，2004 年间 199 篇此类文章有 112 篇。

大学也不断地在此类文章中受益。无论是否是意料之中，这些报道说明了学校在报纸、广播、电视、互联网以及其他载体上的亮相对高等教育竞争来说日益重要。

如前文所言，对于大学来说这些文章并非是完全免费的。学校需要花钱唤起外界对其成就的注意，以及占据更多的新闻载体。学校公关办公室负责新闻出版以及回应新闻媒体的询问，为访谈提供专家名称，帮助教师写专栏，对老师进行采访培训，这些都是学校的宣传工作。有个组织叫 ProNet（教授网），是 PR 新闻协会（PRNewswire Association）的一部分，为数百所大学和学院服务，学校教授也因此纳入新闻报道评论者的专家库，学校每年为其宣传服务缴纳 500—900 美元（MacDonald 2004）。而学校也会在能够提高公众关注度的教学、研究、体育方面加大投入。

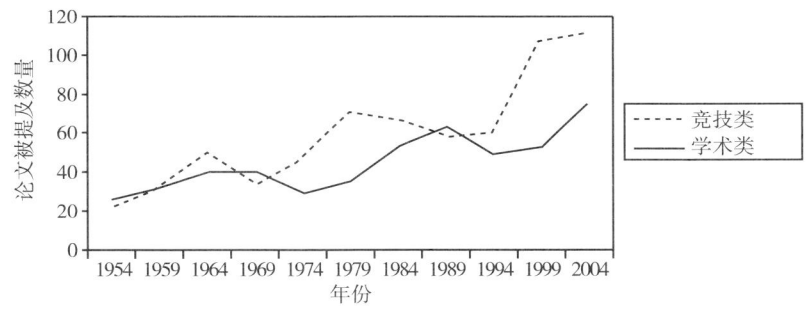

图 10.2　1954—2004 年间公立大学文章的数量

数据来源：根据《纽约时报》的数据计算而来。

一般都会假设报纸文章的报道是公正的（新闻记者来报道，而非大学自己进行），也因此成为付费广告的基础。如果一所大学在《美国新闻与世界报道》中的年度排名中靠前，或是排名上升很快，这种信息一般会出现在大学网站上；以及其他的宣传材料中。大学宣传其排名时，首先要告诉其未来的学生和家长，"我们的学校很棒，这不是我们自己所言。美国新闻时报认为我们的排名位于全美前 50 名。"① 某种意义上说，受欢迎的文章可以降低学校的广告费用，除文章本身的直接影响外，增强其付费广告的影响力。

诸多事实证明很多学校试图通过媒体宣传自己。2007 年 1 月，圣文森学院（Saint Vincent College）请布什总统做毕业典礼发言，并在 PR 新闻专线上进行报道。关于新闻报道，学校校长诺维卡（Reverend Douglas R. Nowicki）说："总统的讲话使学校备受瞩目，丰富了我们的学术体验，提升我们作为全国最好的文理学院之一的声誉。"报道同时也提到了该学院最近成功提升其形象的信息，主要是通过较高的入学率和报名率来体现（PR 新闻专线 2007）。总统接受了该校的邀请，同时新闻称其将在拉托贝大学、宾夕法尼亚大学进行演讲，《华盛顿时报》、《高等教育纪事》、Forbes 网、KDKA 电视节目中也报道了这些信息。

学校花钱让新闻媒体报道其教授，有时甚至花费数千美元来完成这些事情（MacDonald 2004）。俄亥俄大学为了使其教授能够接受现场采访，专门购置了一个人造卫星，雪城大学（Syracuse）专门培训教师如何与媒体打交道。所以人们普遍认为学校的公共关系人员以及媒体宣传的文章确实很重要。但是在影响程度的问题上还存在争论，关键是这种做法的成本是否超出了提升学校声誉、增加申请人数的收益。

文章对收入的影响

文章确实能够影响学校的申请者数量或者财政吗？我们之前（第六章）发现文章的数量确实影响到学校的捐赠。我们考察了其对本科阶段申请人数的影响，以及对本州之外学生报考意愿、学校总收入的影响。采用的方法是确定某一年的文章是否会影响来年申请者的数量——一年的滞后期比较科学，虽然在捐赠问题上我们认为捐赠人在文章出现的同一年内反应会更迅速。

我们将文章数量与学生申请者数量进行相关研究，数据来源很多——

---

① 除了这些材料，所有提及的努力都是为了提高排名。见 Ehrenberg 2000 的讨论。

《皮特森四年制学院指南》（Peterson's Guide to Four-Year Colleges）、《巴伦全美大学概况》（Barron's Profiles of American College）、美国教育部、美国教育统计中心、高等教育数据综合系统（Integrated Postsecondary Education Data System）——年份区间是从1975年至2005年。在关于捐赠者反应的文章中，我们对影响进行了区分——体育类文章和学术类（非体育类文章）文章对学生申请者的影响。

大学的规模将会影响到媒体的报道和学校的申请者；某一年学校的报道文章数量增多会使申请者数量上升。因此，我们要衡量所有年份中特定学校的申请人数量与其文章数量间的关系。①

我们发现文章对私立大学的实质性影响。私立大学每增加一篇文章，申请者数量上涨1.2%，收益上涨1.0%。在我们抽取的样本中，典型的私立大学每年申请人数大概是9000—10000人，年度收入是6.55亿美元，那么《纽约时报》上每增加1篇文章，申请人数增加1.2%，也就意味着110名申请人；1%的收入则是660万美元。体育类文章和学术类文章的效应在统计学上没有差异。

但是，"免费广告"对收入的影响并非来自申请人数上涨或是学费上涨，在《纽约时报》文章的影响分析中，我们没有发现这一结果。但是，可以肯定的是更多的申请者增加了学校对学生的选择权，也因此减少学费折扣的情况，因此可以增加收入。

但是一篇文章对申请人数量的具体影响尚不明确。正如我们在第六章中所讨论的一样，当分析文章对捐赠的影响时，我们无法将文章以及文章中报道的事件的影响截然分开——例如男子篮球20年来第一次参加大学体育联盟（NCAA）联赛，或是某教室获得了一个重要的学术奖励。两者都可能有影响，虽然可以有诸多的宣传方式，都可能影响捐赠意愿以及申请人数量，但是没有哪一种方式达到全部的目的。

与私立学校相比，文章对公立大学几乎没有影响：媒体报道并未影响到

---

① 一般来说我们会采用固定效应（fixed effects）分析。

学校的申请人数量，以及总体的入学人数、学费水平以及学校收入。对于私立大学来说，体育类文章和非体育类文章具有不同的影响。

公立大学和私立大学的巨大差异显示了不同的市场竞争模式。在某种意义上说，公立大学在州范围内招生，优先考虑本州的学生，因此国家媒体或更广泛的地理范畴内较少对其进行报道。有意向的学生不存在被劝说的情况，因为他们或是在一些报纸上了解了学校的相关信息，或是在其他的公告上看到学校的成绩。与此相比，如果私立大学市场是国内性质的，国内报纸上的报道可能会吸引一些申请者。当然，有些公立大学，例如加州大学、密歇根大学确实在国内具有吸引力，但是这属于例外情况。

建立声誉

任何一个行业，商家的竞争都依赖于消费者对产品的评价。在高等教育领域内，每所学校所提供的教育质量的多维性使得声誉建立的过程十分复杂。

在高等教育领域（与健康保健一样），缴费者可能并不知晓其质量的高低，即使体验过后也一样。质量的评价维度——例如学习环境，或是教授对其学生的激励——非常困难。而且，大学教育的本质让它不能跟购物进行简单的比较。当你不能尝试别的大学提供的教育时，你很难知晓你现在是否获得了高质量的教育。

因此当学生选择某所学校时，也就意味着其信任这所学校及其质量。为了找到一个值得信任的学校，学生主要看学校的声誉。建立声誉实际上就是建立一个好的品牌，以此传递重要的信息。

普林斯顿大学并不需要向申请者"出售"其经验；其本科教育声誉已经建立起很长时间。相反，一个小的地区性学校可能要为此挣扎，因为其质量并不为人知——该学校在国内没有很高的声誉，所以要更努力地建立声誉，要比普林斯顿大学投入更多的资源去吸引申请人。

小学校一定很嫉妒普林斯顿。一旦声誉建立起来，相对来说比较容易维持。但是建立很好的声誉成本非常高，需要花费很长的时间。最近几年纽约大学发展很快，被认为天时、地利、人和，但是这仍然经历了很长时间，跨越了好几任校长。学校的发展始于20世纪70年代，当时的校长詹姆士·赫斯特（James Hester）对学校进行转型，使纽约大学成为常春藤大学级别的大学。最终，学校在战略上借鉴了芝加哥大学很久以前的做法：大力投资师资。对目前的纽约大学来说，这意味着用25亿美元来聘用教师。[①]大部分的学校都无法承受这种成本。

质量信号的传递：非营利性的地位及认证

声誉的建立的确有多种方式。学校进入市场，然后根据需要建立声誉是一种选择。其可以作为营利性企业或是非营利性组织。后者的所有者不能分红，需要对收益进行再投资。通过放弃收益，没有经验的学校希望通过值得信任的高等教育提供者这样的形象建立声誉，尤其是向未来的学生传递如下信号："如果我们只对你的钱感兴趣，那注册为营利性机构更简单了。因为我们属于非营利性的，所以我们要证明我们的崇高目的——不利用你对学校质量的茫然——而且提供非营利性项目，以保证我们的使命。"[②]

然而非营利性身份并不能保证一所学校将学生的利益放在核心地位。在20世纪90年代中期，纽约的阿德尔菲大学（Adelphi University）为其校长皮特·戴蒙鲍乐斯（Peter Diamandopoulos）支付83.7万美元的年薪以及其他补贴。纽约州议会涉入此事，进行干涉，撤掉阿德尔菲董事会20名成员中的19名，戴蒙鲍乐斯被辞退，学校开始重新树立其被破坏的声誉（Carvajal 1996；Leatherman 1997）。非营利性大学并不总是值得信赖的。

营利性学校有很强的动机关心其声誉，因为：（1）他们主要对钱感兴趣；（2）历史上这些学校留下了低质量、欺诈的印象，因此目前的学校需要

[①] 参照Kirp2003b中对纽约大学的描述。
[②] 涉及非营利性的角色，生产质量是针对个人消费者，这是很难观察的，尤其是在教育和医疗保健领域，详见Hansmann 1980以及Weisbrod 1998。

超越这些形象。例如2006年，凤凰城大学的所有者阿波罗集团，与上市公司职业教育集团（Career Education Corporation，CEC），面临着虚假申报法案（False Claim Act）、职业相关法案、股东相关法案的诉讼（Burd 2006）。此外，CEC与另外一个营利性集团柯林斯学院（Corinthian College）面临着学生的集体诉讼。CEC旗下的知名大学——美国洲际大学（American InterContinental University），2006年12月仍处于第二年的认证考察期；北部大学联合会（Southern Association of Colleges and Schools）拥有多个校区，亦面临着一系列问题，包括招生和消费者信息、学生记录、管理以及机构效率等（Blumenstyk 2007c）。营利性的工作很难解决这些问题，并保证其声誉。和其他领域一样，营利性大学能够计算出声誉和质量的投资成本，这些成本需要大量的申请人数及其付费能力来偿还。

营利性大学常常需要知名的认证机构来塑造其声誉，以及加强其品牌竞争的能力。然而，因为这些机构需要对很多学校进行认证——诸如美国教育秘书处（U.S.Secretary of Education）的认证——接受认证并不意味着高质量，但是缺乏知名机构的认证则意味着低质量。（例外的情况就是新学校：这些学校需要知名机构的认证，在认证之前候选资格的审核通常需要数年）

认证是质量的反映，对于知名大学来说，由于拥有很好的声誉，所以学生不需要依靠认证来看这些学校的质量；他们已经知道斯坦福大学和威廉姆斯大学是好学校。但是对于知名度较低的大学来说，申请者对学校不太了解，学校就要面临如何通过认证来衡量学校质量的问题。大量的认证组织是个难题。对于一些合法的学校，一些所谓的认证机构的可靠程度令人质疑（不是教育部授权的机构）！所以学校质量的评价是无法简单地通过学校是否通过认证或是否是非营利性来衡量；声誉很难简单地定义。

声誉和品牌的关系

声誉和品牌是什么关系？声誉和品牌是互补的关系：品牌有利于声誉的

建立，并为已经建立的声誉提供保护。

为了树立高质量的声誉，仅仅提高质量是不够的。学生申请者及其家长需要知道学校所发生的积极变化。广告能够说出学校想让别人听到的故事。期望广告反映全貌是不现实的，但是通过口笔相传以及免费的媒体宣传，长期误导人的广告可能使学校的声誉受损（或收入降低）——正好与预期相反。

当然，预期效应是通过传递信息，使每个申请者知道学校的闪光点（Upandcoming U.）。广告有助于塑造学校的新形象，尤其是那些不太了解学校的人，或是对学校有其他印象的人。最终，学校会树立一系列良好形象，通过学生、雇用方、媒体传递学校的故事。这个过程需要广告的角色不断弱化。

通过品牌化和广告加强声誉也提高了质量下滑的成本。正如每个学生都知晓的一样，品牌的价值等同于建筑物。他们是无形资产，但是资产不是，品牌需要很长时间建立，与高质量的或是流行的产品有关，当质量下滑或是不再流行时，品牌价值也随之消失。一所学校如果在品牌化上投资很多，而如果品牌化没有按计划实现，学校就会受到重击。

2005年有一个著名的诉讼，温迪连锁店的一名顾客发现其订购的一瓶辣椒中有一根切断的手指头。该诉讼被认为是伪造的，但是这给温迪业务带来了重大冲击，包括其他的连锁店，不仅仅是事发的那个店——这属于"传染效应"（Associated Press 2005）。一个没有名声的小型家庭旅馆在诉讼之后可能被迫关门，然后在其他地方换个名字继续营业；没有品牌对于经营者重新营业是有利的。大的品牌公司没有选择关闭、在其他地方以及更换名字再营业的权利，其规模和品牌认可度都不允许其这样做。因此，温迪必须控制其质量，因为一次失误的损失太大；正所谓吃一堑长一智。

与温迪一样，大学和学院长期以来树立的品牌也会因为传染效应遭受重大损失。例如，当个别学生有过不好的经历（例如宿舍楼外受到袭击），也会发生这样的效应，即使事情不属于什么典型事件，也会被广为人知，进而影响到未来的申请者。传染效应对知名院校的影响尤其大，因为这些学校的名字广为人知，当学校出现问题时学生很容易就知道了。

杜克大学的申请者人数上升很快，但是2007—2008年下降了1.1%，是八年来首次下降，主要是因为2006年杜克大学的三名长曲棍球队员被控性侵。指控在一年以后被撤销，但是影响十分恶劣。2007年《普林斯顿评论》（Princeton Review）关于学生梦想的学校调查中，杜克滑出了前10名（Burritt and Credeur 2007）。

营利性大学凤凰城大学发现其成人教育的声誉具有两面性。其投资1.54亿美元获得亚利桑那红雀（Arizona Cardinals）橄榄球场的命名权，一方面以显著的方式宣传自己的品牌，另一方面也表示其涉入高等教育的决心。作为美国最大的大学，凤凰城大学因为营利性质的消极影响损失很多，所以愿意加大投入来维护自己的质量和声誉。时间会告知它这样做是否值得。2005—2007年间，问题、抱怨及负面报道使其公司股票价格下降了50%。之前其在股票市场上收益颇丰，2000—2004年股票价格从9.1美元涨至88.29美元，上涨了近8倍，但是由于品牌问题导致股票价格在2006年下降到33.70美元。

《美国新闻与世界报道》排名：声誉建立的捷径

大学的质量很难评价，之前所讨论的认证之类的外部评估似乎可以提供更多信息，质量排名对消费者来说也比较有帮助。《美国新闻与世界报道》《对美国大学排名就是抓住了竞争环境中消费者对大学信息渴求的心理，但是也因此造成了大学之间的矛盾。尽管管理者和教师认为这种单一维度的排名并不能完全反映出学校的质量，但是当排名高于竞争对手时，他们也会重视排名（只有落后时他们才会持批评态度）。矛盾的原因很简单：即使很多大学和学院并不重视排名，但是学生和家长非常重视。《美国新闻与世界报道》的排名因其高销量被称之为"泳装秀"，就像体育画报（Sport Illustrated）的泳装展示，只是杂志的挣钱手段而已（McDonough，Antonio，

Walpole, and Perez 1998, p. 514; Selingo 2007）。一名优秀的学生是学校质量的关键因素，优秀学生选学校时主要根据最新的排名，因此大学和学院要为排名而竞争。

大学排名不仅仅是为学生及其家长提供信息，还会对学校产生超乎想象的影响。正如艾伦贝格（Ehrenberg）（2000）马可图（Machung）（1998）所讨论的一样，学校花费资源来提高排名，即使支出并没有带来质量的提高。如果学生对排名的表现反应积极，那么排名的成本并不高，大学和学院可以将排名作为建立声望的捷径。这种"操纵排名"的方式有很多种。包括拉拢那些学校可能并不想接受的学生，目的是提高申请率，因为申请率是《美国新闻与世界报道》排名的重要指标；通过雇用兼职讲师来缩小班级规模，这也是排名的重要因素。我们在第六章曾讨论过捐赠，学校也会通过这个方面来提高排名——当然会以牺牲其他学校为代价——操纵捐赠校友的人数，这也是排名的重要要素。

任何可被操作的评价体系最终都会丧失其可靠性。可能最大的问题就是排名要对高等教育质量的多重因素进行评价，并且将它们合计为一个数字：整体排名。因为高等教育质量很难定义，仁者见仁，很难找到一个适合每所学校的评价方法。例如，小规模的班级很好（尽管不是所有的学生都这么认为），但这只是质量的一个表现形式，对教学效果来说并不全面。任何评价好学校的方式都无法做到十全十美，而且不同天赋和目标的学生对此的反应亦有所不同。最具争议的一点是对标准的误解可能误导人，在这个过程中学校学会了操纵排名，进而提高排名，但是教育质量并未因此得到提高。

排名变化的影响

之前的讨论假定排名对学生和学校都有影响。那么，是这样吗？有项关于排名靠前的学校的研究发现排名的变化的确对学校有影响，例如学生的录取率，学费（Monks and Ehrenberg 1999）。另一项研究认为入学会受到学校排名变化影响，而且影响日益增强（Meredith 2004; Griffith and Rask 2007）。

典型的方式是估计申请人数，例如某一年的申请数量，然后考察一下在之前一年里控制其他影响因素（例如学校是国立大学还是文理学院）后，《美国新闻与世界报道》对申请人数的影响。

已有研究中尚不明确的是：学校排名或是学校特征（例如班级规模小）等对学生是否有直接影响。这其中的区别非常大。如果学校排名只是报告了学生已经知道的内容，这是出于高等教育的立场而非对学生有益的角度。事实证明这并不是一个特殊情况：高中学生和家长非常重视排名，说明他们能够从排名中获得信息，并基于此来决策。一个学校的声望和排名变化一般来说变化很慢，这就是为什么学校要寻求捷径来影响排名。学校某一年排名的变化对申请人数的影响，说明了排名对学生关于学校质量评价的影响，但是教育质量在短期内很难有所变化。

我们考察了一定时期内大学排名的变化对学校学费、申请人数、入学人数的影响。我们研究了1990—1995年期间《美国新闻与世界报道》中学校排名的变化，然后对其进行分析。首先是排名变化对1995年学费的影响，然后再看1995—2000年的数据。依此类推，看看排名对入学人数和申请人数的影响（我们没有2001年以后的申请人数）。因此，我们只能分析1995—2000年排名对2001年申请人数的影响。

我们发现排名的变化确实有一定影响。1995—2000年之间，与排名没有变化的学校相比，学校排名每上升1位学费上涨的比例是1.3%。而排名下降的学校，其学费也会下降。1990—1995年以及1995—2000年间，学校排名下降5位以上，其学费水平比同一时期内排名无变化的学校要低20%。与此相比，排名提高5位以上的学校学费与排名没有变化的学校相比，没有什么变化。如果这些下降的数据可以忽略不计的话，排名对学费几乎没有什么影响。而且，我们发现5年内的排名变化对入学人数或是申请人数也没有什么影响。

我们的分析仅限于《美国新闻与世界报道》中排名前25位的学校，因为早些年的排名中只有这些学校。我们将其余的学校按层级划分，例如第二层级的学校高于第三层级等，但是学校并不是根据这些分类进行排名。这样我们考察层级的变化的影响，第一层级是排名前 25 位的学校，第二层级是排名在 26—50 名的学校，第三层级是排名 51—100 名的学校。结果发现层级的变化对学费、入学人数、申请人数没有影响。[①]

前 25 名学校的排名变化对其入学人数没有影响并不足为奇，因为这些学校是全美选拔性最强的学校，他们关注的是哪些学生入学，而不是有多少学生入学。结合以往研究，我们认为《美国新闻与世界报道》排名的影响仅限于"某一刻"：即较近五年的排名而言，前一年排名的影响更大。

建立声誉

一旦学校建立了很好的声誉，基于使命的需要，其可能期望将声誉资本化。高质量教学的声誉会促使学校设计课程，由知名教授授课，然后将课程制作成光盘出售。学校也可能建立一所分校，或是海外项目（营利性）。

品牌资本化的过程中也有风险：声誉，与建筑物以及机器一样，如果缺乏教师、设施、信息科技、图书馆方面的投资，也会慢慢被摧毁。如果一所大学没有在声誉上持续投资，声誉最终会消失，项目的盈利能力也会随之消失——例如分校或暑期项目——这些项目都是基于学校的声誉而盈利的。

对于收益的过分关注可能会在另外一个方面伤及学校的声誉：过于关注利用资源获得额外收益，而不是使命的推进，这些风险与学校的利益相关者也有关系，例如主要的捐赠人，因为这些捐赠人关心的是学校的使命，而不是为学校营利提供本金。使命与利润兼得使得大学和学院的战略计划非常复杂，这与私人企业的经济有所不同，后者的使命就是钱。

[①] 我们所报告的数据有意义，但是无法取代更为全面、正式的经济分析，Monks 和 Ehrenberg1999 年关于净经费的收入比名义学费更重要。

通过管理硕士学位树立高质量品牌的案例

许多商学院的管理硕士项目充分利用了其全日制MBA项目以及其教师的声誉。通过为全日制MBA项目命名,学院可以在低成本的前提下收取更高的学费。

问题是当全日制MBA项目希望借助其声誉拓展EMBA市场时,那些最成功的管理硕士项目是否也来自这些管理学院。2005年《商业周刊》(Business Week)排名中可以解释这一点。全日制MBA项目排名前3位的学校——芝加哥大学、宾夕法尼亚大学、西北大学——也提供最好的管理硕士项目,尽管排名有所不同。密歇根大学和杜克大学全日制MBA以及EMBA的排名也位于前10位。全日制MBA的前25所学校中,有14所学校拥有排名在前25位的EMBA项目,其中有5所学校的EMBA排名在前20位。如果其他排名靠前的全日制MBA项目不提供EMBA学位的话,一流MBA项目与一流EMBA的联系可能会非常密切,例如哈佛大学、斯坦福大学、MIT。

通过全日制MBA项目的声誉更有助于强化其EMBA项目,而不是去增加很多新的EMBA项目。西北大学的凯洛格学院(Kellogg School),是最早涉足该领域的学院之一,该校1976年开始开展EMBA项目,3年之后还建立了单独的办公楼。与此相比,其全日制MBA项目早在20世纪20年代就已经建立了。

一流的EMBA项目可以创收,尽管我们无法获得内部的数据。凯洛格学院的学费目前是每年6.4万美元,比MBA的学费高出50%,这个学费可能与企业为学员提供的补偿有关。商业周刊(2007)报告称凯洛格学院2005年的EMBA申请人一般是由其雇主资助,资助比例约为35%。在传统MBA项目的基础上提供EMBA项目是基于凯洛格学院的声誉,以及资源的互补,例如有的教师同时参与了这两个项目。品牌就是凯洛格学院收取学费的原因。范德堡大学的欧文管理研究生院(Owen Graduate School of Management)在商业周刊中的排名第25位。其2006—2007年EMBA的学费是每年40,686

美元，比凯洛格低 36%。

在 EMBA 项目的盈利中，资源的互补非常重要。在全日制 MBA 项目中授课的教师，在 EMBA 项目中也授课（领取额外的薪酬）。的确，从学生的角度看，这样的项目更具吸引力。但是许多 EMBA 的教师也在 MBA 项目中授课，几乎所有 EMBA 的教师都来自那些名牌的全日制 MBA 项目。根据《商业周刊》2007 年的报告，EMBA 教师中同时在全日制 MBA 项目中授课的比例差别很大，康奈尔大学、南加州大学、佩波戴恩大学的比例分别是 68、46、26。如果学生强调商业经验，而非研究实力，并因此将教学与经验联系起来，并非是错误的。《商业周刊》的报告中提到佩波戴恩 EMBA71% 的教师有自己的企业，这是一个较高的比例。无论 EMBA 的学生如何看待，一所学院以较低成本教授昂贵的 EMBA 课程的能力反映了学校在市场中其声誉资本化的能力。

结论

大学和学院意识到其声誉和品牌在吸引学生方面的重要意义。好的品牌和声誉是一个有价值的商品，因为这意味着可以收取更高的学费，能够在市场上使用。当竞争加剧时，广告的重要性凸显出来。10 年前较少做广告的学校现在开始雇用外部顾问，设计新的标语，在搜索引擎中投入成本。与其他的领域一样，大学和学院也要面临向顾客出售"产品"与品牌的压力。

对于传统的学校来说，挑战主要是确保其创收活动不损害其使命。对这些学校来说，使命毕竟是其声誉的落脚点。问一所学校为何知名，通常是在问，它最终关心的是什么。

第十一章　公立大学和私立非营利性大学是否"商业化"了

——成本意识以及高成本与低薪酬教师之间的选择

大学和学院必须树立成本意识

一所大学或者学院无论是涉及使命产品，还是收入产品，无论是公立性质，还是私立非营利性质，抑或营利性质，都需要控制成本。虽然我们的二元结构解释得很明确，但是不同的使命意味着成本的不同。传统的私立非营利性学校需要控制成本，因为低成本意味着可以为使命提供更多的资金。当学校提供使命产品服务时，其也需要控制生产关心成本控制的原因，目的是使提供的服务规模最大化。因此，无论学校从事何种活动，无论是收入产品还是使命产品，都要讲求效率，都需要考虑如何使用资源——"商业化"的运作。营利性企业的成本控制是其逐利性的因素之一。

商业化行为除了削减成本外，有很多种方式。包括寻找盈利市场，例如远程教育或是出租学校场馆，商业性的高尔夫课程（如果私立非营利性学校来实施，可以从属于"无关商业"的税务条款）。商业化行为还包括关注学生需求变化的不确定性，这使得学校乐于雇用兼职的、"临时的"的教师，这样的教师可以随时解聘。

大学或学院要面临教师的选聘问题。私立非营利性大学的总成本中，教师成本约占40%，公立大学的这一比例约为50%（美国教育部，美国教育统计中心2007b）。学校可以雇用高成本的终身教师，这些老师一般是全日制的，获得或即将获得终身教职，这属于职业保障。学校也可以雇用一些低成本的教师、兼职教师，或是临时性的全职教师，这些教师不是终身制。私人企业、公立大学、私立非营利性大学、营利性大学的做法分别是什么呢？

成本最小化的策略需要考察终身教职、兼职教师的成本，但也要考虑到如何在两者之间取得平衡。如果一所学校必须雇用终身教授，每年教授六门课程需支付9万美元（除科研和公共服务工作），每门课程是1.5万美元，但是聘用兼职教师的话，每门课程的费用是5000美元，哪种方式成本低一目了然。关键问题是终身教授的研究、公共服务价值是否值得多出来的1万美元授课成本。

这是营利性机构追求利润最大化时考虑问题的方式。但是非营利性机构追求社会使命时也要考虑这个问题。我们的二元结构清晰地说明追求使命产品产出最大化时也要考虑成本最小化。

使命不同，做法亦不同

营利性大学的使命比公立大学和私立非营利性大学简单一些。营利性大学主要关注教学，而非研究或博士培养。他们的学生需要的是课程和学位，不需要那些资深终身教授的指导，这些资深教授注重终身教职、学术自由的保障、致力于新知识的发现。而且，在商务、护理、教育领域内，同时从事实践工作的兼职教师更受欢迎。因此，营利性学校如果有选择的话，不愿意雇用昂贵的教师。

但是目前来看，营利性大学、公立大学、私立非营利性大学的使命不同，因此他们聘用教师的意愿亦有所不同。所有的学校都要控制成本，聘用薪酬更低的教师。他们所聘用教师之间差别很大——便宜的临时教师、全日制教师或是兼职教师——当他们服务不同的客户、面对不同的市场环境、从事基础研究或者教师所关注的其他活动时。终身教师和临时教师毕竟不是所有情况下都能成为最理想的选择。

私立非营利性大学和学院

对于任何学校来说，聘用高成本的终身教师而非低成本的教师来授课都是一个财政上的压力，这使得他们更希望选择低成本的方式。同时，在实际工作中可能有其他的压力。当学校的使命只是教学时，创收的途径就是最小化教学成本。这种假设基于学生付费的意愿不取决于教师的类型。即使他们的意愿有所不同，也只是程度上的差别；当学校 10% 或 30% 的本科课程由临时教师教授的话，对学生影响不大，但是可能对学校预算产生影响。

学校的声誉，以及学生的付费意愿，可能取决于其他的因素——教师研究。这就使得公立大学和私立非营利性大学里，终身教师、非终身教师之间的选择非常重要。所有的学校都要考虑成本，但是使命不同，其做法则有所不同。

教学替补非常有吸引力。雇用终身教师与学校所提供的服务关系不大，例如网络教学，但是学校的声誉、吸引学生的能力、捐赠、研究经费都要依赖于其终身教师。

部分证据

关于营利性、公立、私立非营利性大学和学院的教师聘用的资料虽然很少，但是这些资料印证了我们的预计，即所有的学校都面临成本问题，但是使命的不同使其应对的方式有所不同。

营利性、公立、私立非营利性学校和他们的教师

在营利性大学里，并不存在终身教师。教师聘用合同给予学校管理和预算充分的自由，如果学生需求减少时，这种自由非常有用。而且，所有的教师都是兼职的，这能确保课程的低成本。学校并不期望师生之间建立密切而长久的关系，同时也不期望教师献身于教学和研究。

营利性大学和学院的教师不是终身教职并不奇怪。但是随着时间流逝，

这种情况发生了一些变化。图 11.1 显示了 1993—2006 年间，3 种类型四年制学校里终身教师重要性的变化。营利性学位授予大学里，终身教师的比例很低，但是私立非营利性大学终身教师的比例为 40%，而公立四年制大学和学院的比例大约 10%。

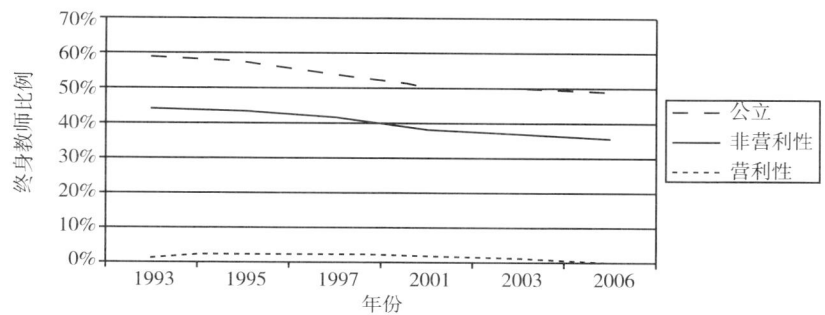

图 11.1　四年制学位授予学校中终身教师的比例，1993—2006

数据来源：根据美国教育部，美国教育统计中心 2007b 的数据计算而来。

公立大学和私立非营利性大学更像营利性大学了吗？

图 11.1 中的另一个惊人的发现就是公立大学和私立非营利性大学在重视非终身制教师的问题上越来越像营利性大学了。1993 年是所获得的数据最早的年份，公立大学和私立非营利性大学聘用的终身教师比例在 13 年期间下降了 10%；公立大学 1993 年终身教师的比例是 59%，但是 2006 年降至 49%。成本意识的增强不仅限于四年制学校。在两年制学位授予学院中，1993 年终身教师的比例更低，公立学院的比例为 22%，营利性学院的比例为 3%，2006 年则分别为 19% 和 16%。

整体来说，营利性大学更具成本意识，他们更愿意聘用低成本的兼职教师或其他非终身教师，同时不同类型学校之间在聘用教师的问题上差异正在缩小。整个高等教育界聘用终身教师的比例都在降低，聘用兼职教师的比例不断上涨。在公立大学和四年制学院中，兼职教师在全体教师中的比例从 20% 升至 30%（1987—2006），营利性四年制学校中则从 1987 年的 50% 上升至20年后的近90%。

营利性大学通过聘用兼职教师来降低成本，并不意味着这些学校的效率高于公立大学和私立非营利性大学。其效率高于或低于后者，但是另一个解释是不同性质的大学处于不同的市场环境中，营利性大学的教学倾向使得其尽量采用网络教学技术、聘用兼职教师。而公立大学和私立非营利性大学发现不能过于依赖非终身教师或兼职教师。简单说，我们的意思并非是不同的学校对成本以及聘用低成本教师问题的关注有所不同，而是说成本只是一种考虑，虽然其越来越重要，但大学和学院毕竟是一个生产多元产品的组织。

两年制学院的目标只是教授本科生，通过聘用兼职教师和非终身教师达到成本最小化的目的。使命复杂的学校不能仅靠聘用兼职教师或非终身教师。非终身教师薪酬低，但是不同的使命对他们的需求有所不同。

具有重要研究使命的大学和仅仅教授本科生的学院既相似又不同。相似的地方是他们都教授本科生，教师替补都是可行的；对于本科教学来说，两类教师都是好的替补。在研究使命上，他们与终身教师不同；对于研究和博士培养来说，这两类教师不能够作为替补，这与薪酬无关。

这揭示了一个聚合的过程。营利性学校并未偏离其聘用非终身教师、兼职教师、低薪教师的低成本意识。但是公立大学和私立非营利性大学的确有所改变。对于公立大学来说，于地理位置上的竞争所带来的财政压力不断增加，州政府经费的限制日益增多，传统学校需要更具成本意识，聘用更低成本的教师，正如我们所示，这些已经发生了。

表11.1展示了终身教师聘用数量的下降趋势。然而，其并没有揭示出特定学校行为随时间的变化。但是这种趋势可以反映出两年制学院对终身教师聘用数量远远少于研究型大学。

成本意识以及终身教师与其他教师之间的选择：
这涉及到学系层面的决策吗？

关于在不同薪酬、生产效率的教师之间进行选择的相关研究很少。但是研究的结果很有趣。例如，不同系对终身教师和非终身教师的依赖程度有所不同。1999 年，终身教师教授了 42% 的外国语言和英语的本科课程，60% 的历史系课程，63% 的人类学系课程，64% 哲学系课程（美国历史协会和学术人员联合会，American Historical Association and Coalition on the Academic Workforce，表 2）。

表 11.1　所有学位授予学校中全日制终身教师和非终身制教师的比例，1993—2006

年份	比例
1993	0.76
1995	0.71
1997	0.61
2001	0.59
2003	0.59
2006	0.58

数据来源：来自于美国教育部，美国教育统计中心 2007b。

在大学的部门中，全日制教师和兼职教师的工资差别很大。因为大部分的终身教师都是全日制的，大部分的非终身制教师都是兼职的，我们粗略估计了一下一所学校聘用终身教师和其他教师的成本，主要是通过对比全日制和兼职教师的工资来估算。不同系的教师聘用成本有所不同，因为影响全日制教师和兼职教师薪酬的市场环境有所不同。全国大学教师研究（National Study of Postsecondary Faculty）发现兼职教师的平均工资水平相当于全日制教师的 13%，自然科学、社会科学领域这一比例是 17%，卫生科学领域这一比例是 21%（美国教育部，美国教育统计中心 2006c）。

考察公立大学和私立非营利性大学和学院对成本差异的反应与营利性企业是否相似——选择低成本的做法——目的是看看全日制教师与兼职教师、终身教师和非终身教师在成本上与学校聘用之间的关系。是不是成本差异越大，公立大学或私立非营利性大学越有可能采用低成本的做法？任何一个想降低成本的组织都会这么做。

不同系终身教师和非终身教师薪酬的差异是否与两类教师的人数是对应的？商业、经济、计算机科学等学科的薪酬高于人文科学，但问题是聘用终身教师的成本高的情况下，是不是就会通过聘用非终身教师来替代呢？与终身教师相比，非终身教师、临时教师的薪酬是最低的吗？

单独一个系内两类教师的薪酬数据很难获取。无论是 IPEDS，还是学校，都得不到这些数据。但是我们在两所公立大学里找到了数据——德克萨斯大学奥斯汀分校（2005）以及肯塔基大学（2005）——在这些学校里，我们能够看到当两类教师薪酬有差异时，部门是否更乐于聘用低成本的非终身教师。

我们期望发现薪酬差异的效应——聘用非终身教师的成本低于终身教师，学校更倾向于低成本的选择。这确实是我们的研究结果。

德克萨斯大学一共有 13 个系，我们研究了聘用终身教师以及兼职教师的成本与每个不同类型教师数量之间的关系。我们发现终身教师的成本比非终身教师的成本高 80%，而非 50%；终身教师与非终身教师数量比例从 4.5∶1 降至 3.5∶1，下降了 22%。因此，终身教师成本上涨 60% 导致人数比例下降了 22%。肯塔基大学的研究结果与之相似，终身教师薪酬成本的上升导致其人数下降了 24%。两所学校的选择非常相似。当然，两所学校的做法也会受到其他因素的影响，但是也符合我们关于大学对于成本因素的反应的猜测，这与营利性企业的做法一样。这个资料只是针对两所公立大学，如果有更多的资料将更有助于说明问题。

结论

公立大学和私立非营利性大学关注成本，倾向于聘用低成本的教师，这种做法不足为奇。在高成本的终身教师和低成本的兼职教师之间进行抉择，可以看出来薪酬是学校支出的重要组成部分。根据二元结构，公立大学和私立非营利性大学具有成本意识后将会如何做，会像私人企业吗？尽管两者的使命完全不同。营利性组织和非营利性组织的做法非常相似，但是使命不同，且产品的不同使得他们的做法亦有所不同。营利性院校没有终身教师且全日制教师很少，而公立大学和私立非营利性大学主要聘用终身教师，以及全日制教师。两年制学院，无论营利性还是非营利性，都是兼职教师多于全日制教师，因为他们的薪酬更低。

不同性质的大学和学院虽然教师构成有所不同，但是都与营利性企业很相似。这些大学都需要在控制成本的基础上提高效率。但是一所拥有多重使命的学校，无法只聘用同一类型的老师，或是像私人企业那样利用其他资源。当学校的目标是最大化股东的利益或提供基础研究，其效率的内涵也有所不同。某个老师可能是一个优秀的本科生老师，但是研究方面很弱，那么他的薪酬可能使得成本降低，而研究型的教师可能使成本提升。对于未来的老师来说，可能事实正好相反。一所好的大学和学院可能会根据使命选择不同的教师，通过资源的整合实现成本最低化的要求。

这个逻辑说明非营利性大学在成本问题的态度上与营利性大学一样，但是目前来看因为使命不同，反应有所不同，主要是在终身教师与低成本的非终身教师之间如何选择的问题。营利性大学强调教学，而非研究，所以他们主要依靠兼职的、非终身教师。与此相反，公立和私立非营利性大学的使命主要是研究和教学，所以他们需要聘用更多的终身教师和全日制教师。无论是否是营利性的学校，大家都要面对成本问题。根据我们的二元结构，我们在两所大学中发现学术部门的成本意识与私人企业相似。聘用全日制教师的成本越高，学校越倾向于聘用低成本的非全日制教师。

第十二章　非真正意义上的象牙塔
——学校通过合作来竞争

大学努力获得更多的收入来推进使命——与其他行业的企业一样——不是单打独斗，而是通过联盟来达到目的。即使是最强大的、最富有的学校，也要不断寻求增强自己竞争力的方法。在生源的竞争中，即使是传统的生源，也没有哪所大学或学院能够提供满足教育使命的一切服务——至少是无法有效率的提供。例如工程专业学生可能会从在私企实习生经历中受益，生化专业教师可能在与药物实验室的合作中受益。一所学校很难通过自己开办建筑以及制药研究企业来提供这些机会，所以他们要利用外部资源，例如其他学校、私人企业、政府机构等。

大学和学院与其他学校、私企、政府的合作既受使命的驱动，也受利益的驱动。只要能够获得收益、推进使命，学校期望可以利用所有的机会，包括与其他机构、学校等组织的合作。只要有助于增强竞争实力，他们就会展开合作。只要能够带来收入或机遇，他们就会与校外不同层次的私人企业、非营利性机构、政府以及其他组织的合作。为了获得收入，只要是能够挣钱的领域，大学和学院就会与这个领域的私企、政府等合作。

合作的类型

有时这种合作也包括形成新的法律实体，我们称之为合资企业（joint venture）。例如 2004 年，特拉华大学（University of Delaware）（75%）

与沙纳旅馆集团（Shaner Hotel Group）（25%）合作建立了蓝亨旅馆集团（Blue Hen Hotel L.L.C），宾馆建在大学里（Milford 2004）。我们将这种不改变学校基本结构和独立性的合作，称之为合作。

学校之间的合作包括学位项目的联合，例如1999年南马里兰学院（Sounthern Maryland）（社区学院）与约翰·霍普金斯大学联合提供工程专业本科学位；几所大学和学院也可以合作提供图书资源，共享研究资源；甚至是宿舍。芝加哥大学中心（University Center of Chicago）就是德保罗大学（Depaul Univeristy）、哥伦比亚学院、罗斯福大学联合在芝加哥郊区建立的学生宿舍区，可容纳1700人。3所私立非营利性大学创立了一个非营利性实体，名称是教育进步资金（Educational Advancement Fund），主要用来做宿舍项目（June 2004）。

大学和学院与政府机构的合作主要致力于推进经济发展、劳动力发展，或是推进公共服务，一般针对小学和中学。州立学校的一个特殊使命是服务于本州居民，所以与州政府合作，例如1992年弗吉尼亚联合大学与弗吉尼亚州、里士满、弗吉尼亚生物技术公园合作建立了一个合资企业（Initiative for a Competitive Inner City and CEOs for Cities 2002）。社区学院与州经济劳动机构合作培训未就业人员。私立非营利性大学通过与当地政府、州政府、社区发展机构、营利性商业集团合作，推动社区的经济卫生发展。例如，圣母大学与南本德、印第安纳合作在大学附近建立一个多重用途的工程，包括旅馆、住房、商店，以及一个由由大学捐赠和维护的公园（Brown 2007）。

大学和学院与营利性企业的合作有多重方式。有些双赢性质的合作是为公司和某一行业培训学生。例如，2006年卡内基梅隆大学与电子艺术公司（Electronic Arts Inc.）合作更新大学的爱丽丝免费软件（Alice software），主要是为学院和高中的学生提供教学项目的服务。EA公司为其软件维修提供保险服务，以及提升软件艺术特征的服务。EA在人们对软件职业兴趣下滑的阶段，将目标指向新生（Leonard 2006）。还有一些其他的合作对象，例如特拉华州立大学通过与怪物赛马公司（Monster Racing Excitement）的合作来促进黑人学校参加附近多弗国际跑道（Dover International Speedway）上的赛马比赛（Finney）。

大学与企业间的合作非常普遍，从短期的调查到实验室的共享。

2000—2005年阿肯色大学与西南能源公司（Southwestern Energy Company）合作在阿肯色、俄克拉荷马寻找天然气能源。合作研究为学校能源专业的学生提供了锻炼机会，同时也为能源公司提供了所需要的信息（Liskey 2003）。克莱姆森大学（Clemson University，南卡罗莱纳州的一所公立学校）与宝马公司合作建立了一个价值15亿美元的自动化研究中心，2002年宝马公司为学校捐赠了1000万美元，这是学校迄今为止收到的最大额度的捐赠。克莱姆森自动化研究国际处2006年向研究生开放，课程主要由宝马公司提供，教师名单也由宝马公司提供，建筑设施由宝马公司赞助。"这是与私人企业合作的新模式。"新中心的负责人如是说。但是也有人批评说这种合资企业将大学研究经营成营利性企业了（Browning 2006）。

学校基于自身目标，以及其体育设施，教师技能，来自学费、捐赠、捐赠基金、政府拨款的资源等，对合资企业以及合作有着或大或小的期待。这也反映出合作之间的互惠关系。合作必须是有益于所有的合作方——无论是学校、企业、政府还是其他组织。与某个学校的深度合作不同于只是依赖学校提供资源。

然而，大部分学校并非涉足所有的合作。只有在主要的研究型大学才是这样。大学的合作增多，就意味着学校与经济领域的关系更为密切吗？这里有一些新的发现。

合资企业以及合作常见吗？——新的证据

我们通过对两类信息的研究确定合资企业和合作的数量，大学和学院合作对象的类型，以及它们自1980年以来的变化。我们认为主要的报纸会发表学校正式合资企业建立以及合作的公告，所以我们考察了8种主要报刊的电子版文章。我们主要查找具有如下关键词的文章："大学"或"学院"、"合资企业"或"合作",或"合作关系",或"联合"。这些报纸包括《华尔街日报》、《今日美国》(USA Today)、《纽约时报》、《洛杉矶时报》、《华盛顿邮报》、《芝加哥论坛》(Chicago Tribune)、《休斯顿品论》、《亚特兰大日报》(Atlanta Journal-Constitution)。① 我们主要选取了1989、1994、1999、2004年的数据。

报纸上的报道可能并不完整。因此,我们也查看了大学、学院、公司以及其他组织的出版物,主要途径是通过 PR 新闻在线②,查询大学、学院合作的案例。这些数据可以追溯到 1980 年。

大学、学院合作、合资公司在 20 世纪 70 年代中期很罕见;1980 年,相关报道有 4 篇,每篇报道涉及一所学校,占学校总数(3000)的 0.1%。这一数字持续上涨。1999 年,我们发现有 273 篇报道,很多报道同时涉及了多所学校。尽管 25 年间翻了 90 倍,但是涉及的 366 所学校仅占总数的 9% 而已。之后美国经济的衰退使得数量出现回落,2004 年只有 159 所大学。

最初是何种类型的大学开始与营利性机构以及政府部门之间的合作,合作合同的焦点是什么?

20 世纪 80 年代,营利性大学并未涉入跨界合作,但是 1999 年时有 9 所大学已经开始跨界合作。高等教育的合作和合资企业中 50%—60% 是公立四年制大学,所有年份的平均比例是 55%。公立两年制大学所占比例为 7%,私立非营利性大学的比例为 36%,营利性大学的比例为 2%。

合作或者是合资企业的研究也告诉我们一些有关学校目标的信息,包括合作对企业、政府机构的重要性。结果并不奇怪,我们发现出版物中提及多重目标,主要是教学和研究,但有时候还包括一些其他的活动,例如社区发展、K-12 学校发展、职业培训等。1980—2004 年间,30% 的合作主题是教学,但是占据主导地位的目标还是研究,大概占 60%。有些活动同时涉及教

---

① 我们选取的数据库包括 LexisNexis Academic, Factiva, ProQuest。

② 由 LexisNexis Academic 创立。

学和研究。但是研究合作的数量上涨最多。研究发现大部分的合作不涉及正式的合资企业，一般是非长期的合作。涉及法人实体的合资企业占 25 年间合作、合资企业总数（569）的 23%。

大学和学院的跨界合作主要对象是私人企业，而非政府机构。在 1984 年和 1989 年，53%—54% 的合作对象是私人企业，之后升至 63%，1999 年这一比例涨至 75%。经济衰退导致 2004 年的合作数量减少。美国经济衰退导致大学与企业之间的合作减少了 50%，从 1999 年 230 家企业降至 2004 年的 116 家企业。但是在同一时期，美国学校与国外企业的合作从 5 家升至 15 家。

跨界以及界限的模糊

从法律的角度来说，不同性质的学校界限非常明确，就像学校与企业、学校与政府的区分一样。但是这些组织的界限事实上并不十分清晰，比看起来要模糊得多。因为法律和规章制度对公立、私立非营利性、营利性组织——学校以及其他机构——的界定有利有弊，所以这些组织不断地寻找跨界交易的机会。这也就导致学校不断地寻找途径来模糊界限。

尽管每所大学或学院或是公立的，或是私立非营利性的，或是营利性的，但是也有一些混合的例子。康奈尔大学，本身是一所私立非营利性大学，但是根据莫雷尔法案，其负责纽约州的农业项目和工程项目，这些项目是公共经费支持的（Thelin 2004）。

公立以及私立非营利性大学和学院拥有营利性公司，不是通过其捐赠基金投资被动参与的，而是采用积极的方式，例如新兴企业的股份，或是营利性独资附属产业。斯坦福大学 1970 年投资了 100 个新兴企业（斯坦福大学科技许可办公室 2005）。营利性、私立非营利性、公立学院和大学也会联合建立合资企业，例如 1999 年科罗拉多州立大学宣布与加拿大的一个信息技术学院合作开展一个信息科技方面的成人硕士项目，（PR Newswire 1999）。公立、私立非营利性、营利性大学之间也会有合作，签署一些合同，例如研究型大学将实验室出租给私人企业；西北大学工程学院将实验室通过快速科技（FastScience）出租给公司，用于短期研究项目（西北大学麦考密克工程科学学院 2007）。另一种合同类型是公立大学或私立非营利性大学管理一个政府研究实验室，例如，芝加哥大学负责管理的伊利诺斯州的阿尔贡（Argonne）国家实验室。这种部门间的合作模糊了不同性质之间的清晰界限，以及大学和学院摆脱竞争压力追逐利润的想法。

跨界合作的性质以及界限的模糊：成本差异的影响

不同行业以及不同性质的组织之间的合作是超出常规的，但是这也是追求使命和收入的必然后果。之所以是必然的，是因为每种组织性质的利弊都会产生不同的成本和收入。营利性大学和学院成本高于私立非营利性大学和公立大学，因为后者不需要纳税。营利性大学无法从国家科学基金会（HSF）以及国家卫生委员会（NIH）直接获得政府拨款，而所有指向营利性大学的捐赠都不能免税。

然而，营利性大学具有股票资本方面的优势，他们可以出售股权份额，而公立大学和私立非营利性大学没有这个权限。营利性大学里，无论董事会成员是否同意提高股东价值，他们都可以为CEO们涨工资，但是私立非营利性大学则不能这么做，因为他们受到法律上禁止分红的约束。

基于不同组织的约束条件以及机遇的不同，每一种性质的组织在竞争中都有劣势，所以要寻找另一种性质的组织互补。本宁顿学院（Bennington College）是一所私立非营利性文理学院，该校在1983年发现因为属于私立非营利性学校，所以所拥有的一些东西是没有价值的，但是这些东西对营利性企业有价值。如果学校将这些东西卖给私人企业，那么学校就可以从中获益（Galper and Toder 1983）。

这些东西是建筑物的折旧！作为一个私立非营利性组织，学校无须纳税——即使实际上是在营利。因此，折旧方面的成本对本宁顿的税收责任也没有影响，因为无论何时税收都是零，当然那些与学校的免税使命"没有什么实质性联系"的获利活动除外。然而对于私人企业来说，情况有所不同，因为要缴纳所得税，所以需要支付建筑物的折旧费用，进而减轻其所得税的责任。

本宁顿学院校长的观点是学校可以获得收入，实际上是出售了学校建筑物折旧的成本。这个机制相当简单：将建筑物出售给私人企业（本案例中是出售给校友），后者之后提出折旧成本问题，进而减少其所得税责任，学校可以租赁99年——比寿命还要长。学校从中获得数百万美元，超过了学校的租赁费用。新的所有者将税收节省的一部分资金给学校。学校和企业都从中受益。谁受损了呢？可以说是国税局和纳税人（Weisbrod 1997）。国税局没有将此类交易定义为"虚假行为"，因此除了大学和学院，很多非营利性机构都采取了这样的手段，即出售他们建筑物的折旧权利。

营利性机构和非营利性机构的税收差异造就了这种交易双方双赢的机会。国税局的禁令也没有改变非营利性组织潜在的营利机会，只不过是关闭了不同法律条款下获得利润的一个机制而已。其他的机制仍在继续。这里不是进一步探讨利用合作交易获利方式的地方，但是一个例子已经揭示了这种可能性。

大学和学院，公立的或私立非营利性的，都可以免税，但是私人企业会为此买单。具体来说，医药公司要为他们的实验室纳税，但是大学和学院不用。结果，同样的研究，却是不同的成本。因此，大学可以将实验室以双方满意的价格出租给医药公司。事实上，大学和学院可以不与私人企业分享在免税中获得的收益。

营利性企业与非营利性大学和学院之间的交易方式很多，不仅仅是从税收中获益。学校利用声望——品牌——来传递信用和诚信（见第十章）。将学校与商品联系起来对企业来说非常有价值，如果企业自己来宣传产品的话，价值将大打折扣。当企业宣传一些消费者看不到的商品特征时，这一点尤为关键。2006年，约翰·霍普金斯医学院（Klinger Advanced Aesthetics）与克林格美容公司合作推出了一套皮肤护理产品，广告称"由约翰·霍普金斯医学院"测试。克林格给予约翰·霍普金斯大学一些股权（Rundle

2006）。由于约翰·霍普金斯大学的名气，以及其医学院为产品进行的测试，所以约翰·霍普金斯受到了批评，后来学校取消了获得的股权以及在公司董事会里的席位。即使这样，学校还是收到了一笔化妆品安全性测试的报酬（inside Higher Ed 2006a）。当然不好的公共形象也会导致大学获得较低的财政收益，同时形象也会受损。

大学和私企的合作并非都是基于合同。现实中有可能记录上显示的是企业为其提供的捐赠。私企可能为学校提供"捐赠"，条件是捐赠的用处与企业的商业利益有密切关系。例如1998年诺华（Novartis）公司为加州大学伯克利分校植物与微生物系捐赠了2500万美元（见第四章）。结果研究决策委员会五个成员中，两个来自公司，他们一起决定资金的使用。

诺华公司或其他公司的捐赠使大学偏离其教学、科研、公共服务的程度很难确定。但是可以明确的一点是大学的研究者意识到尽管委员会中大学的人多，似乎可以控制研究的开展，但事实并非如此。如果企业的利益没有得到满足，之后的自主性可能就会缩减。

首选的卖家，学生贷款公司，海外学习公司

大学和学院与各种公司合作，有的公司是生产商品的，有的公司是提供服务的，这些合作中有的关系能为学校带来收益（当然也会为企业带来收益）。大学财政资助办公室以及海外学习办公室面临着各种指责以及州和联邦的调查，主要是针对学校学生的赞助方以及海外学习伙伴，例如约翰·霍普金斯医学院和加州大学伯克利分校就受到了谴责，据说其与私企的关系有悖伦理。关于学校与学生贷款公司、海外学习项目公司关系的调查始于2007年，调查发现学校学生贷款负责人接受了所指定的贷款公司的股权，因此让学生从这些公司借款。很多重要的财政资助负责人都因此被辞退，包括哥伦比亚大学、约翰·霍普金斯大学、德克斯萨大学奥斯汀分校在内（Graybow 2007）。

即使学校的财政资助负责人没有从这个过程中受益也会产生新的问题。州检察长以及议会调查了贷款公司补偿学校的过程。90%的学生从学校提供

的名单中选择借贷公司，尽管他们没有必要这样做。贷款公司为学生提供贷款的诱因包括学生贷款的低利率、给学校财政资助办公室提供人员支持、利用免费的计算机软件、将学生贷款利润的一部分作为补偿，60%以上的学校都同意以上条件。当校友提供一些合并贷款（consolidation loan）时，公司也会为校友会提供补偿（Field 2007a）。自从调查开始以后，很多这样的活动都停止了。这其中的一个基本问题就是这些公司为学生提供贷款，学校从中受益。

学校与公司合作的另一问题就是为学生提供海外学习服务。学校通过与特定公司合作获益，包括分红以及基于学生数量的提成。作为回报，学校可能需要学生选择特定公司，而不是直接申请国外大学，后者对学生来说更便宜（Schemo 2007）。

大学和学院与银行的合作也会带来收入。例如，TCF 金融公司（TCF Financial orp.）与 10 所学校有合作，包括明尼苏达大学、密歇根大学，将提供贷款和 ATM 服务（当学生打开 TCF 查询账户时）作为学校为学生提供的 ID 卡服务中的一部分。作为交易，TCF 为发卡付费——大概 20 万美元——同时为明尼苏达提供 4000 万美元，该服务持续到 2030 年。另一类针对高校的金融服务公司会从学生借记卡购物的一部分利润以及利息收入的 10% 返给学校。金融公司获得接触到学生的机会，并从学生的银行收费以及其他费用中获益（Foust 2007）。我们期望看到更多相关的例子，以及他们将这些机会出售给别人并从中获得收入的新渠道。

公立大学或私立非营利性大学利用这些机会获得收益的想法非常自然，就像我们在其他章节中讨论的一样。当学校推进其使命时：收取学费获得收入、加强募捐工作、游说政府获得更多拨款、建立橄榄球场，这些行为都是可以理解的，也是可以预期的。但是他们从学生贷款中获利可以吗？他们应该从那些负责学生海外项目的公司或银行中获利吗？

通过商业合作获得收入与接受回扣之间的界限在哪里？允许特定饮料公司在学校出售商品（Clark 1994）与向特定学生贷款公司贷款的区别是什么？

简单来说，收入产品（revenue-good）活动的底限是什么？如果学校同时追求收入和使命，他们就可以提供更多的使命产品（mission good）。大学和学院为学生提供海外学习机会以及资助也是使命产品的一部分。多出来的资金可以为学生做更多的事情，促进科研及宣传，以及社区服务。可以肯定的是，给学校的钱与给某些老师的钱是不同的。但是，对大学和学院来说什么钱能收什么钱不能收则是另外一回事儿。学校与私人企业合作（自动购物机器、洗衣店、书店、通信服务等）获得的收入，可以返还给学校，或是从事其他与使命相关的活动。

结论

获得收入的同时还要在教育、研究活动上有特色，大学和学院为此纠结不已。我们强调竞争的巨大影响，但是本章强调的是大学通过与私企建立合资企业以及与政府和其他学校的非正式合作提升自己的竞争力，但主要是与私企在研究方面的合作。有证据表明大学和学院绝不会忘却其教学使命，以及从中获得收入的机会，学校和私企之间通过深入合作来推进自己的研究使命。同时，学校也寻找与提供金融和学生海外学习服务的机构的合作机会，作为学校获得收入的来源。

第十三章　校际运动会
——使命还是金钱？

校际运动会与其他的大学活动没有什么不一样，但是它们属于收入活动，还是使命活动？或者说两者兼而有之？

毫无疑问，校际运动会是桩大生意。大学橄榄球、男子篮球的参与度甚至超过了国家橄榄球联盟（National Football League，NFL）以及国家篮球协会（NBA）等职业联赛，其门票收入可以与NFL相媲美（Sandy and Sloane 2004）。运动会对很多大学和学院都非常重要，其可以塑造学校的形象，培养学生、校友、周围居民、商户以及捐赠人的忠诚之感。毫无疑问，校际运动会——尤其是橄榄球和男子篮球——成本很高，且会干扰学校的教育和研究使命。事实上，自从校际运动会产生，就伴随着对其在高等教育中地位的质疑。

1893年哈佛大学校长艾略特批判大学运动的商业化时，如果放在今天，除那些他指出的那些学校外，常春藤大学也包括在内。他批判大学陷入了我们称之为巨大的成功之中，批判他们为了挣钱而举行体育运动，忽视了学术。对艾略特来说，体育运动上的支出"对于哈佛和耶鲁"这样的大学来说"非常不合适""奢侈"，他认为"知识目标的支出不够"，因此他认为校际运动会的支出不仅"令人厌恶"，而且是"愚蠢、致命"的（Rudolph 1990，390）。

常春藤大学从运动会，尤其是橄榄球中获得的收入一定会让艾略特发疯的。1928年，耶鲁大学的橄榄球场场场爆满，这个场地共有74000个座位，大学从中获得很多收入："耶鲁大学运动协会，截至1928年6月30日获得的收入超过111.9万美元（相当于2007年的1360万美元），纯收入是34.85万美元（相当于2007年的420万美元）。"（Savage, Bentley, McGovern, and Smiley 1929, p.87）耶鲁运动会中获得的收入——主要来自于橄榄球，也包括其他项目——相当于1931年学校预算（740美元）的1/5（Kelley, 1974, p.389），34.85万美元的收入基本上来自橄榄球。现在耶鲁的运动会收入已经达到630万美元（2005—2006），但是这只是耶鲁大学当年预算的一小部分（0.4%）。

大学和学院很少有活动能像校际运动会具有如此强的对抗性，以及他们在学校中的地位。无论地位是什么，以及应该是什么，事实是这个问题只存在于美国，只是这个国家大学的一部分，例如不包括数百所文科学院，不再包括常春藤大学，不包括营利性大学。

我们的观点是：校际运动会是收入产品活动和使命产品活动的混合体。混合公式差别很大。对美国校际运动会协会分类（National Collegiate Athletic Association, NCAA）级别Ⅲ的422所大学来说，体育运动并不挣钱，正如我们所看到的，他们报告的都是损失。与此相比，NCAA分类的级别ⅠA的学校中[①]，其竞赛的标准很高，能够从学校橄榄球以及NCAA的国家篮球联赛中获得数百万美元的收益——这种收益不只是一种可能性，正如我们所看到的，其是来自橄榄球和篮球实实在在的收入。一般来说分类Ⅰ和分类Ⅲ中的学校，所报告的其他的项目都是非营利性的。对于那些报告损失的学校来说，他们依旧会支持体育运动，这些体育运动对学校使命具有重要贡献，尽管我们不能排除体育运动的一些无法计算的间接收入。某些或者说所有校际运动会的营利性都比所看到的要大，这就引发了一些复杂的问题——如何测量成本和收益，如何区分一所学校的多项运动。

---

① 在2006年12月，级别ⅠA被命名为级别Ⅰ–FBS（Football Bowl Series）。

校际运动会可获得数百万美元的收入

校际运动会的资金投入随人们兴趣的高涨、就业市场运作技巧的熟练、电视网络观众数量的增加而不断增长。但是来自体育运动的收入并不陌生。耶鲁体育运动会赚得110万美元的同一年,在纽约奥尔巴尼,卡内基技术学院和乔治城大学之间举行的一场橄榄球赛,球队的出场费是35,000美元,相当于2007年的40万美元——这场比赛由中心城区垒球协会举办,期望能给奥尔巴尼带来大型的橄榄球赛事。但是那场比赛只来了6000—7000名观众,还不到预期16,000名的一半,赞助损失大概2万美元(《纽约时报》1928;《华盛顿邮报》1928)。

现今,那些能进入主要橄榄球队行列的学校球队获得的资助大幅度增加。现在已不再是像1928年那样只是偶然的一场比赛,而是一个拥有32个球队的比赛。NCAA级别ⅠA的119所学校未能参加邀请赛竞争,最后只有一半多的学校获得殊荣(64所)。每支球队的收入不同,新奥尔良队(New Orleans Bowl)收入较低,是32.5万美元,最好的5支球队收入是1400万—1700万美元,包括玫瑰队(Rose Bowl)、联邦橙队(FedEx Orange Bowl)(Lederman 2006)。每个队的平均支出(每个队是360美元)是1928年(20万美元)的18倍。学校的收入回报也很丰厚,球队露面本身就是宣传,包括捐赠、学生申请、标识专利收入等。很多球队参与其中,"企业们争相用自己的名字为球队命名——但是不可能都被采用,例如梅尼克汽车护理队(Meineke Car Care Bowl)、奇客菲儿A队(Chick-fil-A Bowl)、MPC电脑队(MPC Computers Bowl)"(Lederman 2006)。即使一些额外的比赛降低了学校的支出,总支出仍可能上升,所以他们期望能从分类ⅠA的橄榄球赛中获利。

这种情况下,10所学校(分类ⅠA中8%的学校)参与5个赛事,会带来超过1400万美元的收入(尽管要与其他的球队分享),更不要说相关的宣传，利润的刺激如此强大。对于大的橄榄球比赛，学校会招收明星球员来代表学校参赛，花费数百万美元聘用明星教练——总之，只要对球队有利的，都是学校财政计划的一部分。

基于这些主要的财政要素，我们很容易理解对体育运动收益的免税资格以及其相关捐赠的减税资格的大量质疑。体育运动对其免税使命的贡献是什么？体育运动的收入高于其他的活动吗？橄榄球和篮球与其他活动相比，答案可能有所不同（即使橄榄球和篮球不属于级别Ⅰ中的挣钱业务），这个答案是我们将要讨论的问题。

随着校际运动会财政吸引力的不断增强，国民被迫开始调查大学校际运动会政治力量也日益的增强。2006年10月，美国众议员比尔·托马斯（Bill Thomas），后内务委员会主席，在写给NCAA主席迈尔斯·布兰德（Myles Brand）的信中说："教育机构的大部分活动都超出了其豁免资格，但是校际运动会的豁免目的不太明显，尤其是在主要的橄榄球项目和男子篮球项目中更是如此。"托马斯针对性地问道："联邦政府为什么要资助教育机构的体育运动会，当这些资助最终支付了教练增加的工资、昂贵的交通费用以及运动设施？"（Fain 2006）。

橄榄球和篮球教练的工资以及其他补贴是审查的主要对象。级别Ⅰ篮球赛中支出增长的主要原因就是《华尔街日报》所称的"教练的腰包越来越鼓"，这项支出占总预算的40%（Adams 2006）。《今日美国》（USA Today）专门研究级别Ⅰ学校的橄榄球和篮球教练的工资，不包括奖金补贴，平均是95万美元（Upton and Wieberg 2006）。级别Ⅰ学校篮球教练平均工资80万美元（不包括奖金和创收）；在顶级的6个赛事中，篮球教练的平均工资是120万美元，不包括奖金，以及汽车、俱乐部成员、资质认可、运动夏令营等收益（Wieberg and Upton 2007）。在顶级的橄榄球和篮球队中，教练的工资会在取胜之后的新合同中上涨。这样的现象在高等教育以及非营利性机构中比较少见——除了那些拥有大规模捐赠基金的学校对其投资经理人支付的薪酬。在这两种情况下，理解工作的财政因素非常重要：高工资就会带来成功教练的高贡献，以及投资经理人的好业绩；高等教育与其他行业一样，雇员薪酬的上涨会推动生产率的提高。

　　大学体育运动的支持者会捍卫橄榄球和男子篮球的免税资格，因为其产生的收益可以用于其他项目——简单来说可以作为收入产品。然而，众议员托马斯指出，法律明确界定了免税资格，但是很少有人认识到需要检验大学或学院的体育活动等"是否有利于实现学校的教育目标（而非获得收入）"。收入的使用不能决定活动及其利润是否属于免税范畴。

　　托马斯的批评中认为大学是一个商业机构，而非教育和研究场所，当其涉入体育赛事时："赞助商，数百万美元的电视转播费，高薪却无学术责任的教练，运动员的过度训练使人们认为大学橄榄球和男子篮球似乎比业余球队更专业。"（Fain 2006）

　　2007 年，美国参议院财政委员会宣布了调查大学体育运动免税资格的新计划。参议员查理斯·格拉斯利（Charles Grassley）对富有的大学里不断上涨的学费以及捐赠基金规模进行调查，质疑体育运动项目的捐赠是否适用于慈善贡献："我们需要保障纳税人对学校体育运动项目的赞助能够最大程度的惠及公众"。（Wolverton 2007）

级别 I 和级别 III 学校之间的差异

　　不同类型学校的校际运动会作用有所不同。与级别 I 相比，级别 III 的学校没有体育奖学金。他们无法与前者竞争运动员。这些学校无法承担那些门票昂贵的球场，或是昂贵的珍贵包厢（sky-boxes），同时也无法吸引电视观众和广告商的能力，不具有支付电视转播的昂贵费用的实力。级别 III 的董事会不愿意像级别 I A 中密歇根大学董事会成员大卫 A. 布兰德（David A.Brandon）那样为昂贵的珍贵包厢（我们将之称为收入产品）买单："城市周边的球场太过陈旧，不能安置俱乐部和包间。商业开发案例是好资源。"他将豪华套间作为收入产品，可以为场地带来收入，为其他运动项目提供资助，增强密歇根招募运动员的竞争力（LaPointe 2006）。

级别ⅠA中只有119所学校，与级别Ⅲ中的422所学校，NCAA1033个会员学校，以及2575所四年制大学相比，他们是级别Ⅰ中最有竞争力的橄榄球队。但是级别ⅠA中的本科生数量最多，2006年他们招收了290万名本科生，1130万名学生中有学士学位的学生占26%。

在级别ⅠA和级别Ⅰ的学校中，橄榄球和男子篮球的地位非常特殊。他们所带来的收入高于其他项目。橄榄球2005年刷新了其收入纪录，每个队的毛收入超过1500万美元（相当于篮球队的3倍），公立大学和私立非营利性大学之间有点差距。这两项运动项目的收入占所有运动项目总收入（2420万美元）的85%，每所学校2060万美元（男子篮球510万美元，橄榄球1550万美元）。当然，收入不等于利润，但是没有收入肯定没有利润。

从表13.1中可以看到级别Ⅰ的学校中，只有橄榄球和男子篮球盈利，其他的项目基本上没有盈利。尽管没有显示项目的细节，但是我们能够看出其他男子项目的亏损（除了冰上曲棍球，女子非竞技项目）。无论这些报告是否准确，其中所描述的营利性是一个重要问题，我们在后面将继续讨论。

级别ⅠA学校中除了橄榄球和男子篮球外的其他项目都是没有盈利，在级别Ⅲ的学校中同样存在，那些文理学院中不提供体育运动的奖学金。报告中包括橄榄球在内的所有项目都是亏损状态，只有男子篮球有些收入，平均每所学校每年不到2200美元（见表13.1）。根据学校的报告，整体情况包括如下几点：

·对学校来说橄榄球和男子篮球具有营利性，但这只适用于级别Ⅰ和级别ⅠA中的学校，级别Ⅲ的学校中只有男子篮球具有营利性。

·级别ⅠA学校中的其他男子项目都处于非盈利状态，除了小部分学校的冰上曲棍球项目。

·级别ⅠA学校和级别Ⅲ中的女子项目处于非盈利状态。

从中我们可以清晰地看出校际运动会在级别Ⅲ学校中的地位。虽然处于亏损状态，体育这项使命产品，仍然被作为全面教育的重要组成部分，即使盈利不足也具有价值。体育得到支持的原因与学术使命相似，即学校要提供一些非营利性的活动，就像只能招收到小部分的学生的人文课程、外语课程一样。包括校际运动会在内的活动还有利于学生群体的多元化。例如，橄榄球会使学校对男性学生更具吸引力，从而达到性别的平衡（Pennington 2006），这本身就是学校的使命。级别Ⅲ中的422所学校中，校际运动会并不能直接产生收益。而且，我们还发现校际运动会可以以间接的方式为学校带来收益。

当某个运动项目不属于收入产品，且承担着学术使命产品的任务时，级别Ⅲ学校的故事描绘了使命与财富之间的明晰关系。1996年春天，威廉姆斯学院女子长曲棍球项目就面临着一个难题：是应该允许球队参加NCAA级别Ⅲ的国家锦标赛，还是在家参加春季考试？尽管有一个12-0的成绩以及国家第二的排名，学校还是拒绝了邀请，让步于学术（Shulman and Bowen 2001，pp.xvi-xix）。怎么解释这种决定呢？

表13.1 NCAA分支级别Ⅰ和级别Ⅲ学校男子项目和女子项目的盈利状况，2005（美元）

	NCAA级别Ⅰ中的学校		NCAA级别Ⅲ中的学校	
	男子（1）	女子（2）	男子（3）	女子（4）
篮球	1,777,482	−1,104,506	2157	-4429
橄榄球	6,194,076	—	−19,075	—
其他项目	−1,730,639	−3,692,694	−4,446	−17,955
所有项目	6,240,919	−4,797,201	−21.364	−22.384

注："–"，没有运动队；"−"负数，也即亏损。
NCAA级别Ⅰ的橄榄球包括119所学校，男子篮球和女子篮球包括326所学校，但是由于没有海军学校和空军学校的数据，所以数量分别是117所和324所。NCAA级别Ⅲ包括396所学校。作者根据NCAA 2006年的名单（http://web1.ncaa.org/onelineDir/exec/divisionLising）对中等后教育办公室（Office of Postsecondary Education, OPE）的名单进行了调整。
数据来源：根据美国教育部、美国中等后教育办公室2007年的数据计算而来。

学院校长的决定是拒绝球队参加锦标赛，这种决策非常有争议，对队员来说是"非常公平的"。但是如果不是长曲棍球，而是能够盈利的橄榄球项目的话，争议就不会考虑财政问题。我们研究了威廉姆斯学院向NCAA提交的报告，发现其 2005 年的毛收入是 27,905 美元，但是成本是 93,654 美元，亏损 65,749 美元（美国教育部高等教育办公室 2007）。我们不知道球队参加国家比赛的成本及收入，但是其吸引力可想而知了。

人们可以推测出级别 I A 学校面临威廉姆斯学院的问题时，但不是长曲棍球而是能够带来收入的橄榄球或是男子篮球与期末考试发生冲突时，将会如何抉择。我们没发现相关资料，但是结果应该很明显。其中所涉及的问题虽然是主要问题，但不算什么原则性的问题。橄榄球比赛可以带来数百万美元的收入，远远高于长曲棍球的收入（Lederman 2006）。

营利性大学的体育运动

营利性大学不排斥校际运动会，当然有些学校会排斥。但是营利性大学不会面临营利和社会责任之间的矛盾。他们的目标就是增加收入。如果校际运动会可以为学校带来收入就参与。而且，只要门票收入可以超过成本，或是比赛有宣传效果，即使是在当地，只要能够吸引到付费的，学校不会关心某项运动是否能盈利。对学校来说，某项运动或是几项运动的亏损也能带来收益，因为这是一种"亏本出售的商品"。但是无论哪种情况，营利性学院都会避开确实无营利性的运动项目。

营利性学校几乎彻底避开校际运动会。美国教育部、国家教育统计中心（IPEDS）列出的 1345 所营利性大学（两年制和四年制）中，有 14 所，占 1% 的大学拥有所有项目的运动队；没有一所拥有多支队伍。他们参与的比赛都是与同一区域内与其相似的学校之间的比赛，一般没有 NCAA 的赞助，而是美国高级学院体育协会（National Junior College Athletic Association）的赞助。有所营利性学校，纽约的布拉里弗学院（Briarcliffe College），是 NCAA 成员，其报告称最近几年参加了四次校际运动会，报告中称每个项目都是亏损状态。在 14 所营利性学院中，只有 1 所学校拥有五个运动队，2 所学校称只有一个项目盈利。没有一所学校参与橄榄球和篮球项目。

布拉里弗学院每个项目都没有盈利的情况类似于 NCAA 级别 Ⅲ 中的非营利性学院，原因可能相似，即表面上非营利的项目之所以受到支持是因为它们能够吸引学生，进而带来学费。营利性学校没有参与橄榄球项目与今天的竞争环境有关，因为非级别 Ⅰ A 的学校很难在这个项目上盈利。

利润的计算：会计事务，第一部分

即使一项表面上非营利的项目确实不能盈利——损失也很有可能被运动会以其他方式对学校使命有贡献来化解。在 2006 年的秋天，哈佛大学和普林斯顿大学明确提出校际运动会对常春藤大学非常重要。他们宣称取消提前招生政策，并号召其他大学效仿他们，因为提前录取有利于经济条件好的学生。但是，学校做出了一个重要的决定：他们继续为运动员提供提前入学政策。对于学校来说这是非常必要的，因为其目的是"保持常春藤大学体育运动的竞争力"（Seward 2006，D2）。

非营利性的运动项目在宣传学校方面非常重要——这在大学给 NCAA 的财务报告中并未出现。这些运动项目与捐赠或学费等其他方面的收入完全不同，对大学的使命有直接贡献。将体育运动作为更多成绩的跳板是马萨诸塞大学董事会的新策略。2006 年底，该校在级别 Ⅰ AA 中的成绩使其晋升到级别 Ⅰ A 队列中，其体育运动委员会主席马修·卡琳（Matthew Carlin）承认这将为学校带来财政上的好运："没人认为我们从级别 Ⅰ A 橄榄球中获得收入可以支持其他项目，但是我们决定强化学校的品牌，我们认为橄榄球方面的杰出表现能够帮我们实现目的。"（Hohler 2006）。我们在第十章讨论了体育运动"免费宣传"的效果，在本章的后面我们将继续讨论这一问题。

任何运动项目对学校的贡献都比表面所看到的要复杂。大学和学院向 NCAA 提交的报告中所提及的内容也比我们所看到的要少。所报告的成本、收入、营利性都是依赖于会计工作中的神秘和技巧——但事实并非如此。事实应该以特定项目的"成本"或"收益"来计算吗？当学校报告中提到特定项目所"带来"的成本或收入是什么意思呢？问题的答案只是说明了某个体育运动队盈利与否。但是结果发现所谓的收入和收益并不是任何单个项目的贡献，而是总体的贡献，正如我们后面所提到的，无论单个项目是否盈利，所有的项目聚集起来可以产生巨大的作用。在我们所考察的一所学校里，其2005年的总成本超过了每个项目成本的总和：330万美元对270万美元。没有细化的收入也高于细化后的收入：480万美元对120万美元。

没有细化的成本包括相关部门负责人、助理的行政费用，员工的费用，设备和供给费用，学术顾问的费用等。从收入的角度看也有未细化的总和：捐赠基金中针对体育运动的部分，企业赞助，橄榄球或篮球计分板上的广告，学校核心管理部门为运动员提供的奖学金等。因此会计工作中确定某项运动项目的盈利额度的过程很重要，因为这取决于具体某项体育运动的收入、支出的构成。例如，运动员奖学金是每个运动队的成本，但是在报告中每个运动队的收入并不包括企业赞助，这是通用的做法，因此某项运动项目的收入要低于细化后的收益。如果企业赞助商受到目标橄榄球队或男子篮球队的影响，但是其赞助收入不属于这些运动，那么这不仅低估了球队的收入及营利性，而且使其收入低于其他项目。

成本和收益的细化问题比较普遍。级别ⅠA中的大学在报告中称其总收入的29%、支出中的37%是未细化的——没有细化到每一个项目。级别Ⅲ中的学校报告称其40%的收入、1/3的支出是未细化的（根据美国教育部高等教育办公室2007年的数据计算而来）。

学校使命的模糊性以及体育运动的作用

如果学校使命较为模糊，那么在体育运动和学术成功之间进行选择就比较容易。但事实并非如此。学校橄榄球或篮球方面的成功所带来的收入如何推进学校的使命尚不明确。

问题的根本在于使命的模糊性。私人企业的成功依赖于其获得利润的能力，尽管这种描述不是完全清晰，但是相对来说较为明确，容易测量。但是公立大学或私立非营利性大学向收入踏步时，很难确定其是否更像私人企业一样追逐利润，或是在这个过程中走向了其他的方向。如果大学绕过招募限制的界限，接受了那些无法完成学业的运动员学生，如果要求教师和行政人员在评分时照顾运动员，那么学校受到的利益驱动还是更愿意进行运动员教育的问题将备受争议。公立大学或私立非营利性大学的使命比追求利润要宽广得多，但是两项活动之间的界限非常模糊。

结果不同，所以选择不同

当决策的结果不同时，学校的选择就会不同。在强调财政的影响时，我们没有对学校的行为进行评价，而是展示了两所学校面临同样的问题但不同结果时，他们是如何选择的。2006年，杜克大学曲棍球面临性侵犯诉讼时，大学校长在调查开始时取消了曲棍球队那个赛季的比赛（Wilson and Barstow 2007）。如果这件事针对的是杜克大学有名且收入颇丰的男子篮球时，还会这么决定吗？杜克大学最近关于男子曲棍球和篮球收入的数据可以验证这一问题。如果大学提交给 NCAA 的报告非常认真的话，杜克大学的男子篮球收入非常高，2005—2006年收入近500万美元，男子曲棍球没什么收入，且亏损90万美元；女子篮球和曲棍球也没有带来什么收入（美国教育部，高等教育办公室 2007）。

运动员的多重选择：取胜，挣钱，为学生运动员授予学位

因为大学的使命比较复杂模糊，因此确定某些项目而非资金流通的成功是个重大的挑战，就像确定运动员对于成功的贡献一样。对大学和学院来说，公立的或私立非营利性的，其目标与私人企业不同，后者的成功就是使股东的资产增值。

但是，构成学校成功的一个部分肯定是教育性的。所有使命的教育元

素——包括基础研究、博士培养、地方经济发展、社区教育等——意味着学校体育运动承担着两个角色：体育角色和学术角色。

将运动员称为学生运动员反映了其双重角色。但是，这并不是可以用一种十分明确、清晰的方式衡量两个元素的成功。两种角色并不是要在两者之间进行权衡，两种角色是否成功的衡量方式是等同的。这里就涉及到了奖励问题：与运动员的学业相比，当运动队取得成就时，学校应该给予什么形式的奖励，奖金还是其他形式？

理想的状态是运动场上的良好表现不以牺牲学生运动员在教室里的学习为代价。但是基于时间和精力的限制，这种观点并不适用于学生运动员、教练或是学校。某一个领域内的成就需要其他方面的牺牲。学校能够接受的最大牺牲就是学校所面临的挑战——学生运动员也一样。

学生运动员的毕业率和 GPA 成绩

NCAA 越来越关注毕业率。这其中隐含着一个观点，至少是一个希望，即学生运动员的表现不应该损害其学习成绩及学位。因为只有少数的学生运动员能达到专业水平，毕业对学校和学生运动员来说似乎是一个有用的指数。

考察学生运动员的毕业率时，我们发现我们的二元观点（使命和财富）提供了一个很好的视角。在橄榄球项目和男子篮球项目中，级别ⅠA 的一些学校目的是在大型赛事中获得收入。级别Ⅲ中的学校，倾向于放弃大型赛事，包括橄榄球和篮球；他们不为运动员提供奖学金，不参与橄榄球比赛，主要依赖于非体育运动渠道收入支持学校的学术使命以及非核心的体育运动。当涉及学生录取政策时，级别Ⅰ（或者级别ⅠA）的学校有时候需要在高水平学生以及能挣钱的运动员之间进行选择。最终的毕业率可以告诉我们一个事实：橄榄球、男子篮球六年的毕业率与非运动员学生的差别很大：橄榄球比全体学生低 10%，篮球更低，尽管篮球的差距逐步缩小（如图 13.1 所示）。1999年篮球运动员的毕业率上升很快，篮球队员、足球队员以及全体学生的毕业率增长趋势相似。这种变化的原因不得而知。

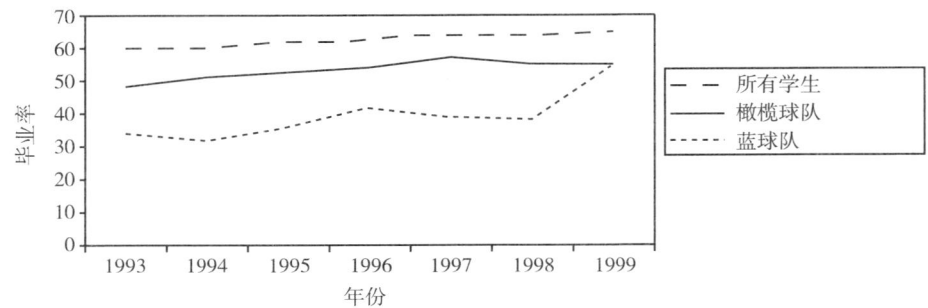

图 13.1 NCAA 级别 I 六年的毕业率，1933—1999，包括橄榄球队、篮球队以及所有学生

注：毕业率中的学生是指六年间就读于这些学校并从该校毕业的学生。只有那些作为新生入学的学生运动员，获得了相关补助，并从学校毕业，才适用于该统计。

数据来源：NCAA 2007。

这种比较不适用于级别Ⅲ中的学校。尽管在这些学校中，学生运动员与其他学生的毕业率似乎没什么差别，但是结果还有待于检验。来自于级别Ⅰ中学校的运动项目资料中，不包括橄榄球和篮球，这些项目是没有收入的项目。级别Ⅰ与级别Ⅲ学校中的体育运动比较相似，都没有收入。我们发现这些体育运动的毕业率与所有的男生毕业率没有什么差别，最近几年的毕业率都比较高。

所谓"学生运动员"中的"学生"很早就受到质疑。芝加哥大学校长罗伯特·梅纳德·赫钦斯（Robert Maynard Hutchins）1938年时曾评价说："在很多美国大学中，一个男孩可能有12篇文章获奖，但却一篇也不会写。"（Hutchins，p.73）级别Ⅰ和级别ⅠA学校中橄榄球运动员和篮球运动员的低毕业率令人担忧，包括NCAA。运动员学业方面欠缺，无论其在赛场上有多成功或是其所在运动队有多成功，"学生运动员"学术和运动两个方面的分裂备受公众关注。

学生运动员毕业率的不断提高

学业成就的标志是学生运动员的高毕业率,达到这一目标的成本是什么?资金方面还是其他方面的成本?当学校将这些运动作为学校的使命以及创收机会时,如何衡量橄榄球运动员和篮球运动员毕业率的上涨对学校的影响呢?这都要依赖于学校提高橄榄球运动员和篮球运动员毕业率的具体做法。

下面是级别Ⅰ和级别ⅠA学校为提高其运动员毕业率所采取的方法——这些非常关键。我们的目标不是呈现大学的计划,而是其所能做的事情,效果如何,以及学校决策的相关资料:

(1)在招募运动员时,学校可以更多的关注运动员的学术能力以及毕业的可能性,拒绝招收能力差的学生,不管其运动天赋如何出色。NCAA最近采取了一些措施来规范这些学校,这些学校2006年以前篮球运动员的成绩非常差,但是获得了级别Ⅰ的学校资格。[①]图13.1中的毕业率显示出级别Ⅰ和级别ⅠA学校足球、男子篮球运动员在学术和运动方面的表现;他们基于各种原因接受那些能力差的学生,这些学生较能力强的学生更难毕业(这些数据没有显示其毕业率低于其他项目男子运动员毕业率)。学校可以做出不同的选择,招收那些运动能力差但是在学业上可以过关,能够毕业的橄榄球和篮球运动员。

为了推动这种转变,大学可以鼓励橄榄球和篮球教练在招募运动员时关注运动员的毕业问题。教练们的奖金将与毕业率挂钩,这将鼓励教练选择更可能毕业的运动员,关注他们的学习和毕业问题。在之后的章节中,我们将通过资料分析橄榄球教练这方面的导向。

(2)一所学校也可以不再招收学业成绩较差的学生,即所谓的"特招"。NCAA允许特招,一些学校可以通过这个政策招收一些杰出的运动员。加州大学2003—2006年中运动员奖学金的70%都是给予这些特招的学

---

① 参见 Farrey2002;Schlabach 2006;Thamel 2006a,2007;Thamel and Wilson 2005;and Wilson 2006。

生,只有 3% 的非运动员学生获得了这个奖学金(Schrotenboer 2006)。

(3)一旦学生获得运动员奖学金,学校将会限制其训练的时间,督促其更多的关注学习。学校可以这样做,但是要看结果。一所学校将重点从运动领域的取胜转向学业成就可能会发现好的运动员不再申请这所学校,而转向其他学校。南伯明翰学院就是这样错失了学生运动员;其在 2006 年从级别Ⅰ转向级别Ⅲ,致使其 12 名篮球运动员中,有 9 名运动员离开学校,学校被迫取消了 2006—2007 赛季的比赛(Perrin 2006)。作为一所小型的文理学院,南伯明翰学院决定归属级别Ⅲ,强调学业以及业余方面运动员(Inside Higher Ed 2006c)。与之相似,曼斯菲尔德大学自从 1891 年开始就参与校际橄榄球赛,但是 2006—2007 年后取消比赛,因为其无法承受持续的竞争,因为其大部分球员因为无法毕业都转去那些能够继续参与橄榄球的学校了(Inside Higher Ed 2006b)。

(4)学校可以为学生运动员提供更多学习辅导的资源,提高其学业成绩以及毕业率。事实上,最近几年,学校已经在运动员的辅导中心和项目上花费了数百万美元。根据 NCAA 的数据,级别Ⅰ的运动员学业支持项目每年花费至少 1.5 亿美元(Thamel 2006b)。2001 年起,东南会议(Southeastern Conference)中的 12 所学校中有 11 所学校建立了运动员学习中心,每个中心的改建(弗罗里达大学)费用是 30 万美元,建立一个新的中心的费用是 150 万美元(路易斯安那州立大学)。

即使这些学术中心在本质上也具有竞争性,阿拉巴马大学前 NCAA 代表基恩·马什(Gene Marsh)教授说:"看起来像我的泰姬陵与你的泰姬陵在攀比,这已经变成了招募条件,但是很快就消失了。就像大男孩的扑克游戏——你有一个 620 万美元的学习中心,我们即将有一个 630 万美元的学习中心。"(Melick 2006)。这种学习中心是否有效,或是比大学竞相为运动员提供的免费支持有效,尚不明确。

(5)学校可以为运动员顺利毕业提供方便,即使其只对运动感兴趣。此外还要为有能力的学生提供运动员奖学金,即使这些学生并非是非常有前途的运动员,但是他们能够提高毕业率。可以设置专门的课程为他们提供学分，例如老师愿意为学生提供帮助。奥伯恩大学（Auburn Univeristy）就是这样做的。2006年，一个社会学教授在一个学期里开设了152门一对一的课程，大部分学生是运动员。这位教授还为他们更改了成绩，至少使每个运动员GPA的成绩达到2.0分（Thamel 2006c）。虽然学校不能容忍这种行为，但这些行为都标志着学生运动员较低的学术标准，即使学校似乎对其学业成绩的评价有所提升。

在评价学生运动员学业水平时，毕业率是一个很好的标准吗？

如果是基于低标准，那么毕业率并不是衡量学生运动员学业成绩的有效标准。将毕业率作为学业表现的关键指标，为学校带来一种有利的、可预见的、令人惊讶的也很麻烦的影响。NCAA用毕业与否来评价学生运动员的学业水平，用高辍学率来惩罚学校是一种危险的、欲速则不达的方法。问题在于毕业率的奖励力度越大，标准可能越无效。基于没有毕业的百分比来惩罚学校，收取罚金——很少有人能够原谅NCAA的这种做法。当学校因为运动员没有毕业而面临惩罚时：

· 影响学校招生的动机。辍学率的惩罚力度越大——也就是对学生没有毕业情况的惩罚严重——学校避免此情况发生、招收学业成绩过关的学生的动机越强，一般是招收少数民族或是移民。为了避免因为低毕业率遭受惩罚，学校会招收那些可能毕业的学生，减少那些高风险学生的入学机会。

· 留住学生运动员的动机。如果一名运动员没有毕业，学校将会面临着严重的惩罚，一旦学生入学，学校就要尽力留住，即使是降低毕业要求。并不是每所学校都会以同样的方式回应这些需求，但是对成功（毕业）的表彰力度越大，对失败的惩罚力度越重，学校寻求低成本方式培养学生运动员毕业的动力越大，因为毕业意味着学习完成了，不管学生是否是真的完成了学业。

2004年，NCAA认识到关于大学体育运动的批评，尤其是级别Ⅰ以及级别ⅠA学校中的橄榄球和篮球，承认学校已经丢失了其学术目标，于是采取了新的方式来缩减运动员与其他学生在毕业率之间的差距。新的方式基于如下考虑：惩罚运动员成绩低的学校，降低其运动员奖学金；奖学金是学校培养运动明星的基础。当学校六年的毕业率低于临界值 925 分时，即相当于毕业率低于 50% 时，其奖学金的数量将被削减（NCAA 2005）。但是，学校获得的奖励分数可以抵消老运动员回到学校时受到的惩罚，即使这些运动员几十年之后才能完成学位。这些惩罚和奖励是否有效，这些学校是否能够完成目标都是问题。这些问题不是简单的学术讨论；这可能是学习评价的问题，但是这个问题比学生毕业难得多。当学校回应财政的刺激时，这些标准将会失去效果，毕业的内涵也可能因此变化。新的 NCAA 奖惩措施的效果还有待考虑，但是这些政策对学校的影响令人担忧。

这里还有更多的问题。新的政策会使学校努力招收之前的运动员，让他们返校完成学位吗？答案是肯定的，因为学校已经在这样做了（McCormack 2006）。但是哪些学生返校了？哪些学生没有返校呢？他们这样做的成本是多少？之前运动员返校后是否可以毕业？学校会用什么作为诱因，经费补助还是其他的？如果没有经费补助，这些诱因能够将他们留在学校吗？即使这意味着他们不能参加运动、必须专心学业？

这些问题无法很快给出答案，包括学校使命的复杂性，体育运动的抉择，以及将毕业率作为目标进行奖惩这种做法的危险性等问题。总而言之，新的政策目的在于提高毕业率、召回那些辍学的运动员，即使很多年以后，新的政策下学校的统计数据可能很漂亮，但是对学术目标来说实际上没有什么作为。

计划外结果的法则

提高运动员毕业率的一种方式是让毕业更容易一些。当用毕业率这样的数字化标准来衡量成功与否时，例如校际体育运动会、卫生保健、警察工作等，意外结果的法则将会起作用。很有可能虽然成功了，但是实际上并未成功。的确，通过改变法则、运用一些评价技巧，而不是迫使体育教练或其他参与者采取专门的招募措施，就可以很容易、很省钱地达到目的。在体育运动中，设计一个更宽松的、需求较少、且毕业条件容易的专业，比通过苛刻条件提高运动员质量进而提高毕业率要容易得多。让运动员转移注意力，将时间从运动方面转向学业方面非常困难，尽管对非运动员来说削减娱乐时间增加学习时间很容易。尽管毕业率的提升不代表教育目标的达成，但是提高升学率要比提高教育质量容易得多。

大学和学院对压力的回应——不仅是级别Ⅰ中的体育运动——存在于所有的行业里。任何一个组织都努力减少惩罚，包括体育奖学金的损失，"较低"的毕业率，无论公立机构还是私立机构都要面临这些问题。在一个充斥竞争的环境里，所有的选择都有弊端，但是学校和运动员仍然有所选择。

如果重点是提高运动员的学业成绩和毕业率，这里有三个关键的问题要考虑：

1. 在特定时间内测量毕业率的变化，例如六年，相对来说比较容易，因为只是基于完成的课程和学分来衡量注册率和合格率。

2. 根据毕业来衡量学生学习的变化非常难。

3. 参照学业标准而非运动标准，会使提高毕业率的成本小于维持或提升学术和运动水平的成本。

我们的结论是：运动员在赛场上的成功对学校来说很重要，通过来自NCAA或其他外部机构的压力提高升学率，或是通过一些比较简单的统计提高成绩，将会带来两种结果。简单统计所反映出来的成绩将会有所提升，但是这只适用于那些不用复杂评价的成果，例如整体"学习水平"的提高。在这个过程中，成功的衡量很简单，但是其他的方面就不那么容易了。因此如何来衡量学生运动员"表现"的问题尚未解决。

关于学生辍学率的关注不断上升，不仅是级别Ⅰ中的学校，也不仅是橄榄球项目和男子篮球项目。的确，凤凰城大学现在面临着"低"毕业率的压力，这其实与体育运动没有关系（Dillon 2007）。最近成立的学院运动工程（College Sports Project）[由安德鲁 W. 梅隆基金会（Andrew W. Mellon）和级别Ⅲ中的130所学校发起的]将学生运动员的成绩，包括毕业率在内，与级别Ⅲ学校中其他的学生进行了对比（学院体育工程2007）。美国教育部和国会也开始关注高等教育机构的毕业率。在一次教育、商务、慈善领导者峰会上，未来高等教育2006委员会的讨论中，一开始就"警告说如果毕业率不提高将会带来一场灾难"（Field 2007b）。在德克萨斯，地方长官里克·帕瑞（Rick Perry）通过了一项关于教育预算的提议，其中将大学经费与毕业率联系在一起，为学校拨款1亿美元（Fischer 2007;Ratcliffe and Fikac 2007）。所有这些领域——级别Ⅰ学校中的橄榄球和篮球，Ⅲ的运动项目，以及高等教育整体——都存在如何评价学业表现、如何促进真正的成功而非统计上的成功这些问题。

评价运动员毕业率的方法并不是我们想象的那么简单。NCAA对学生运动员辍学率收取罚金很敏感，尤其是橄榄球运动员和男子篮球运动员，他们开发了一套评价毕业率的手段（毕业成就率，Graduation Success Rate，GSR），其可以反映出更好学生的学业成绩，与联邦政府的方法有所不同。例如佛罗里达大学，其1997—1998年和2000—2001年两个年度的男子篮球、橄榄球、棒球的联邦毕业率和GSR是不同的。男子篮球的GSR是100%，但是联邦政府的测量结果只有67%。橄榄球的差别更大，NCAA的测量结果是72%，但是联邦政府的测量结果只有35%。垒球的GSR测量结果是71%，而联邦的结果则只有26%（NCAA 2008）。

当多重目标，例如运动成绩、运动员学业表现等同时存在时，业绩的多重指标，尤其是这些指标与简单的评价完全不同时，简单指标下的成功将会误导整体的成功。

这涉及到道德问题。当一所大学在通过运动或其他领域获得收入，以及从学术使命中退出一小步之间进行选择时，金钱取得了最后的胜利。对学校来说，在从橄榄球和篮球中获得收入，以及获得更好的学业成就之间的选择已经消失了。

收入产品，使命产品，以及对性别平等的回应

1972年，针对1964年的《民权法案》（第Ⅸ条）的教育修正案中，关于校际运动会中"性别平等"的规定是另一个计划外结果法则方面的例子。第Ⅸ条需要校际运动会中为男女提供平等的机会，否则学校会遭受惩罚，最终失去联邦政府的支持，包括体育运动、研究、学生贷款等。如果一所学校女性学生参与校际体育运动的机会与男性平等，那么就达到了第Ⅸ条的要求。尽管行政规则确实具有弹性，但是没有哪所学校因此受到极端的惩罚，即取消所有联邦资助。

最根本的问题是级别IA学校中的橄榄球。橄榄球只有男性参与，球队的规模比任何项目都大。因此，对遵从第Ⅸ条款的学校来说，拥有橄榄球队意味着其他项目中的女性人数规模要更大一些。而且其他的项目很多都是非营利性的，拥有更多的女性则意味着更多的亏损。

底限是：因为第Ⅸ条款，拥有一支橄榄球队意味着学校必须增加体育运动中的女性比例。这就降低了橄榄球在资金方面的吸引力。对一些学校来说，只能取消橄榄球，或是离开分支级别IA，加入到其他竞争力较弱、成本较低的级别。

尽量避开使命与财富之间的两难选择

大学的体育管理人员都会否定橄榄球和篮球的创收因素与学校高尚而模糊的社会使命之间的冲突。的确，校际运动会的收入与使命之间没有冲突的观点广受肯定。

前十会谈（Big Ten Conference）的委员长吉米·德兰尼（Jim Delaney）在2006签署建立前十网络的20年协议，这个网络的目的是展示前十运动虽然受资金驱动，但有利可图。它"为大学提供了更多的机会……以CBS、ABC、ESPN所无法采用的方式"（Aandomir 2006）。新的网络每年为会员

学校创收大概 700 万美元（Baptist 2007; Witosky 2007）。

NCAA 的主席米勒斯·布兰德（Myles Brand）在 2006 年 1 月 7 日说得更为坦白："体育运动，对大学来说，就是寻求收益最大化的途径。"他还说："大学的体育运动并非是邪恶的，相反，它可能是大学事业的一部分。"这种说法是否意指大学体育运动是学校使命的一部分值得追求，即使需要为此付出代价，答案不得而知。NCAA 的主席承认："这件事有些矛盾。在某种程度上说，NCAA 参与商业活动不太合适，不太正确。"但是，他也强调说："体育运动部门需要收入"。（Brand 2006）

体育运动"需要"收入

关于体育运动部门"需要"收入的说法正确，但是也会误导人。不仅体育运动部门"需要"钱，大学的每项活动都需要钱。在第四章中提到，如果没有收入，大学无法提供任何使命产品。

然而，这并不是说学校的每项具体活动都有专门的经费。不能说网球队的经费应该来自橄榄球队，比起说只有少数学生的院系需要其他部门的经费支持需要更多的理由。经费有其来源，支出有其目的。无论收入的来源是什么——不管是橄榄球门票收入、学费、校友或企业捐资、专利收入，还是其他——都可以支持任何活动。有些大学活动是营利性的，有些不是，对生产多重产品的组织来说，定义某项活动是否属于营利性是一个挑战。（高等教育以外也有类似的组织，例如医院，其任何一项活动的营利性都很复杂，因为其中的成本都"混合"的——对很多活动都是有益的——因此只是一些活动取消时，对成本的影响很小）

简单来说，金钱是可以取代的。大学或学院可以用收入来做任何推进使命发展的事情，直接的或间接的。收入，无论其来源如何，都可以用来聘用更多的教师，扩充筹资办公室或技术转化办公室的队伍，以及管理学校捐赠基金的配套设施，举办一些小型但成本高的本科生研究研讨会，举行一些非营利性的运动会等。因为其可取代性，所以学校体育运动部门资助非营利性的项目不需要什么理由,而体育运动部门也允许使用某些项目的经费来支持其他项目。如果参与某项校际体育运动会是学校使命的一部分——与哲学、经济学、生物化学的教学一样——那么体育运动应该与这些活动来竞争学校仅有的那些资源。只是因为橄榄球队能够产生收入,绝不意味着这些收入应该服务于非营利性体育运动,而非其他的非营利性的活动。

体育运动与其他活动之间经费的竞争发生在 NCAA 级别 Ⅲ 的学校中,其没有运动员奖学金,而且如之前所分析的一样,每一项校际体育运动都是非营利性的。当体育运动队并非收入的来源,且因为是学校使命的一部分而需要支持时,体育运动的支出不仅由体育运动的收入决定,还受制于学校的其他活动、学校所有的资源以及其所面对的竞争。

无论学校属于哪种类别,无论所有的体育运动盈利与否,金钱的可替代性意味着任何来源的收入,无论是体育运动还是其他来源,都要用来支持使命或能够产生收入的活动。因为任何使命产品活动的支出都不受制于特定来源的收入。级别 IA 中的学校能够盈利的橄榄球队可以资助一项非营利性的体育活动,也可以资助学校的其他活动。因此,圣母大学校长宣称 2006 年乐事杯(Tostitos Fiesta Bowl)收入的 1450 万美元将"用于本科生助学金、图书购置及科研设备"(Storin 2005)。俄亥俄州立大学体育运动的负责人宣称大学前十网络中获得的 100 万美元将"捐给学校的图书馆"(Baptist 2007)。但是学校不需要去要求体育运动部门如何有效的支配收入。将所有的校际体育运动作为一项自我资助且主要依赖于学校的其他活动的事业,这种观点是不正确的。

体育运动与学校的其他活动在经费上是不可分割的

在生活游戏(The Game Of Life)中,有一项关于大型体育运动赛事创收能力的研究,詹姆斯·熟尔曼(James Shulman)和威廉姆·G.博文(William G.Bowen)研究了 30 所大型一流大学体育运动的创收能力,最后集中研究一所橄榄球和男子篮球创收能力很强的公立大学——密歇根大学。

将创收能力较强的橄榄球队和篮球队与其他非营利性的项目放在一起（数据来自 NCAA），研究发现令人惊讶。尽管 1998—1999 年对该校的橄榄球、男子曲棍球、女子篮球、男子体操来说是具有标志性的一年，但是学校报告说损失了 280 万美元。他们提出了这个具有讽刺性的问题："哪个学校期望体育运动生产运动知识呢？"（Shulman and Bowen 2001，p.xv）

然而，他们创收能力强的橄榄球、男子篮球的收入产品事业与非营利性、使命性质的体育活动放在一起，得出了悲观的结论：体育运动不赚钱。但是，整体上缺乏创收能力并不奇怪，这是必然的结果。

有些人会为发现一所大学所有的活动没有创收而惊讶，且大部分的活动都是非体育方面的。很显然，学校的营利性活动在资助着非营利性活动。但是有时候也会发现体育运动没有创收似乎看起来具有新闻价值。前面我们提到级别 IA 的学校里，有些体育项目能够创收，其他的则不能。对学校来说确实如此：一些活动和项目能创收，其他则不能。所以当创收的活动和非营利性的活动合并在一起，结果没有净收入，比起非体育类活动合并在一起没有净收入更让人惊讶。事实是大学的一些活动（收入产品）的收入用来自其他的活动（非营利性的使命产品）。

如果大学将体育运动作为一个独立部门，体育运动部门保留其收入，自由支配，那么学校则是建立了一个不幸的、浪费型的激励机制。例如，当学校参加一项主要的橄榄球赛时，获得了数百万美元的收入，可能会导致收入花费在奢侈的住宿、餐饮、行程上，不仅包括球队的队员，还包括大批学校的其他人员和行政人员。2007 年 1 月，俄亥俄州立大学用两架喷气式飞机带着 319 人参加橄榄球国家联赛，学校为其中的 151 人付费，大部分是董事、教师和行政人员，花费超过 30 万美元。以往大学还需要为地方和州的官员买单，但是 1993 年已经停止了这种做法（Gray 2007）。

将橄榄球和男子篮球的收入作为"体育运动部门的钱"，助长了这种想法和支出行为。从大学的视角看将会认可非体育运动的活动使用这些资源。很少有人认为大学的发展办公室（另一个创收的部门）以所收到的数百万美元捐赠资助其办公室人员、学校其他管理者长达一周的假期，公立大学还会资助政府官员，是一种合适的行为。无论何种情况，从大学的视角看只有能够明智地使用营利性活动所带来的收入，大学的使命的非营利性因素才能得到维持。

内部报告中的体育收入和亏损：会计事务，第二部分

直到现在，我们依旧采用的是学校内部报告中的体育收入和支出数据，尽管这些数据有诸种局限性。现在我们来看看这些报告中所未包含的内容。如果这些数据报告给 NCAA 以及联邦政府，结果将会如何？

体育运动对大学的贡献不同于对特定体育运动或整个体育项目的贡献

会计关系到某些体育运动项目或所有的体育运动项目对学校的贡献。尽管"体育运动"并非指某一特定的项目，但是我们讨论的收入与支出的问题是指未分配的收入和支出。这样做可能会改变某一项目的创收能力或非营利性。但是，其中某些收入肯定来自橄榄球或男子篮球，所以报告中这些项目的创收能力可能存在系统性错误，虽然这是否能够被理解或是被夸大尚不明确。

如果一所学校在体育运动方面很成功，尤其是橄榄球或男子篮球，学校非体育部门的捐赠会因此增加（尽管在第六章我们并没有发现确切的证据），那么传统的报告肯定会夸大这些体育运动的总收入，强调来自体育运动部门的流动资金。西北大学橄榄球参加 1996 年 1 月（Rose Bowl）的比赛被学校认为是其当年学生申请人数上涨 21% 的重要原因（William Hayward，pers.com）。这种成绩看起来与体育无关，更不要说橄榄球了，但是在会计统计中则会有关系。

来自标识的收入

体育运动可以为学校创收的另一个途径是体育运动队的吉祥物,这并不属于体育运动部门。越来越多的学校从吉祥物、其他注册商标或颜色中创收——一般与橄榄球和篮球有关——这能产生实质性的收入。但是在报告中不会将此作为体育运动的收入。毫无疑问标识的流行来自体育运动,尤其是橄榄球、男子篮球,例如南加州大学骑在马背上的特洛伊人,杜克大学的蓝色撒旦。但是这些学校的橄榄球队和篮球队每年并不会像其标识那样为学校带来数百万美元的收入。2005—2006 年,威斯康星大学从其版权交易中收入 200 万美元。有 400 多家公司获得出售威斯康星标识的特权,从"狗的衣服到挡风玻璃冰雪铲,从橡皮鸭到马桶垫",尽管"学校官方拒绝用在骨灰盒上,但是有些学校支持这种做法"(Price 2007)。对于整个学校来说,2005 年这一收入高达 2.03 亿美元(International Licensing Industry Merchandisers' Association 2006)。

如果我们将标识许可收入作为学校橄榄球队或足球队的贡献,虽然并没有记录,我们估计这两个项目的营利性高于 NCAA 报告中所呈现的结果。在 2005—2006 年,德克萨斯大学在级别 IA 学校的国家橄榄球赛中获胜,其标识许可的收入高达 820 万美元(Brown 2006)。德克萨斯联邦资助的限额分别是橄榄球 4240 万美元、篮球 660 万美元,一共 4900 万美元,但是如果标识许可的收入来自这两个项目的话,其创收额度会增加 16.7%。

并非所有的体育运动支出都属于学校的运营成本范畴

毫无疑问,支出就是成本,不管是花在什么地方。学校一个部门向另一个部门支付费用有点像把钱从一个口袋放到另一个口袋——本身没有什么效果。因此,如果一所大学决定向体育运动部门的设施、场馆、办公室等收费,或是向橄榄球或篮球队征税,然后缴纳给学校的行政部门,从商业的角度看是创收,大学可以把体育运动部门的创收从一个口袋里转到另一个口袋。这种现象在大型组织中很常见,但是经过操作以后可以影响到各个部门的表面利润率。

即使体育部门聘用了一个老师,但其成本可能不属于某个项目。例如,西北大学就是如此。因为橄榄球的规模比其他项目都大,即使橄榄球与其他项目一样需要老师,如果其顾问服务的费用没有纳入成本的话,那么其利润率就会被夸大。

这些会计操作很难知晓。运动员的学习辅导并不是个小事。格鲁吉亚大学 600 名体育运动员的学习辅导预算是 130 万美元,与全校 25,000 名本科生的学习项目预算一样(Thamel 2006b)。平均来看,每名运动员的学习辅导成本是非运动员学生的 40 倍。运动员学习辅导的成本计算,主要体现在橄榄球队员身上(其预算占全部运动员预算的 15% 以上),不仅是技术细节上的操作,但是每所学校有自己的算法,这种算法会影响到每个体育项目所报告的利润率。

"免费广告"的现象

任何体育运动的创收能力都要基于其对学校使命的推进作用。无论使命多么模糊,毫无疑问,门票、与商业电台之间的合同、比赛等的收入,以及体育运动的净支出,一般来自橄榄球或是男子篮球。此外,大型橄榄球和男子篮球赛事是"免费广告"的主要来源,这种收入来自 NCAA 报告之外的途径。

在私立部门,通过广告获得收益的想法很普遍。在高等教育也一样,尽管这个领域并非由私人企业主导,而是由公立院校或私立非营利性院校主导,但是这些院校也在努力获得竞争优势,热衷于广告。学校通过宣传自己的质量来吸引学生和捐赠人。尽管学校支付广告费用的做法非常普遍——即使哈佛大学也为其暑期班做广告——但是有种广告形式经常被忽略。这就是学习通过其橄榄球队、篮球队,或是教师的科学研究、著作、成就的宣传来做广告。体育运动的成就在媒体对学校的关注中占据一半,相关的文章所带来的捐赠以及学生申请人数增长我们在第六章和第十章中已经讨论过了。

看似技术性的会计规则确实存在很多问题。这就导致对某个体育项目甚至所有体育项目创收数据的很多误解。总体来说，关于体育运动利润的计算方法有各种缺陷，主要包括：

·大学的收入，而非"体育的收入"。"免费广告"以及标识许可的收入，降低了大学橄榄球、篮球真实收入。

·体育运动的支出不应该计算在内，因为即使没有体育队大学也存在这些支出。运动员奖学金是助学金的一部分，如果没有体育项目，这些奖学金将会给予非运动员，这就夸大了学校体育运动的成本。

·运动员的收入并非属于学校，因为如果不存在体育运动队，这些收入可以以其他形式获得。这些问题很难说清楚，例如体育运动方面的捐赠，如果没有某些运动队，这些捐赠可以基于其他目的赠予学校。这些捐赠可能成为运动员的收入，但不会为大学增加收入。

·体育运动的支出与收入，一般不是指某项运动，即使除了该运动之外没有什么收入和支出。这不会影响整个体育运动的创收能力，但是会影响到单个项目的创收能力。例如，来自企业赞助的收入一般是由于橄榄球和男子篮球的项目，但是这些收入不会拨给这些项目，而是作为"未分配的"收入，这样这些项目的收入就会减少。与此相似，从成本的角度看，体育运动部门行政办公室的成本一般不按运动项目分配，即使其是主要用于这两项主要的体育运动。职员追踪运动员学业表现、提供建议、处理市场问题以及媒体服务都与橄榄球和男子篮球有关。

会计工作对某项运动的创收能力具有重要影响。诸多没有分配的成本和收入，大概占总数的 30%—40%，对每项体育项目所报告的利润或亏损都有重要影响，这就导致向 NCAA 以及联邦政府提交的财务报告令人质疑。

会计工作的最后一个词：体育奖学金的"成本"

在级别 IA 的 119 所学校中，对于极具竞争力的橄榄球来说，运动员奖学金是一个主要的招募手段。这也是学校所报告的主要成本——2005—2006

年平均是570万美元（根据美国教育部、高等教育办公室2007年的数据计算而得）。这些成本计算和报告的过程相当复杂。

全额运动员奖学金，统计中一般视为针对于学费的成本。尽管这种方法容易实施，但是作为大学成本的计算方式则是有问题的，尤其是在私立非营利性大学里，公立大学这种情况少一些。问题并非是如何计算学校的全部学费，而是学校的运动员奖学金较少时，学校将获得多少额外的学费收入。

如果学生的整体规模不变，运动员奖学金替换为非运动员的学费，学校获得的就是全部学费。这样来看，向体育运动部门收取全额学费来支持奖学金的做法是正确的。但是从另一个角度看，如果运动员奖学金整体数量的下降会伴随着非体育奖学金的数量的上升，或是体育奖学金补助的下降没有影响到非体育生源的招收，那么基于奖学金的学费收入可能近乎为零。如果获得全额奖学金的运动员人数很少，那么学费的实际收入则需要根据支付全额学费的学生数量来确定。问题的解决并非如此简单，但是这其中没有什么理由可以让人信服，除非进行极端的假设：运动员奖学金的下降将会带来同等额度的学费收入。目前的会计工作夸大了运动员奖学金的成本。这个过程中，他们夸大了成本以及体育项目的收入和损失。

结论

校际运动会在美国高等教育中扮演着一个复杂的角色。在我们看来，总结大学和学院体育运动方面的决策既不精确，也没有用。在某些学校，尤其是NCAA级别I和IA的学校中，橄榄球和男子篮球的地位独特，每所学校因此获得数百万美元的收入，通过建筑物、宣传以及标识许可间接增强了学校的财政实力。当某项运动是以为学校带来收益、推进学校使命的方式发展时，运动对大学的意义类似于业务对于企业的意义，我们也发现了大学类似企业的行为，例如，学校标识物的商业化运作。

在非级别I的学校中，情况完全不同。我们的二元观点强调获得收入以及通过收入推进使命两类活动的区别，指出 NCAA 级别 I 和级别 III 学校之间的竞争。级别 III 的学校中，竞争不太激烈，他们没有运动员奖学金，运动员的招募不太激烈，尤其是橄榄球运动员和男子篮球运动员，没有大型的运动场，没有电视转播合同，所有的运动项目都不指望创收。

从不同的竞争水平来看，体育运动在财政上非常重要，方式各有不同：直接的方式，一般指级别 I 的学校中，通过橄榄球和男子篮球来获得收入，间接的方式就是通过以上运动来吸引付费学生以及校友捐赠。但是体育运动在本质上是非营利性的——我们的分析中可以看出这远比将体育运动作为一所学校的收入和支出复杂得多——体育运动受到重视是因为他们对学校的使命有贡献，这种贡献比其他非营利性活动大得多。将体育运动作为一个整体来看，我们的结论是学校的行为目的中，获得收入和追求使命并存。当时在级别 I（级别 IA）学校中，橄榄球和男子篮球是受收入驱动的。在这个意义上来说，这些学校更像私人企业，欲从这些体育运动中获得收入。其他的体育运动，即使是橄榄球和男子篮球，虽然其竞争规则和运动员招募中有诸多的限制——尤其是在 NCAA 级别 III 的学校中——可以理解为受使命驱动，在推行过程中并不考虑收益问题，而且被认为是值得资助的对象。

第十四章 使命和金钱
——大学和学院想从其运动队教练和校长那里得到什么？

当大学和学院聘用橄榄球和篮球教练时，选择过程反映了其目标及优先考虑的问题。正如我们所看到的，级别Ⅰ和级别Ⅲ在看待运动员作用的问题上观点完全不同，他们选择教练时也体现出不同的目的。与此相似，大学和学院聘用校长时也反映出其使命的不同，但是这一点较难观察。通过校长的选择，我们可以识别出私立非营利性学校、公立学校、营利性学校以及研究型大学、四年制学院、两年制学院之间不同的选择类型及目标。

运动队教练和校长的聘用合同可以用来进行比较。这些合同及其奖励所透露的信息远多于学校公开声明的信息，尽管有时其所呈现的方式很复杂。此外，当我们考察这些校长的经验和学习经历，以及他们的独特之处时，我们看到不同类型学校所看重的领导品质。简单来说，背景和聘用合同可以看出学校对其校长和教练真正看重的是什么。

我们从比较级别Ⅰ和级别Ⅲ学校中运动队教练的聘用合同和奖金开始，以此推断两类学校欲通过教练所要达到的目的。之后，我们再对这些学校校长聘用合同进行比较。第二部分是分析这些校长的聘用过程，以此考察这些学校在推进使命时最看重的个人品质是什么。我们发现这些校长的一个重要责任就是通过担任公司董事与营利性企业建立联系。我们将揭示聘用合同以及校长特征如何体现学校的目标这一问题。

运动队教练的合同和业绩奖金：他们的前进动力

直接观察大学或学院何时推进使命、何时追求利润是一个重大的挑战。一支运动队的业绩只是学校所有活动的一个部分，聘用运动队教练是为了监督这一部分活动，而非学校的整体活动，后者是校长的责任。从学校聘用运动队教练和校长的过程中我们能够得知什么呢？

通过考察学校与运动队教练的聘用合同以及对下列问题的询问我们可以推断出学校通过橄榄球队要达到的目的：雇用他要达到的目标是什么？什么将给他带来额外奖金？他的动力是什么？学校与运动队教练的聘用合同反映出学校想达到的目标以及其所要奖励的内容。这也反映出学校关于重要问题的"解决"办法，所谓重要问题也就是学校将其作为优先考虑的问题。

有人会认为大学里的橄榄球或篮球教练薪酬体系有别于职业球队，对后者来说取胜是唯一的标准。然而，大学的运动队教练，尤其是非营利性学校（公立或私立非营利性）的教练，会因为球队的学业成绩、体育成绩而获得奖励。运动员的学业成绩主要体现在其课程成绩（GPA）和毕业率上。的确，按照常用的术语来说，运动员具有双重的角色。他们是"多重任务履行者"（Holmstrom and Milgrom 1991），既是学生也是运动员，但是将教练的工作定义为双重目标则非常困难，尤其是学校作为一个组织来说，不仅有多重目标，且目标复杂多样，但评价和奖励很简单（Weisbrod1988，pp.48-57）。

所以在篮球级别I和橄榄球级别IA学校中，教练会因学生或运动员得到什么奖励？如果必须做出选择，学生运动员应该更多的学习，还是更多的练习呢？教练的合同中应该鼓励什么呢？

级别IA学校橄榄球教练的聘用合同

我们考察了级别IA中11所学校中的橄榄球教练以及一小部分男子、女子篮球教练的聘用合同。我们没有随机抽选,而是选取全国11次橄榄球比赛和篮球比赛中的一次,来研究他们的目标。同时我们也考察了级别Ⅲ学校运动队教练的聘用合同,看看这些聘用合同是否能够反映学校对其教练的期待。

我们主要关注聘用合同中关于业绩的奖励。[①]除基本工资外,聘用合同也会提供额外的业绩奖励。这反映出学校作为雇主对教练的期待。在私人企业里,聘用合同可能会对不同的业绩目标提供不同的奖金。学校如何评价和奖励其教练的"业绩"呢?

任何一项工作的业绩都是多重标准的,工人的工作——这里指教练——主要依赖于奖励的分量。根据任务难度的不同会提供不同的奖励。如此多重的任务为教练提供了多种倾向和选择——为了达到更好的业绩其应该付出多少努力(例如比赛取胜,帮助学生运动员取得学业上的成功,帮助他们毕业,教授他们如何建立良好的队员关系)?每一个努力的方向都与奖励对应。奖励也反映出学校对每个成果的重视程度。教练越重视目标,越容易取得成功,但是这也要以其他方面的不成功为代价。

奥本大学(Auburn University)是东南部的一所级别IA学校,该校以橄榄球闻名。2004年12月31日,该校与教练托米(Tommy Tuberville)签了合司,其中包括一条有"年度业绩评估"的规定,具体包括四个方面:(1)橄榄球运动员的学业成绩;(2)比赛成绩;(3)遵循奥本、SEC、NCAA的其他规定;(4)财政上的责任。评估中也会涉及其他领域的业绩,但是上述的四个方面是合同所关注的主要方面(Auburn University 2004)。

---

① 《今日美国研究》(*USA Today's research*)创建了一个关于级别IA橄榄球教练和级别I中2006年男子篮球教练的薪酬数据库;数据库中有公立大学教练的合同。私立学校没有公布其教练的合同(《今日美国》2006,2007)。这里提到的所有橄榄球和篮球教练合同都是来自这个数据库。

前两条中都提到了"成绩"一词，但是应该如何衡量呢？聘用合同接着明确了什么将带给教练额外的奖励，即"基于业绩的奖励"。关于运动员的学业成绩，主要通过毕业率来衡量。如果运动员的学业率估计高于 NCAA 的平均水平，教练得到的奖金大约是 9000 美元——相当于两周的薪酬，他们的年薪水平是 235,000 美元（Auburn University 2004）。如果运动员毕业率与学校整体本科生的平均水平持平，根据 NCAA 规定，的教练将获得相当于一个月薪酬的奖金，约 19,500 美元。

基于运动员的学业成绩，教练每年得到的奖金大约是 19,000 美元，如果是体育方面的成就，教练得到的奖励是：

- 常规赛季中赢得 10 场比赛的奖金是 50,000 美元；
- 一个常规赛季保持不败记录的奖金是 100,000 美元；
- 参加东南部联赛（SEC）的奖金是 100,000 美元；
- 在东南部联赛中取胜的奖金是 150,000 美元；
- 在国家联赛中取胜的奖金是 300,000 美元。

该校的橄榄球合同中的特征是：赢得比赛的奖励高于学业成就的奖励——大概是后者的 35 倍。而且赢得的比赛越多奖励越多，而学业成绩则非如此。

奥本大学的聘用合同并不是唯一。表 14.1 中比较了 11 场赛事中橄榄球教练所得到的奖金，这些学校根据 Congrove 电脑排名（Congrove Computer Ranking）选择出来的。表中显示了橄榄球教练达到特定目标后获得的最高奖金（比赛胜利或参加大型比赛、参加邀请赛，或者获得针对教练的荣誉），以及达到特定学业目标后的最高奖金（学生 GPA 或毕业率），以及两者的比例。级别 IA119 所学校中排名靠后的学校没有提供相关的合同奖金，所有的情况下教练都是在比赛成绩上获得的奖金更多。表 14.1 也显示了运动方面的奖金会随成绩而增长，这与奥本大学的情况相似。

表 14.1 级别 IA 部分学校橄榄球教练业绩奖金，2006（美元）

学校（2006—2007年的排名）	赛事	学业成绩的最高奖励	学业成绩递增奖励的排名	体育成绩的最高奖励	运动业绩递增奖励的排名	比例(4)/(2)
	(1)	(2)	(3)	(4)	(5)	(6)
	Big East	125,000	6	402,000	8	3:1
奥本大学 (14)	Southeastern	19,000	2	700,000	5	37:1
休斯顿大学 (30)	USA	40,000	2	245,000	20	6:1
德克萨斯科技大学 (35)	Big 12	25,000	1	350,000	12	14:1
加州大学 (45)	Pacific-10	50,000	3	370,000	14	7:1
爱荷华大学 (63)	Big Ten	75,000	1	925,000	14	12:1
弗吉尼亚大学 (63)	Atlantic Coast	无	0	940,000	9	*
肯特州立大学 (72)	Mid-American	10,000	2	32,000	4	3:1
爱达荷大学 (101)	Western Athletic	5000	1	22,000	2	4:1
圣地亚哥州立大学（104）	Mountain West	无	0	225,000	11	*
弗罗里达国际大学（119）	Sunbelt	无	0	无	0	*

注：学业表现有两个评价手段：运动员的 GAP 和毕业率。在 Idaho 大学中毕业率还包括"有风险"的学生和"有困难"的学生。体育成绩一般通过国家排名来衡量。第三列和第五列递增的奖励是合同中奖励所需要的业绩。例如，学业成绩的递增是指某运动队的毕业率达到一定程度，将会有奖金；高的毕业率将带来更多的奖金。体育成绩的递增奖励则包括在一定数量的赛季中获胜、参与项目的水平、参加锦标赛、在 BCS 比赛中获胜、

排名靠前等。递增的奖励不累积。

　　* 意指无法计算，因为缺乏学生运动员的学业成绩奖励数据。

　　数据来源：由《今日美国》（USA Today）上的合同计算而来；排名来自 2007 年的 Congrove 电脑排名（Congrove Computer Ranking）。

　　尽管在第六列中可能看到奥本大学似乎是运动业绩大量奖金的异常值，但事实并非如此。的确，表 14.1 中的其他两所学校——弗吉尼亚大学、圣地亚哥州立大学的比例较高（技术上来说是"无限大"），这是因为其教练合同中不包括运动员学业成绩的奖金。而且，还有一些学校不包含在表 14.1 内，其比例也很大：大西洋海岸联盟（Atlantic Coast Conference）的弗罗里达大学比例是 4：1，东海岸联盟（Big East）的犹他大学的比例是 9:1，该校是级别 IA 的新成员（因为该校并没有为学业成绩提供奖金，例如 GPA 或是毕业率）。在西部山区联盟（Mountain West Conference）的空军学院里，教练因体育成绩可以获得的最高奖金是 154,000 美元，大西洋海岸联盟的克莱默大学里，教练因体育成绩可以获得的最高奖金是 270,000 美元，东南联盟（Southeast Conference）的弗罗里达大学里，如果运动员的 GPA 达到 2.8，同时毕业率达到 85%，教练可以得到最高额 28 倍的奖金。

　　毫无疑问，这些学校橄榄球教练的奖励主要针对获胜。教练们必须招募在体育方面有突出表现的学生运动员，对那些学习好但是运动方面表现不太好的运动员不存在选择方面的困难。一旦运动员招募进来，是注重学习还是注重运动的选择上也不存在困难。选择更多赛事的成功，还是提高运动队 GPA、毕业率，对教练来说非常简单，因为他的聘用合同充分反映了学校所关注的内容。

　　另一种途径就是分析对教练来说，体育成绩的奖励和学业成绩的奖励，哪一个更有价值。在我们所调查的聘用合同中，对体育成绩的奖励明显高于对学业成绩的奖励，最高可达到 10 倍、12 倍甚至 14 倍。

　　对橄榄球教练来说，因比赛获得奖金比较普遍，但是我们发现有 3 所大学奖金基于比赛中所获得的收入——弗吉尼亚大学、加州大学、爱荷华大学。这是针对教练的分红（profit-sharing）奖励模式，这种模式在私人企业中比较常见，但是在高等教育中还没有被广泛认可。这三所大学的聘用合同以学校收入 100 万美元为界。弗吉尼亚大学教练如果能参加 BCS（Bowl Championship Series，BCS）赛事，比赛收入 100 万美元以下，教练将获得 25,000 美元；如果比赛收入超过 100 万美元，教练将获得 75,000 美元奖金。在运动员的学业成绩方面没有给教练什么奖励。

弗罗里达国际大学在任何方面都不提供奖励。《今日美国》中所提供的 94 所橄榄球教练聘用合同中，只有 10 所学校不提供任何奖励，这些学校在 2006—2007 年福克斯运动调查（Fox Sports Poll）的级别 IA 中排名中，只有一所学校排名第 75 位（新墨西哥大学），其他的都低于 119 位。换句话说，我们观察的这些大学中，在橄榄球排名中位于 63% 之前的学校都会向教练提供基于业绩的奖金。

级别 I 中的篮球教练合同：举例说明

级别 IA 中橄榄球教练的激励模式与级别 I 中男子篮球教练的激励模式相似，篮球是另一种有较大收益潜力的运动项目。密歇根州立大学与篮球教练托马斯·艾佐（Thomas Izzo）签的聘用合同（2004 年 7 月 1 日）中对运动员的学业成绩没有任何奖励，更不要说对毕业率、GPA 或其他学业成绩指标的奖励。关于篮球方面的成功，则非如此。该合同中规定，如果取得 NCAA 国家锦标赛系列中的前四名，教练可以获得相当于基本工资（320,000 美元）30%（近 100,000 美元）的奖金。此外，如果篮球队进入比赛的前四名，耐克公司将为其提供的 25,000 美元奖金，在国家锦标赛中获胜，追加 50,000 美元，这是耐克每年提供的奖金总额 300,000 美元中的最高额，这些奖金取决于运动队在比赛中的成绩，而不是课堂上的成绩（密歇根州立大学，校际体育运动部门 2001）。

弗罗里达大学 2006 年为比利（Billy Donovan）教练提供了运动员毕业率方面的奖金，但是额度比体育成绩方面的奖励额度少得多。运动员毕业率达到 85%，比利得到 4000 美元的奖金；但是因为运动员的体育成绩其得到的奖金要高得多：如果他的队伍能够参加 SEC 锦标赛，他将得到 50,000 美元的奖金；如果他的队伍能够在NCAA篮球比赛中进入前四名，其将得到100,000美元的奖金。加州大学的教练本·霍兰德（Ben Howland）2006年签的合同中，基于运动员毕业率提供的奖金额度在10,000—30,000美元之间，如果毕业率在67%—75%之间，其将得到10,000美元的奖金；如果毕业率超过75%，其将得到20,000美元；如果全部毕业，这种可能性很小，其将得到30,000美元的奖金。如何运动队能够参加PAC-10中，教练的奖金是25,000美元，如果进前四名，奖金是50,000美元，如果得冠，奖金是100,000美元（《今日美国》2007）。

级别IA的学校中，橄榄球教练必须在优秀运动员和优秀学生之间进行选择，级别I中的篮球教练亦是如此。对俄亥俄州立大学及其篮球教练沙特·马特（Thad Matta）来说，这个选择并不难，他们在2006年招募了一个明星运动员格雷格·奥登（Greg Oden），尽管该运动员在毕业前要去NBA。奥登入学的第一年，其所在的篮球队取得了胜利（奥登仅参加了这一次比赛），这一成绩的分量远远大于学业成绩的分量。该队取得了十大学校（Big Ten）锦标赛的胜利，NCAA篮球赛中进入了决赛——教练为此获得100,000美元的奖金，并续聘一年。其聘用合同中并没有关于运动队毕业率或GPA方面的奖励措施（Big Ten Conference.com 2007; Ohio State University 2005）。

女子篮球教练的聘用合同亦是如此，强调体育成绩。2007年，排名第四（《今日美国》）的路易斯安那州立大学与女子篮球教练（Winston "Van" Chancellor）签订的合同中对学业成绩的奖励是：如果运动队的GPA是3.0以上，教练可获得25,000—50,000美元的奖金，获得比赛胜利可以获得的最高奖励是400,000美元（路易斯安那州立大学和农机学院2007）。俄克拉荷马大学（2007年排名第八）与其女篮教练（Sherri Coale）所签订的合同中规定，如果其运动员毕业率能达到70%，可以获得5000美元的奖金，如果运动队的GPA是3.0，可以再得5000美元的奖金。但是如果运动队能够进入季后赛，教练可以得到190,000美元的奖金（University of Oklahoma 2005）。

小结：级别Ⅰ（或级别ⅠA）学校中橄榄球教练和篮球教练的聘用合同和奖金

聘用合同之间有所不同。提高毕业率的动机应更为强烈，而比赛获胜的动机应该较弱。即使没有为学业成绩提供奖励，在教练的聘用合同中也可能会对学业成绩的重要性多着些笔墨。虽然应该如此，但事实并非如此。

在大型的橄榄球和篮球比赛中，教练的取胜动机非常明确。聘用合同中无疑会反映学校的主要意愿。对于一个忙碌的教练来说，在运动员的学业和体育成绩之间如何分配精力显而易见。教练肯定倾向于得到更多的奖金，取悦其雇主。大学较注重比赛的胜利，对运动员的毕业问题及其他学习成绩的关注则较少。

级别Ⅲ学校的教练

在之前我们曾讨论过，级别Ⅲ的学校将校际体育运动会作为使命的一部分。因此我们假设级别Ⅲ学校的教练业绩动机方面与级别Ⅰ完全不同。为了检验我们的假设，2007年我们调查了级别Ⅲ学校橄榄球教练和男子篮球教练的聘用合同。我们复印了33所公立学校所有橄榄球教练的聘用合同和任命书。我们从80所学校中采集了信息，相当于级别Ⅲ学校总数的1/5，同时我们还找到一些其他学校的资料。

我们没有发现任何一所级别Ⅲ学校中与橄榄球教练或篮球教练签订了合同。而且，我们还询问体育部门负责人其他级别Ⅲ学校是否有合同，答案都是"不知道"。

一些级别Ⅲ学校的教练只是在某项运动的赛季中工作；大部分没有聘用合同，身份与一般员工无异。有些教练有一个简单的一年或两年任命书。在这些公立学院和大学中，教练们是工会的成员。无论是何种安排，级别Ⅲ学校中都没有与教练签署聘用合同的相关资料，包括合同、信件或其他的形式等，尤其是关于学业、体育业绩的奖励。纽约城学院的体育部负责人杰瑞·阿尔比格（Jerry Albig）写道："我们没有什么奖励的条款。如果有的话也是其要弥补所造成的损失。"很多体育部门的负责人都告诉我们学生运动员的突出学业成绩或体育成绩会作为评价教练的指标，以此来考虑续聘和薪酬问题。但是不像级别 I（级别 IA）学校的橄榄球教练和篮球教练聘用合同中会有非常具体的奖励措施，级别 IA 的学校奖励很小，例如，100 美元的小奖励。

级别 III 学校的教练薪酬与级别 I 学校的差距高达六七位数，当然也不会像级别 I 学校一样为橄榄球教练和篮球教练支付奖金或赞助。在级别 III 的 20 所公立大学中，有四名橄榄球教练的兼职薪酬位于 7000—12,000 美元之间。其他教练的收入是 48,500—93,300 美元之间，有一名教练的合同是负责一个夏令营可以获得 6000 美元的薪酬。16 名全职橄榄球教练的平均年收入是 64,800 美元。

尽管关于级别 III 学校教练的数据不够全面，但是可以看出所有的校际体育运动会是学校使命的一部分。橄榄球和男子篮球是级别 I 和级别 IA 学校的收入来源，但是对级别 III 的学校则非如此。因此级别 III 学校的收入来源并不依赖教练们。对比鲜明的聘用条件和业绩激励策略反映出两组学校中橄榄球和篮球的不同地位。

更多的了解大学：级别 IA 学校的教练和校长在职责上的区别

级别 I 橄榄球教练和男子篮球教练的薪酬与学校大多数的教职员工有着本质的区别，教练的薪酬标准来自于简单的业绩指数，尤其是比赛获胜。现在我们来看看校长的薪酬。我们主要关注校长和教练需要达到的目标，以及其目标的可测量性。

简单来说，我们看到橄榄球教练的职责是提供收入产品，其业绩较为容易测量和奖励，在学校与教练签订的聘任合同中，基于业绩的奖金突出了学校对运动队经费方面业绩的奖励过程。与教练相比，我们看到校长的职责是引领学校，既要努力创收，又要基于学校使命而"合理"地支出，这一过程很难定义、测量以及奖励。根据可测量的目标给予奖金可能不适合校长，因为这会鼓励他们忽视很多与使命、收入有关但却难以衡量的因素。因此我们认为级别 IA 学校校长的聘任合同不同于橄榄球教练，不会包括与业绩有关的奖励规定。

在我们考察合同的细节之前，我们先考虑教练和校长的整体薪酬问题。与我们所设想的不同，橄榄球和男子篮球教练的收入并非基本上高于校长，更不要说全部高于校长。这里差别很大。在南加州大学（该校在《美国新闻与世界报道》排名第 30 位），其橄榄球 2007 年在全国排名第 6，橄榄球教练在这一年度的薪酬是 280 万美元，而校长的收入是 76.8 万美元，不到橄榄球教练的 1/3。杜克大学的学校排名是第 5，但是橄榄球排名是第 118 名，其校长的薪酬是 53.3 万美元，而橄榄球教练的薪酬只有 37 万美元。南加州大学的学校排名是第 29 位，橄榄球的排名是第 102 位，其橄榄球教练和校长的薪酬差别很小，前者为 31.1 万美元，后者是 36.1 万美元。

学校与校长及橄榄球（男子篮球）教练之间合同的差异主要体现在业绩奖金方面。级别 I 和级别 IA 学校的教练合同中比赛业绩奖励力度很大，关于运动员的 GPA 和毕业率的奖励力度较小——但是校长的合同中关于所谓的"业绩奖金"界定十分模糊。如果学校董事认为校长的业绩可以像教练们那么简单的评价，那么合同中也会用成绩来定奖金。这并不是说董事会不以成绩来奖励校长，只是说成绩的评价非常复杂，因此无法在合同中清晰地反映出学校对校长的期待。这种期待很多，但是无法通过具体的奖励来激励校长。

赢得一场比赛很容易观察。毕业率比较复杂，要看如何评价学生参与和离开运动项目的情况以及毕业前离开运动队的学生在学业上是否合格。这就形成了毕业成绩的两个衡量方法，在第十三章我们已经讨论过这些方法。例如，在俄亥俄州立大学，篮球队 1996—1999 年"联邦"毕业率是 10%，但是根据 NCAA 统计的毕业率则是 38%。

当评价体育成绩时，关于体育比赛中的成绩评价没有什么争议。因此，学校橄榄球和男子篮球的比赛中，教练的成绩是学校其他部门无法超越的

（如果有的话，也就是筹资办公室了）。

这与校长工作的"成功"形成了鲜明的对比。校长的责任很宽广，有很多标准：本科教育、研究生教育的质量和数量，基础研究的质量和数量，尤其是公立大学中，还要考虑到社区及其他地方的经济发展。而且，在这些使命背后，还需要资金支撑，也就是说校长得是一个成功的筹资者。在这诸多的标准中衡量校长的"工作效果"是一个重大的挑战，但这只是问题的一部分。每一个标准的价值如何确定呢？

与级别I和级别IA学校的教练不同，校长并不一定需要签署正式的雇用合同。私立非营利性大学和学院不会公布其员工的聘用合同，所以我们不知道有多少校长（和教练）签署了聘用合同。大部分的公立大学根据州的信息公开要求，都会公开其合同。最近的一项调查发现165所大型的公立大学中，1/3的学校校长没有签合同（Fain 2007）。很显然，这些校长不需要像教练一样，通过业绩获得奖金。

正如我们所假设的一样，大型公立大学很少通过业绩和奖金来激励校长，即使在很多级别I或级别IA的学校中亦是如此。在这一类学校中，只有1/6的学校通过业绩奖金来激励校长。某些州的公立大学（亚利桑那、弗罗里达、肯塔基、弗吉尼亚）在与校长的协议中会包括一些业绩奖金，但是并非所有的校长都需要签合同，例如弗吉尼亚（《高等教育纪事》2007）。我们考察了《高等教育纪事》公布的2006—2007年度的聘用合同信息，我们获得了16所公立大学的聘用合同。

在这些聘用合同中，几乎都没有明确的提到业绩奖金。这些合同均未写明校长的工作目标及其衡量。在弗罗里达大学与其校长梅琴（J.Bernard Machen）的协议中这样写道："梅琴博士每年的业绩奖金最高是7.5万美元，主要依据是梅琴博士和校董事会确定的年度目标以及对其业绩的评价。"一般来说，业绩奖励是在完成工作后给予，也即董事会对校长进行年度评估期间。梅琴校长同时得到另一笔三年最高21万美元的奖金，这笔奖金所依据的业绩目标并不明确（弗罗里达大学2003，p.2）。

梅琴校长这些模糊的、不具体的目标与其橄榄球教练梅耶（Urban

Meyer）必须赢得比赛才能获得奖金的情况形成了鲜明的对比。梅耶需要赢得比赛才能获得年度最高45万美元的奖金，此外还有一些基于毕业率的奖金（弗罗里达大学2005）。大学十分确定其能从橄榄球教练那里获得多少收入，但是校长的职责非常模糊，因为其中既有与使命有关的活动，也有与收入有关的活动。

只有部分大学在与其校长的聘用合同中明确了业绩目标。亚利桑那州立大学校长克劳（Michael M. Crow）2005—2008年的聘用合同中列出了具体目标及其奖金额度。每完成一个目标，其将获得1万美元，如果所有的目标都完成了，其还将额外获得5万美元的奖金。这些目标包括一些非常具体的事项，例如新生的保留率从78.5%升至81.5%，新生6年后的毕业率从55%升至57.5%，还有一点不太明确的目标是建立一个"大学折旧基金和模型"。另外一个目标（1万美元奖金）是使亚利桑那州立大学的毕业率和生均成本排名进入《美国新闻与世界报道》中排名的前120位（采用毕业率和生均教育成本的指标）。亚利桑那州立大学董事会还模仿北亚利桑那大学校长约翰·黑格尔（John Haeger）的聘用合同，增加了一个附加合同（北亚利桑那大学2007）。

在肯塔基州大学，校长托德（Lee T. Todd）的聘用合同中也增加了一个新的文件，其中提到了一些具体的目标及其奖金。每一个目标都占有一个权重，最后以此确定其奖金。如果其在2006—2007年完成所有的目标，其将获得12万美元的奖金，同时董事会将奖励其14.25万美元（Rodriguez 2007）。但是托德所要完成的目标并不像克劳以及级别IA学校教练们那么明确。为了获得奖金，托德必须"控制成本来以保证学校这一年度的预算"，强化学校在至少两个教育或政府机构的知名度，在国家媒体上至少出现两次（肯塔基大学2006）。

很难说这些例子能够反映整体的情况，但是可以确定的是公立大学的校长很少签署关于具体业绩目标及奖金的合同。在私立大学中，校长和董事会之间确实有一些关于业绩目标和奖金事项的合同，但是在公立大学没有这样的合同。即使有一些合同中提及业绩目标，也不会像橄榄球教练的合同那么具体。这种现象并非偶然，校长的责任很难评价，因为其职责重大且复杂，兼有收益目标和使命目标。

明确业绩目标及大量奖金的合同也会有一些风险。基于毕业率的奖金会导致标准的降低；对《美国新闻与世界报道》排名的奖励导致的后果我们已经分析过了；对研究经费的奖励会导致成本的上升；等等。一个大学校长应该处理所有这些问题，但是小目标大奖励的做法是自相矛盾的行为。

学校排名是否影响校长的薪酬？

从每年的《美国新闻与世界报道》的大学排名中可以看出校长的责任是多维度的。但是，这种排名的过程缺乏透明度。在标准的确定过程中，这种排名缺乏一致性——用哪种标准来评价"业绩"，每一种评价标准的权重如何确定，某一种排名是否适合所有的学校——关于校长的成功尚存在很大的讨论空间，更不要说将排名作为成功的基本标准。

对教练而言，如果获胜是终极目标，那么成绩排各榜很重要，但对大学而言，最重要的事是击败对手吗？我们可以看到，教练业绩的简单评价标准起到了很好的激励作用，但是校长的薪酬与任何一个简单的业绩标准都无关。因此为校长提供合适的激励策略很有意义。

如果橄榄球教练的薪酬来自于比赛成绩，这成绩不仅包括获胜的次数，还包括其对手的实力强弱，我们可以看到一个运动队的国家排名与其教练薪酬之间有密切关系。与此相似，如果校长的薪酬与可以评价的业绩密切相关，例如学校在《美国新闻与世界报道》中的排名，那么排名与校长薪酬之间将呈正相关，即使合同中没有明确奖金额度。

为了研究这两种关系，我们考察了级别 IA 学校中橄榄球教练、校长的薪酬与排名之间的关系。我们控制了研究对象的年龄以及其他人的薪酬两个变量，分析橄榄球教练的薪酬水平与校长薪酬之间的关系。以下是我们的研究发现：

1. 级别 IA 学校中的橄榄球教练：2005 年国家橄榄球排名中提高 1 位，

教练下一年的薪酬会增加10,178美元（已考虑了教练的年龄以及学校校长的薪酬水平）。所增加的额度具有统计学意义，并非偶然。

2. 级别IA学校中的校长：2005年学校在《美国新闻与世界报道》中的排名上升1位，校长下一年的薪酬会增长2037美元（已考虑校长的年龄及橄榄球教练的薪酬水平）。所增加的额度同样具有统计学意义。

3. 在考虑教练和校长薪酬时，年龄没有意义。

4. 校长的薪酬对橄榄球教练的薪酬没有影响，但是后者对前者有重要影响，但影响很小。橄榄球教练薪酬每增加10,000美元，校长的薪酬会增加700美元。校长的职责广泛，包括体育在内，当学校橄榄球队表现很好时，校长也受益。

校长类型反映出大学和学院目标的多样性

在19世纪80年代，某所公立大学的一名董事会成员致信董事会的其他成员讨论应该寻找一位什么样的大学校长，这就是俄亥俄州立大学；这名董事会成员是哈耶斯（Rutherford B. Hayes）：

> 我们要寻找一个外表端正、身先士卒、具有社会影响力的人物；他必须是一个出色的演说家；他必须是一名优秀的研究者和教师；他必须是一名有思想的传道者；他必须是一个魅力十足的人；他必须很好地管理教职员工；他必须受学生欢迎；他必须是一个接受过专业培训的人；他必须是一个好的管理者……这里缺乏这样一个人。
> （Rudolph 1990, p.419）

现在，每所学校都在寻找一名有能力的领导者来推进学校的使命。完美的领导者可能无处可寻，但是学校选择校长的类型和过程可以反映出学校的使命和资源情况。如果校长的选拔过程、特征、职责发生变化，我们就可以看到高等教育领域的变化。

这是一个双向分类和选拔的过程：大学和学院寻找能够推进学校使命的校长，候选人来陈述其在不同方向发展上的想法。在实践中很难观察到这种方式。这种方式需要理解不同性质学校董事会的行为，以及候选人的想法及可供选择的机会。这一过程非常复杂，但是结果较为容易观察：谁是学校的校长？是与现任和前任校长不同类型的人选吗？小型的文理学院和研究型大学有区别吗？私立非营利性大学、营利性大学、公立大学之间有区别吗？

寻找校长人选的过程

大学或学院寻找校长人选的过程蕴含着学校关于如何实现其目标的想法，寻找的过程也会受到学校财政及其他方面的限制。关于学校使命、问题等信息的交流不可能尽善尽美，因此相互匹配的过程也是如此。校长们经常报告说当他们接受任命时，发现并不了解学校的关键问题。美国教育委员会（ACE）调查中（1998、2006），发现大概1/4的校长报告称被聘用时，没有看到学校"详尽的财政报告"（ACE 2007；Ross and Green 2000）。为什么会存在信息沟通不畅，这是偶然现象还是有意为之不得而知。但无论是哪种情况，弥补这一缺陷的方式是聘用一位职业顾问，其可以回答关键的问题，并可以更好的询问对方。我们认为，在校长职责日益复杂以及寻找人选的过程不断变化的背景下，我们将使用猎头作为一个指示器，其能够反映出学校之间的竞争情况。

越来越多的学校开始聘用职业猎头顾问。2006年，几乎一半的校长由猎头顾问招聘而来，这种情况与十年前差不多。但是在1985年之前只有1/6的校长属于这种情况，1985—1989年之间这一比例不到1/3（ACE 2007；Corrigan 2002）。美国大学教授协会（American Association of University Professors）秘书长博文（Roger W.Bowen）评价说大学依靠猎头公司是"大学越来越像企业、校长越来越像CEO"的重要原因（Pulley 2005）。如果大学和学院雇用猎头公司选择最大的猎头公司Korn/Ferry，成本是50,000—

90,000美元。寻找校长人选的时间一般是6个月,这是寻找公司CEO时间的两倍,与公司的CEO相比,校长需要获得更多人的认可,不仅包括董事会成员,还有教师、学生、当地政府领导。

无论过程如何,学校最终确定的人选类型反映出学校的目标人选及其变化,以及与其他学校的区别所在。

谁能成为校长?

营利性大学的使命很明确:营利。他们会选择那些能够为学校带来收益、最大化股东利益的校长。公立大学和私立非营利性大学则会选择具有其他能力和想法的人选,因为它们的目标、财政负担与营利性大学不同(例如校长处理与立法者、私人捐赠者之间关系的能力)。研究型大学、本科类学院、两年制学院、公立大学、私立非营利性大学、营利性大学的使命和需要均有不同,因此在聘用校长的考虑上亦有不同。我们考察了校长们的教育水平、研究领域、之前从事的工作以及终身教职情况,将这些信息作为高等教育工作价值的指标。

校长的教育背景

如果我们将14个上市交易的营利性高等教育公司里的高级管理人员与2100所传统大学和学院的校长进行比较(见附录表A2.3),我们可以看到无论是营利性学校还是非营利性学校,其校长领导力方面均有不同。[①] 首先,传统的公立大学和私立非营利性大学中,校长大都拥有博士学位以及学术研究的背景。这些校长全部拥有博士学位——3/4拥有博士学位或教育博士学

---

① 传统大学和学院包括四年制学校(博士学位、硕士学位、学士学位水平)以及两年制学院(副学士学位水平),还有一小部分特定专业学院,例如神学院、法学院、医学院。如果不包括副学士水平的学校和特定专业学院,研究结果不受影响。

位，9%—10% 的校长任职前都是在高校中工作（ACE 2007）。

营利性学校的情况完全不同：7% 的校长拥有博士学位，而公立学校和私立非营利性学校中是 75%，拥有在公立或私立非营利性学校任职经历的比例亦是如此。营利性学校校长拥有商业或法律专业学位的比例是后者的 6 倍。所以商业方式及实践以及与此相关的法律知识对于营利性学校及其股东来说非常重要。同样，宽广的学术知识背景及经验对公立和私立非营利性学校非常重要，因为其工作的职责是要满足更多群体的需要，包括教师。

公立和私立非营利性学校校长的教育背景也有所不同。其中最显著的区别就是对校长学位专业的重视程度。在两年制学校，基于学校的教学倾向，因此更乐于选择拥有教育学学位的校长，而研究型大学较为关注研究和博士培养，因此对教育学学位的重视程度并不高。公立学校、私立非营利性学校是否有区别是另外一回事。

我们发现在两年制学院中，公立学院校长较为常见的学位是教育学或高等教育学，私立非营利性学校中的比例是近 50%，公立学校中的比例是近 3/4。授予学士学位的学校，教育学学位的校长并不多见，其中的公立学校和私立非营利性学校之间差别并不大；研究型大学中只有 10% 的校长拥有教育学学位。当私立非营利性的研究型/博士学位授予的大学选择校长时，拥有社会科学背景的人选是教育学背景人选的 3 倍，尽管公立研究型大学中的差距小一些，但依旧很明显（ACE 2007）。

校长任职前的工作经历

总体来说，美国大学和学院越来越倾向于从高等教育之外的领域内选择校长。1986 年，只有 10% 的校长来自于高等教育之外的领域（Corrigan 2002），1986—1998 年期间的比例呈下降趋势，但是 2006 年增长至 13%（ACE 2007）。

学校所选择的校长类型可以反映出学校为达到目标所需要的素质。学校校长人选的素质、标准、聘用过程等方面是否越来越像私人企业呢？尽管只有一小部分的大学和学院校长之前拥有 CEO 的工作经历——2006 年 3/4 的校长拥有 CEO 工作经历——但是并没有资料显示私人企业中有大批人选担任大学校长的趋势。1986—2006 年期间，拥有私人企业工作背景的校长人数比例非常低，大概 2%—3% 之间（ACE 2007）。这个标准并不能说明高等教育日益企业化的趋势，或是高等教育在竞争行为、学费价格、盈利行为的关注等方面越来越倾向于企业标准的趋势。

但是，大学校长在任职前曾是学校某个学院负责人或教师的人数比例越来越少，大学校长越来越专业化。来自这些学术部门的校长人数越来越少；1986—2006 年间，这一比例从 7% 降至 4%（ACE 2007）。

相反，尤其在研究型大学和两年制学院，更多的校长并非来自学术领域，而是学术部门的行政岗位（高达 61%）。来自本科院校的校长亦是如此，尽管比例较低，只有 49%。不同类型学校的校长任职前的经历亦有所不同，包括发展部门、外联部门、财政部门、行政部门等。两年制学院拥有这类经验的校长人数是研究型大学的 3 倍，本科院校的这一比例居中。

选聘校长时，在高等教育领域外的经验是否重要？在两年制学院，外部经验看起来非常重要。这些学校中，只有 1/3 校长的经历全部属于学术领域（在高等教育领域外的经历不到一年），本科院校的情况与之相似（4/10）。但是在研究型大学中，拥有学术经历的校长人数比例较多，2006 年超过一半的校长整个经历都在学术领域（ACE 2007）。

校长的终身教授身份

作为一个行政人员，校长没有终身职位，但是作为一个教授则有。因此在营利性大学，没有关于校长作为教师终身职位的资料并不奇怪。在营利性企业中，一般保留解聘其 CEO 的权力。公立大学和私立非营利性大学与之不同，2006 年 29% 的校长是终身教授（ACE 2007）。

事实上，校长是否是终身教授反映出候选人对其未来的看法、学校的目标，以及为校长提供的激励策略。一个终身教授担任另一所大学的校长，相对于校长职务来讲，可能会强烈地感受到学术任期的安全感。但是，任期对于一个不想返回学术生活的新校长来说意义并不大。因此，从这一点来看，除去学校聘用偏好，校长是否是终身教授的变化一定程度上反映出校长候选人的变化，以及学校聘用倾向的变化。这种趋势表明成为校长的单向专业化路程，这里没有返程，即使有的话，被选上来的校长也不想回归教师身份，终身教授身份对其价值并不大。

1986—2006 年，拥有终身教授身份的校长人数呈下降趋势。在 20 年间，拥有终身教授身份的校长人数比例从 39% 降至 29%（ACE 2007），这反映出校长人选职业途径的变化趋势，以及学校聘用工作的变化趋势。终身教职对大学和学院校长不再那么重要。

拥有终身教授身份的校长的数量剧减反映出一个普遍的共识，即校长职位的临时性——这一职位是某一单向轨迹（大学行政）的停靠点，这一轨迹没有通向教师职位的出口。如果这种轨迹日益普遍，任职前在学术部门担任校长、教务长等职务的校长人数将呈上涨趋势，事实上情况确实如此。在 1986 年，大概 40% 的校长之前在其他学院担任校长、教务长或首席学术官（Chief Academic Officer，CAO）职务。但是 2006 年，这一比例几乎达到 53%（ACE 2007）。

我们的研究发现不同类型的学校，校长的学术任期亦有不同，这也反映了学校使命的不同，以及对领导职位所看重的内容有不同。在授予博士学位的研究型大学，4/5 的校长是终身教授，但是在教学型的本科院校，只有不到 1/3 的校长是终身教授，在两年制学院中，只有 10% 的校长是终身教授。在过去 20 年间（1986—2006），在研究型大学和本科院校中，拥有终身教授职位的校长人数稳步增长，但是在两年制学院中，这一比例下降了近一半，且呈持续下降的趋势，目前只有 6% 的校长拥有终身教授职位（ACE 2007）。

研究型大学的上升趋势以及本科院校、两年制学院的下降趋势充分说明了不同类型学校目标的差异，以及这些目标对学校意义有所不同。本科院校的上涨趋势反映出其与研究型大学之间竞争的加剧，以及与两年制学院之间竞争的弱化。

为了在校长任期较短的事实——可能是 5—10 年——与学校长期目标之间取得平衡，学校会以终身教授职位作为聘用条件。与教学倾向的本科院校以及两年制社区学院相比，终身教职对与研究型大学的校长可能更有吸引力。不同的组织目标及其约束条件会导致对校长的期待不同，也因此导致不同的奖励机制，即使校长的平均任期差异并不大。

校长与外界的联系：董事会成员

为了获得成功，大学或学院校长必须进入企业董事会吗？如果大学就是所谓的"象牙塔"，答案就是"否"。我们研究了校长工作非常有意思的一面——他们在外部的董事会中任职，这对校长及其大学或学院董事会非常重要，是其与外部联系的一个纽带，这关系到学校来自捐赠和企业渠道的收入、毕业生的就业等问题。无论服务于外部董事会的具体目标是什么，可以肯定的事实是校长在外部事务中的参与度越来越高。

1986 年，大概有 1/3 的校长在外界董事会任职。20 年之后这一比例升至 85%。这包括其他大学和学院的董事会、企业、其他非营利性组织（ACE 2007；Corrigan 2002）。

在研究型大学里，校长同时是企业董事成员的现象比较普遍，对于双方来说这是互惠互利的一种做法。研究型大学的校长一般同时是两个董事会的成员，本科院校是 1.4 个，两年制学院是 1.7 个。这一趋势随时间所发生的变化不得而知，但是大学和学院校长在其大学和学院的董事会、企业、其他非营利性组织担任董事会成员的事实反映出大学和学院已经积极参与当前大经济体中的事实（Corrigan 2002）。

研究型大学校长担任企业董事会成员的一个典型例子就是戈登·吉（E.Gordon Gee），其 2000—2007 年在范德堡大学担任校长（之后又在俄亥俄州立大学担任校长）。在与范德堡大学董事会达成协议的前提下，戈登·吉辞去了 5 个董事会成员中的两个职务，其对这种限制并不是太满意，这使其失去在多乐通用公司（Dollar General Corp）、梅西能源公司（Massey Energy Co）、盖罗德娱乐公司（Gaylord Entertainment Co）、有限品牌公司（Limited Brands，Inc）、孩之宝公司（Hasbro，Inc）任职的机会。戈登·吉提到他主要"负责范德堡的业务，例如与校友、家长、未来的学生、教师进行协商"，"出席公司董事会会议已经成为我的爱好"。2005 年，这一爱好为戈登·吉带来 40 万美元的现金和股票收益（Lublin and Golden 2006）。

进一步审视校长在企业的董事会成员职位

大学和学院校长在企业董事会任职的数量可以反映出校长与企业界的密切关系。不同类型学校之间的差异及其变化，可以反映出每所学校的使命及财政政策。

我们随机考察了 116 所学校，依据研究型的博士学位授予大学、文理学院、公立大学、私立非营利性大学等标准对这些学校分类，选取 1995—2004 这一时间段（见附录表 A14.1）。通过考察 60 所"博士/研究型大学"（采用 2000 年卡内基的大学和学院分类标准）和 56 所"文理学院"（30 所私立学院，26 所公立学院），可以看到高等教育与私人企业界的联系。很显然，这种联系揭示出学术界和企业界联络的方式之一。这些资料充分说明了今天的大学和学院与外界密不可分的关系。

在 1995—2004 年随机抽样的大学和学院中，服务于企业董事会的校长数量没有显著变化。（这意味着数量的上涨主要体现在非企业组织的董事会上）。同时，研究型大学在企业董事会任职的校长数量高于文理学院，私立研究型大学的数量高于公立研究型大学。原因可能是私人企业与研究型大学合作的可能性高于文理学院，而私立研究型大学更需要通过这种合作获得收益，而拥有政府经费支持的公立大学在这方面的需求较小。

尽管大部分校长，即使是研究型大学的校长，不止是在一个企业董事会任职，但是他们的分布很有趣。有些校长同时任职于多个董事会，像戈登·吉一样。在公立研究型大学里,任职于多个董事会的校长数量比例是10%—13%(我们数据库中的第一年),之后增长迅速,最后3年比例超过19%。而私立研究型大学的比例较为稳定。

由于资料的限制,我们无法确定近些年在企业界董事会任职人数是否持续增长。数据表明即使在公立研究型大学中,也有相当一部分校长没有在企业董事会任职,但是这些学校的领导者会不断加强与企业界的联系,积极参与企业董事会工作。大学—企业界的联系有多重形式,董事会成员的形式只是冰山一角(见第十二章中关于大学和企业联系的相关讨论)。

营利性学校的校长

基于营利性学校校长在外界董事会任职的情况与公立大学和私立非营利性大学相似,也能反映出推进学校使命的机遇这样的假设,我们考察了14所上市交易的高等教育公司的校长在外界董事会任职的情况。这些校长在公立大学或私立非营利性大学的董事会任职吗?或是在高等教育领域任职吗?这14所大学无法依据研究型大学、本科院校、两年制院校等标准进行分类,很多公司以多种方式运营学校,有些学校的项目少于两年,例如汽车维修或美容。我们的研究结果值得注意:在营利性公司和公立、私立非营利性部门之间有交集。

大概有1/3营利性大学和学院的校长在私立非营利性学校的董事会中任职,有一半的校长在其他非营利性组织中任职。但是,没有校长在公立大学或学院董事会任职。整体来说,有9所学校的校长,也即64%的校长至少在一个非营利性部门或其他行业董事会中任职。

无论是非营利性学校(公立和私立非营利性)还是营利性学校,关于其校长在其他组织中任职的情况,我们得出的结论是一样的。无论学校的类型和性质如何,其所面临的竞争使得这些学校必须寻求获得收入的途径,寻求推进使命的途径,其中的一个途径就是参与外界的董事会。

结论

高等教育是公立学校、私立非营利性学校、营利性学校、研究型大学、四年制本科院校、两年制学院的混合体,其使命各有不同。观察一所学校的使命并不可行,所以我们通过一个间接的方式来考察这些使命的区别。首先,我们对比了级别 I、级别 IA 学校与级别 III 学校教练聘任合同的不同,研究其对教练奖励机制的差异。而后我们对这些学校校长与教练的聘任合同进行了对比,来研究校长与教练激励机制的差异——是否基于业绩进行奖励。之后,我们对每种类型校长的背景、教育、经历进行了对比,因为学校董事会选聘校长时所看重的技术和能力可以反映出学校的使命。

我们发现级别 I 和级别 IA 学校中,橄榄球教练和篮球教练的奖励是基于其为学校带来收入的能力。在教练们的聘任合同中,我们发现学业目标是次要职责。与此相比,级别 III 学校中的体育运动属于使命产品活动,所以其教练的薪酬较低,基于业绩(赢得比赛)的奖金很少。级别 I 和级别 IA 大学的校长合同与教练完全不同。校长的任务是多维度的,非常复杂,其合同中模糊的业绩目标说明其成功很难用赢得比赛这种方法来评价。

大学和学院校长的背景、活动、终身教职情况、受教育情况、任职前工作情况、在企业董事会中任职的情况反映出学校对校长职务的要求。关于大学和学院校长的研究完善了其他章节关于高等教育竞争、学校推进使命的途径、学校获得收益的途径等方面的研究。

第十五章　评价：公共政策的议题是什么？

　　本书的核心就是考察众多大学和学院筹资及其使用方面的区别，这种区别既复杂又模糊。筹资与支出密切相关，不能截然分开。大学和学院筹资所采用的每一种方法都要与教学、研究、社会服务这些使命协调。其中出现的冲突或紧张关系反映了高等教育公共政策所面临的挑战：在其使命无法明确定义的情况下，大学和学院如何使其筹资方式对使命的副作用最小。

　　处理这种复杂的挑战只是整个高等教育公共政策所有挑战中的一部分。高等教育"应该"获得多少收入？这些收入如何支配？应该有多少所大学和学院？高等教育领域内，如何在两年制社区学院与研究型大学之间、职业学院以及传统的学位授予学校之间、实体教学与网络教学之间达到"很好"的平衡？将公立大学、私立非营利性大学、营利性大学组合在一起"合适"吗？虽然每个人都想看到"高质量"的教育，但是如何实现呢？"质量"应该如何来评价，高质量几乎都意味着高成本，那么什么样的质量适合学生，成本又如何？简单来说，社会应该如何平衡高质量的收益与成本？

　　这些复杂的问题需要认真研究和深入探讨，而不仅仅限于对问题的理解。最初我们没有去解决问题而是在澄清问题，因为解决问题的经济、社会风险很大。公共政策并没有解决这些问题，也没有很好的理解问题，尽管他们无法避免问题，但是他们却可以逃避问题，也确实在逃避问题。例如，一所获得政府机构认证的学院获得学生贷款之类的政府补助时，就意味着对学校质量的认可。当个人向公立学校或私立非营利性学校捐赠时，个人享有免税资格，尽管对营利性大学捐赠不免税，这就引发了一个问题，对两种类别学校的"捐赠"是否有实质性的区别。当议会的领导人们要求学校降低学费增长的力度时，通过捐赠基金的支出来弥补收入损失，这只是针对教授了一小部分学生的富裕学校，而忽视了大多数只有一定数量捐赠基金的学校，同时也回避了一个令人烦恼的问题——多少捐赠基金才"够用"。

关于高等教育在现代社会中的实际角色和内隐角色及其资助方式尚不明确。这并不是说前些章我们对大学、学院、职业学院的讨论没有意义。而且对我们来说，可以肯定的一点是：关于高等教育问题没有简单的、唯一的解决方法，因为这其中有很多错综复杂的问题。因此我们要提醒读者的是：本章的建议并非是针对立法或改革规则的精确模式；更多的是对特定问题深入考察以及公共讨论的一种呼吁。

公共政策建议

公共政策应该明确界定公立学校、私立非营利性学校、营利性学校的创收活动

虽然这并不是一个小任务，但是忽略金钱与使命之间的平衡问题更是无益于解决问题。

大学和学院只是手段，并非结果，尤其是在教育年轻人、帮助在职人员适应劳动力市场需求以及为所有成人及退休人员提供学习机构等方面。而且，大学和学院必须为所有人提供教育，不仅仅是针对富人，需要通过基础研究来拓展知识，私人企业无法做到这一点。这是学校社会贡献的一部分，也是其接受公共资助的理由。他们如何承担这些角色——不仅仅是生存——非常关键。

这些角色与收入渠道之间的联系应该是公共政策的关注点所在。仅仅教授那些能够支付学费的人并不是公共资助的目标，尽管目前以及将来这都是学校的主要收入渠道。对大学公共资助的目标也不是为私人企业提供研究，

也不是通过指向商业研究利益的研究合同或"捐赠",使大学成为企业的附庸。但是可以假设这些活动是可接受的,服务于基础研究或使命的收入渠道。

公共政策制定者必须回答两个问题,这两个问题决定了大学和学院为获得国家补贴需要做的事情:除了"教育""研究""公共服务"外,大学为获得不同资助所需要做的具体事情是什么?此外,学校筹资活动可允许的尺度是什么?这些问题以及其他一些"与业务无关的事务",在联邦或州法律以及国税局规定中并没有给出明确界定。

学校的"慈善使命"很清晰,大学拥有免税资格,需要提供"公共的""集体的"服务,如果只考虑营利性,就无法提供这些服务。针对贫困人口的高等教育是公共使命的重要形式,最近在国会和传媒界有很多关于学费和财政补助的讨论,这些问题会影响到低收入群体、中等收入群体学生进入高等教育。

基础研究及其自由传播是公共服务的另一种形式,公立大学和私立非营利性学校在追求社会使命时会提供这些服务,但是如果追求利润的话,学校可能会尽量避开提供这些服务。基础研究对营利性机构而言几乎无利可图,因为研究结果无法获得专利。即使基础研究具有很好的社会效益,能够被广泛传播,即使可以从政府研究拨款中获得好处,学校也无法从基础研究中获得收入。

因为每种收入来源都是一把潜在的"双刃剑",所以学校筹资方面的公共政策也应有两面性

如果每一种收入渠道都不会影响学校的使命,那么利用这些渠道对学校来说都不成问题。学校努力获得更多的净收益,以此来推进学校的使命。但不幸的是很难将两个问题截然分开。收入的获得很少如大学或学院所愿。一般来说,收入或是通过提供服务直接获得,或是学校市场化的结果,例如通过服务于企业的研究获得捐赠或签署合同。学校的收入严重地依赖于支付者

的支付意愿，这其中就隐含着筹资与使命之间的冲突。

公立大学和私立非营利性学校的社会使命是促进教育发展、进行科学研究，营利性公司不会开展这些活动，对学校来说不断寻求收入，即使在这个过程中需要与使命妥协。这个问题不仅存在于学校，在其他非营利性组织亦是如此，例如医疗单位、艺术馆、救助单位等，对于这些组织来说，如果筹资活动需要与使命协调，那么就应该拒绝。的确，这是解决财政危机的一种办法。而且，更为复杂的问题是：尽管"没有免费的午餐"，但是任何收入渠道都会伴随问题，公共政策的挑战是提供能够平衡利弊矛盾的筹资机遇。不要吹嘘筹资没有"负面影响"，必须承认这些负面影响。政府报告应该通过为高等教育提供更好的信息对学校的报告进行补充，进而提高高等教育的公信力。

学费的考虑

来自学生的学费是学校最大的一笔收入来源。如果学校只教授穷人，只关注使命中的这一点，这是很难持续的，因为学校如果没有其他的经济来源，其教学就会没有资金支撑。因此，对于学校来说没有什么选择，只能接受那些能够支付得起学费的学生，进而补贴那些无法支付得起学费的学生。但全额学费增多的同时，中等收入群体学生无法进入大学的风险也会增大。虽然这不是有意为之，但是学校无法对学生的支付能力以及需要减免的额度进行清晰的划分。

研究经费收入的考虑

所有学校面临的同样问题就是平衡寻求收益与基础研究使命之间的矛盾。如果一所学校只是承担基础研究，其研究结果可供自由使用，也就是说没有申请专利并产生收入，那么学校将没有收入来源。但是如果利用一些资源进行应用研究及申请专利，就会为学校带来收入——但成本是限制知识的使用。当学校与私人企业进行合作，通过研究来获取收入时，就会导致对知识的控制和限制。

为了弱化金钱与财富之间的紧张关系，公共政策应该鼓励"适度"规模的捐赠

无附加条件的捐赠为学校带来收入的同时不会对使命造成负面影响。但是因为捐赠都会有一些限制条件，所以学校会因此陷入两难境地。尽管一般来说捐赠的附加条件实际上并不会完全地限制学校。例如捐赠会规定其使用的条件，这些条件的目的是推进学校的使命，但学校即使没有这些捐赠也要履行这些使命。如果学校能够将捐赠以补助形式用于其他目的，那么那些有限定条件的捐赠或是指定为"财政补助"用途的捐赠就不会对学校形成完全的限制。与此相似，一笔指向学校艺术科学学院的捐赠只要是用在该学校，在使用方面是自由的，那么学校就拥有对这笔捐赠的自由支配权，可以将其用于学校内外的目的。这就说明学校并非一定要将捐赠用于特定方面。因此学校获得的大笔捐赠，包括捐赠基金，并不完全受捐助者的限制。

但是当捐赠人的限制非常具体时，学校将会面临一个问题：这种限制——例如开设高尔夫课程，建设一栋有特定用途的大楼，开设一个新的项目——这些确实能够推进使命，即使这些要求可能会占用学校的空间或是增加行政管理成本。接受捐赠及其附加条件的财政影响和营利性与学校决策过程没有太大分歧，而决策后果的不确定性才是关键。

捐赠的额度越大，来自捐赠人的限制可能越多。什么程度的限制最为适度尚需研究。但是，10,000美元以上的捐赠可以免税的政策是对捐赠人的鼓励。另一种方式是建立针对中等额度捐赠税收信用制度（tax credit）（不一定是百分之百），而不是免税制度。税收制度的变化对学校收入产生了重大的影响，同时也会产生一些与高等教育外部慈善捐赠纳税待遇的一些问题，进而影响政府的整体税收。

学校的生存不应通过公共政策来保障

公共政策通过影响大学和学院的收入进而影响到高等教育的规模、形式

及活力。州立法直接影响到公立大学的学费水平以及私立非营利性大学的免税事宜。联邦立法和国税局政策使得私立非营利性学校可以享受免税政策，即使参与公立大学筹资的基金会的筹资活动也享受这一待遇（例如与使命有"实质"联系，而不只是针对使命的筹资），那些"与业务无关的活动"不享受此待遇。

学校基于联邦和州法律的限制，确定其收入渠道。收入渠道的边界很宽。大学和学院从事了很多与教育无关或关系不大的筹资活动，从内衣、骨灰盒上的标识物到参与居民退休社团工作。

每一种特定的收入渠道都适合学校。关键是高等教育领域与其他领域一样，要面临失败的风险。无论何种情况，公共政策都无法确定哪所学校是否应该承担某种收入渠道所带来的风险，例如，退休社团或其他筹资项目。学校无法避免那些风险所带来的失败，或是无法从其学生和捐赠人那里获得收入的失败。

这是一个重大的挑战。筹资活动的范畴越宽，越有可能出现两种相反的效应。一个是学校可能会发现它们必须与私人企业竞争，同时因为学校的免税优势，卷入"不公平竞争"。另一个是学校会发现为了成功，必须通过与私人企业合作使自己的技能和经验资本化，但是与营利性企业的合作可能会与学校的社会使命有冲突。

无论学校是否与私人企业竞争或合作，这都是一种诱惑。如果没有收益，学校可能会倒闭。但是学校的生存，无论采取什么方式以及对使命的影响如何，都不应是公共政策的目标。

明智的公共政策不需要学校对其资助使命的方式进行重大调整

我们对财政问题的关注并非只关注金钱。我们将对收入的追求视为学校推进其使命的有力手段，外行很难观察到这一点。例如，为了从学费中获得更多的净收益，学校必须招收更多的付费学生，或者从现有学生中收取更多的学费，而不是从贫困学生那里获得更多收入，贫困学生的教育是学校使命的一部分,也是助学金关注的部分。为了从研究中获得更多收入,学校必须将教师的研究成果申请专利获得专利权,而不是自由多云传播知识,虽然后者是学校使命的一部分。为了从校际运动会中获得更多收入,学校必须选择大的运动场,获得门票收入,建造奢侈的包厢来收取租金或高额门票,吸引国内电台进行转播,而不是简单的让学生参与比赛,后一种做法收入很少甚至会有亏损——很多小型的文理学院即是如此。

我们不想评价高等教育的整体业绩,包括其"质量"。但是我们提出了二元框架,这是一种分析学校使命以及收益的现实工具。我们不只是对大学和学院每一种筹资途径进行评价,但是我们很少对公共政策进行评价。对大学与医药公司合作的研究、学校的"高"学费、营利性橄榄球或篮球项目进行评价很容易,但是发现一种可替代的筹资渠道很难。

简单的终止有负面效应的筹资渠道不是解决办法,关键是可替换的渠道是什么?更进一步说,如果没有其他合适的筹资渠道,公共政策是否应该削减学校的总支出,很多人认为今天的大学和学院都涉入了毫无意义的"竞赛",除了成本的增加,对教育和研究毫无益处可言。如果是这种情况的话,应该削减哪方面的支出?此外,应该让哪些学生离开?而且,这对教育质量会不会有影响?如何来评价这种影响呢?最后,应该削减哪些研究项目呢?

谨慎并不是一个令人激动的建议。事实是收入削减对高等教育的影响不得而知,但是可以确定的是任何一种渠道的收入削减都会对学校的社会使命有所影响。在当前税收政策下,哪种收入渠道适合公立大学和私立非营利性大学呢?这需要对其筹资的选项及影响进行全面的考察。

这不是一个不切实际的建议。目前筹资渠道面临的批评越来越厉害,尤其是学费上涨,以及大学与企业合作的研究(Hersh and Merrow 2005; Stein 2004; Washburn 2005)。这里有一些简单的"解决方法",例如,有人建议对级别 I 和级别 IA 学校橄榄球和篮球赛事收税,收回那些向大学和学院捐赠且大学以其名字命名建筑的捐赠人的免税资格,要求学校利用捐赠基金来降低学费的波动。

公共政策应指向受到限制和约束的收入渠道

2008 年,美国参议院为何注意并谴责那些学费超过 35,000 美元的学校呢?当时 98% 的学生都选择了学费更低的学校,即使在学费很高的学校里,也只有一小部分学生支付全额学费,很少有学校的捐赠足以支撑学费的缺口。学费不仅是学生的成本,也是学校的收入渠道,削减学费不可能没有影响。

大学和学院尽管参与了各种各样的活动,但是还属于较为简单的组织。它们只做两件事情:它们参与使命产品的相关活动,例如教学和研究;它们利用收入来支持使命。但是"简单"不仅仅包括这些。

在公共讨论中,上述两个方面的关系日益紧张,尤其是高等教育在后工业时代中的角色及其财政问题。这些问题反映出高等教育在公共生活中角色的重大转变。曾经,也就是两三代之前,高等教育只是针对少数人,求职过程中不会在乎一个高中毕业生是否上大学,更不要说是不是毕业于"高质量"四年制大学。这种情况现在已不复存在。

今天,在美国以及其他工业化国家里,与多年前进入高中一样,高中毕业生进入大学是其基本权利。但是高等教育的质量,以及学生及其家庭的成本如何呢?高等教育的目标与医疗保障的目标相似:都很吸引人,但是其服务质量以及对象的界定并不清晰。

对于公立大学和私立非营利性大学来说,所面临的选择是在可计算的收入和无法计算且对模糊的使命有着负面影响的非财政成本之间进行权衡。前者常常获胜。只要使命及上述的负面影响持续模糊,前者依旧会获胜。

谁来确定边界

学校筹资的活动是有边界的;并非所有的捐赠都能接受,并非所有的企业合作都能进行。可能许多捐赠和企业合作都需要拒绝,但关键问题是谁来确定边界呢,学校还是政府?这些问题需谨慎考虑。挑战不在于找错,而在于找到解决的方法。

学费、差别定价、捐赠基金

学费作为收入渠道之一，我们已经讨论过差别定价的问题——向不同的学生收取不同的学费，或是基于不同的课程收取不同的学费——这与很多人的公平思维发生了冲突。还有一个令人不安的事实就是：不同的学生收取不同的学费，有能力支付学费的学生需支付更多学费，支付能力有限的学生支付较少的学费，这种政策比无差别定价学费政策获得的收入更多。但同时，正如我们所讨论过的一样，如果学校想从有支付意愿的学生身上收取更多学费，会导致这些学生和家长放弃选择，同时使那些支付能力较弱的学生失去入学机会，最后学校不得不降低学费或上涨幅度，进而降低了学校的收入。

研究和专利许可

当技术转化办公室将专利许可用于商业用途时，学校将面临着如何管理专利的问题。从商业角度来看，学校应该尽量从中获得更多收入，进而来支持自己的使命。但是，当通过专利获得收入时，对方（一般是医药公司）需要对专利的使用进行限制，这样他们可以自由定价，这就与学校的使命发生了冲突。明尼苏达大学迫于学生压力，放弃其在非洲地区的一种抗艾滋病药物的专利许可；哈佛大学撤出其在亚洲一些不符合劳动力标准要求的企业的投资。尽管这些案例的细节不得而知，但是利益与使命的冲突是争论的焦点。

标识使用、海外公司、出租

尽管这些收入对于学校整体收入来说不是很重要，但是这标志着学校在努力拓展其收入渠道的范围。虽然这些方面的收入很低，但是其影响很复杂。2007年12月，威斯康星大学麦迪森分校起诉沃什博恩大学（Washburn University）（Topeka，Kansas），原因是后者使用其"motion W"的标识构成了侵权行为。阿拉巴马大学曾经起诉一位有名的艺术家，后者的作品中出现学校的橄榄球比赛，所采用的红白颜色也是学校的专利（Liptak 2006）。在这些案例中，我们看到大学和学院越来越乐于打官司，似乎他们所拥有的一切东西都可以带来收入。

同时，大学和学院不断拓展其在海外的项目，越来越多的学校与国外学校合作，获得当地的认可，甚至是满足当地需求，从海外学习公司或国外大学中获得收入。这种委托行为或是"回扣"行为曾受到纽约州立律师办公室（New York State Attory）的质疑，尽管相关法律很复杂，尽管这种收入渠道有很多问题，但更复杂的问题是这些行为会影响到学生和家长对学校甚至整个高等教育的信任，学生很难判断其学校所推荐的海外学习项目是基于教育质量还是收入的考虑。学生贷款项目中也存在同样的信任问题，因为很多学校也会从这些贷款公司中获得收入。这些收入备受质疑，例如我们在第十二章中所讨论的案例，即约翰·霍普金斯医学院对某护肤品的鉴定。所有这些案例都可以看到学校通过资本化其声誉和标识来获得收入的倾向，但是其代价是降低了大学和学院的公信力。

学校利用其声望和公信力获得收入的渠道很多。大学和学院将"信任"出售给企业的潜力很大，但是如果大学只是利用此获得收入，而不对鉴定的产品质量把关，就会存在很多隐患。

全国性的对话非常必要

随着人们对大学和学院行为及其财政变化的关注，人们必然试图去理解这些变化所带来的后果。可惜的是这很难理解。我们希望未来10年中能够有关于高等教育变化的对话，尤其是关于大学和学院的收入渠道问题以及整个高等教育系统质量问题的对话。这种对话应该关注政策、公共信息，如果有可能的话，还应该包括学校如何以对使命负面影响最小的方式获得收入，或者说从公共政策的角度来说，学校收入的哪些影响可以接受。而且，当大学或学院从自己的角度来回答这些问题时，它们是否考虑到它们所应推进的"公共利益"？最后，学校服务公众时，需要哪些信息？

有益于学校的事情未必有益于社会。但是什么事情"有利于社会"的答案并不清晰。这些尚未解决的问题包括："应该"有多少所大学和学院（包括类型、规模和位置）？这些学校应该如何竞争和合作？私人企业的限制是否适合大学和学院？例如《反垄断法》，这一方法现在已经用于私立非营利性大学，关于公开披露的需要方面，已经有《萨班斯-奥克斯利法案》（Sarbanes-Oxley Act），这一法案颁布于安然公司破产之后，并不适合公立大学或私立非营利性大学。学校与私人营利性企业的合作是否应该有所控制？关于学校所被允许积累的捐赠基金是否应该有所限制？

营利性高等教育

关于营利性高等教育的定位尚无相应的公共政策。营利性大学在很多国家还不存在，在美国已经迅速地发展起来。目前有12—14所高等教育公司已经上市交易，此外还有数千所小型的职业学院，这一领域已经蓬勃发展起来，尤其是成人的学士学位教育、硕士学位教育，在这些方面，公立学校和私立非营利性学校发展较慢。尽管受制于美国税法，营利性大学和学院还是获得了成功：它们必须遵守联邦和州的企业税法，地区不动产税法，出售税法，向这些学校捐赠的捐赠人不适用于免税政策。很显然在免税问题上，公共政策并未站在中立的立场上。

可能营利性大学与公立大学以及私立非营利性大学竞争的场所应该尺度更宽。选择固然重要，但是研究者和政策制定者更应该关注税法、资质认证、报告许可、《反垄断法》等方面变化的影响。讨论还需关注的问题是公共政策对待营利性大学是否应该更为中立，在支持学校与支持学生之间应如何抉择，例如，在一个社区学院中收取教育券，但是在其他学校使用，无论后者是何性质（这类似于二战后的《退伍军人权利法案》[G.I.Bill]）。

我们的建议需要进一步的讨论和研究，但是没有提供什么"解决办法"似乎令人失望。但是这其中很复杂，尽管我们做了很多研究，但是我们的目标是为解决问题提供一个基础，而不是毫无讨论地来解决问题。为了使个人和社会从高等教育的本科教育、研究生教育、教学、科研中获益，必须为整个高等教育系统提供激励以及财政支持。

直面高等教育的基本矛盾

入学和质量

我们所呼吁的全国范围内的讨论可以始于一个广泛的共识：即人人都可以接受高等教育。2004 年，美国的一项调查中，当问及"你认为是否每一个希望获得四年制学位的高中生都应该有机会接受高等教育"，94% 的人回答"是"（《高等教育纪事》2004）。但是，哪种四年制学位、哪种学校、质量与成本、谁来支付等问题并不确定。在第五章我们展示了当前情况下，一个学生及其家庭如果获得四年制学士学位所需要支付的不同水平的成本，如果学生进入一所一流的私立非营利性大学，支付全额学费，没有助学金，住在学校，不做兼职工作，成本将超过 20 万美元。但是在另一个极端，学士学位的总成本可能只有 9800 美元——如果学生进入本地的社区学院或两年制学院，然后再转入四年制公立学院，住在家里，拥有全职工作。在这两个极端中间有很多种可能。

我们并不是说这些假设情境提供了同样的教育，这是不可能的。这里有一个基本点：即在后工业时代，只有当高等教育的质量和相关成本比较明晰时，"大学"的入学问题才会明了。今天我们对高等教育的需求不同以往，而且这种需求还将持续变化。

大学和学院是否变得过于"商业化"

在关于公共政策的争论持续进行时，我们应该关注高等教育的财政问题，高等教育来自学费、捐赠、校际橄榄球赛和篮球赛、不同的商业活动等渠道的收入应该是多少。这不是说应该用一个固定的公式来确定这些事——这样做达不到目的——但是对于不同的选择及其效果来说或许有用。其中隐含的一个问题是在面对可出售的成果时，公立大学、私立非营利性大学与私人营利性企业有何不同。学校是否越来越像企业了？他们的活动是应该控制，还是拓展呢？

我们强调的一个关键问题是：一所学校在寻求收入的过程中也在推进着使命。当学校为了与企业合作而延迟其研究成果的传播时，其使命便让位于收入。当学校给予一名学术成绩不理想的橄榄球明星或篮球明星特殊待遇时（招收这些学生意味着更多的赛事胜利，从而带来更多的收入以及捐赠），已经有悖于学校关于学习和公正的使命。

这就是矛盾所在。每一种收入渠道都有利有弊。当然每一种收入途径都承诺服务于使命。学校应该怎么做呢？

这里没有什么好办法。政府拨款的增加也是政治渗透的过程。尽管有些政府奖励额度非常可观，与政治无关（一般是 NIH 基金，一般是基于同行评价），但是用于教育、研究、社区利益目的的大量政府拨款本身就是向政治影响打开的大门。很少有人希望大学和学院通过游说去争取这样的经费——学校依赖政府拨款时可以预见的结果。而且，其他国家的经验也表明过于依赖政府经费绝不是灵丹妙药。

多元化经费渠道的优势

对我们来说，解决高等教育财政问题最有用、争议最小的办法就是多元化——依赖多种收入渠道，避免某一经费渠道为大学和学院带来的极端影响。美国高等教育的实力很大程度上得益于其经费渠道的多元化。拥有分别来自政府、家庭、教会经费的学校，更容易吸引捐赠人。因此，一所"学费驱动型"的学校，其收入主要来自于学生学费，则选择很少，只能是努力吸引那些付费的学生。

结语

每一种经费渠道都有其负面效应,但是我们不能放弃的一条真理就是"没有收入,就没有使命"。没有哪所学校的使命是纯非营利性的——只教育穷人,只进行基础研究,研究成果自由使用,只推进社会的发展——不依赖任何收入。关于大学和学院每一种经费渠道可行性的公共政策讨论应该持续下去,且不断地提升。当传统的公立大学和私立非营利性学校不断开发新的收入渠道时,它们越来越像私人企业,其在竞争过程中与私人企业有着密切的联系,在这个过程中,公共政策没有什么好的办法来解决、评价其负面影响。筹资没有尽头。

高等教育的未来

高等教育面前的路非常复杂。家长和学生希望给大学和学院施加更多的政治压力,进而降低学费,至少为有需要的学生提供更务实的支持。学校看到传统课堂教学技术效率的降低以及生均成本随之上涨的现实,别无选择,只能提高学费,通过有选择的学费折扣实施差别定价政策,并努力开发新的收入渠道。这些活动使得学校与私人企业之间的关系更为复杂,基于现有的税收政策,大学利用成本优势与企业合作的机会越来越多。这种合作将成为学校推进使命的挑战。当学校决定离开私人企业成立自己的企业时,它们可能与这些私人企业构成了竞争关系,并且成为政治攻击和施压的对象。在这个过程中,学校会越来越像私人企业,其应有的资助也会面临更多的争议。所有这些事情都会发生在这样的一个背景下——公众希望高等教育研究关注全球化、技术变革、劳动力市场就业不稳定所带来的影响。金钱与使命之间,重视其中一个方面不能保证同时可以推进另一个方面。高等教育面临着一个充满挑战的时代。就让公共讨论开始吧!

附 录

第二章附录

表 A 2.1　美国大学和学院入学人数（2006 年秋季）

入学人数		占总学生数的比例（%）		
		公立学校	私立非营利性学校	营利性学校
所有中等后学校	18,567,513	73	20	7
学位授予学校	18,105,963	74	20	6
四年制以上	11,327,662	62	32	6
两年制	6,778,301	96	0.6	3.4
非学位授予学校	461,550	22	7	71
四年制以上	514	18	82	0
两年制	123,660	38	14	48
两年制以下	337,376	16	4	80

注：数据包括所有能够享受联邦学生助学金项目的学校。
数据来源：美国教育部，美国教育统计中心 2007b。

表 A 2.2　美国大学和学院数量，2006—2007

全部数量		占总学生数的比例（%）		
		公立学校	私立非营利性学校	营利性学校
所有中等后学校	6536	31	28	41
学位授予学校	4314	39	38	23
四年制以上	2629	24	58	17
两年制	1685	62	6	32
非学位授予学校	2222	14	9	76
四年制以上	16	6	94	0
两年制	518	20	20	60
两年制以下	1688	13	5	82

注：数据包括所有能够享受联邦学生助学金项目的学校。

数据来源：美国教育部，美国教育统计中心 2006b，表 3。

表 A 2.3　美国上市教育的中等后教育机构和高等教育公司，2006

名称	股票交易市场	标识	学生数量 (a)
阿波罗集团，Apollo Group	NASDAQ	APOL	248,713
嘉佩乐教育公司，Capella Education	NASDAQ	CPLA	14,111
职业教育公司，Career Education Corporation	NASDAQ	CECO	85,759
康恩德职业学院，Concorde Career Colleges, Inc	NASDAQ	CCDC(b)	7161
科林斯学院，Corinthian Colleges, Inc	NASDAQ	COCO	64,903
德锐公司 DeVry, Inc	NASDAQ	DV	45,711
教育管理公司，Education Management Corporation	NASDAQ	EDMC(b)	73,474

续表

名称	股票交易市场	标识	学生数量 (a)
EVCI 职业学院，EVCI Career Colleges Holding Corp	NASDAQ	EVCI	6170
ITT 教育服务公司，ITT Education Service, Inc	NASDAQ	ESI	58,351
卡普兰公司，Kaplan, Inc	NASDAQ	WPO	39,600
桂冠教育公司，Laureate Education, Inc	NASDAQ	LAUR(b)	24,744
林肯教育服务公司，Lincoln Education Service Corp	NASDAQ	LINC	18,291
司徒雷耶教育公司，Strayer Education Inc	NASDAQ	STRA	31,217
环球技术学院，Universal Technical Institute Inc		UTI	19,900

注：表中包括所有的中等后教育学校所拥有的教育公司（非学位授予学校），2006 年也有一些是学位授予学院。表格中不包括索诺玛学院（Sonoma College）。

A 入学人数包括各个水平的全日制学生和非全日制学生，包括研究生。不包括下列学校的学生：阿波罗集团的财政计划学院（College for Financial Planning）；（2）职业教育公司的大西洋烹饪学院（Atlantic Culinary Academy）和厨房学院（Kitchen Academy）；（3）教育管理公司的弗罗里达烹饪学院和优弗学院（Florida Culinary Institute and Euphora Institute），南坦帕市学院（South University-Tampa），加州-萨克拉门托艺术学院（The Art Institute of California-Sacramento），查尔斯顿艺术学院（The Art Institute of Charleston，SC），杰克逊维尔艺术学院（The Art Institute of Jacksonville，FL），盐湖艺术学院（The Art Institute of Salt Lake City，UT），坦帕市艺术学院（The Art Institute of Tampa，FL），优群内陆帝国学院（Argosy University-Inland Empire，CA），优群纳什维尔学院（Argosy University-Nashville，TN），优群圣地亚哥学院（Argosy University-San Diego），优群圣塔莫尼卡学院（Argosy University-Santa Monica，CA）。

B 2006 转为私立的公司。

数据来源：美国证券教育委员会（U.S. Securities and Exchange Commission）2007 年的文件，美国教育部，美国教育统计中心 2007b。

表 A2.4 四年制不同所有制形式的大学和学院经费渠道，1985—2006（%）

	总收入（百万美元）(1)	学费(2)	联邦拨款(3)	州/地方拨款(4)	联邦补贴与合同(5)	州/地方补贴与合同(6)	私人捐赠与合同(7)	捐赠基金收入(8)	教育产品和服务(9)	附属企业(10)	其他渠道(11)
1985											
公立	89.8	12.6	10.5	44.2	10	1.9	3.6	1.1	3.1	10.6	2.4
私立非营利性	28	32	8.8	5.9	11.2	7.9	8.2	5.9	5.3	10.8	4
营利性	5.8	59.9	1.2	0.7	13.5	1	9.1	1.8	3.4	7.5	1.7
1988											
公立	111.3	13.3	12.4	41.3	10	2.3	3.9	0.8	3.7	10	2.2
私立非营利性	34.6	34.1	5.5	5.3	11.6	8.4	8.5	5.7	6.4	10.7	3.8
营利性	8.1	53.1	2.1	6.7	7.8	2.1	9.1	6.9	4	6.5	1.8
1991											
公立	132.5	15	9.8	39.6	11	2.7	4.4	0.8	4	10.1	2.5
私立非营利性	43.6	35.3	5.4	4.1	10.8	9.1	8	5.7	7	10.5	4.1

续表

	总收入（百万美元）（1）	学费（2）	联邦拨款（3）	州/地方拨款（4）	联邦补贴与合同（5）	州/地方补贴与合同（6）	私人捐赠与合同（7）	捐赠基金收入（8）	教育产品和服务（9）	附属企业（10）	其他渠道（11）
营利性	7.7	66.4	0.5	1.4	9.4	3.6	2.8	5.3	0.7	8.1	1.8
1994											
公立	153.1	17.1	10.8	34.7	12.1	2.9	4.6	0.9	4.1	10.2	2.4
私立非营利性	49	37.7	-	3.7	11.4	9.9	8.3	5.3	9.2	10.4	4
营利性	8.8	66	-	-	9.3	7.2	1.3	2.4	4.9	7.4	1.5
1996											
公立	172.7	17.1	13.4	31.8	12.3	3.5	4.5	1	3.9	9.8	2.8
私立非营利性	54.9	37.2	1.8	4.1	9.6	9.7	8	5.6	9.4	9.9	4.7
营利性	10.8	64.3	-	-	7.7	7.5	2.5	5.1	3.7	7	2.1
2001											
公立	223.4	17.3	9	9	12.5	4	5.8	1.3	4.1	10.5	3.3

续表

	总收入（百万美元）(1)	学费(2)	联邦拨款(3)	州/地方拨款(4)	联邦补贴与合同(5)	州/地方补贴与合同(6)	私人捐赠合同(7)	捐赠基金收入(8)	教育产品和服务(9)	附属企业(10)	其他渠道(11)
2004											
私立非营利性	68.2	30.7	6.4	6.4	12.1	6	15.3	-	10	10	4.7
营利性	14.9	63.5	12.7	12.7	-	-	0.9	-	2.8	7.2	2.9
公立	277.7	15.9	17.2	28.1	13.9	7.1	2.6	1.3	-	9.1	4.8
私立非营利性	81.4	31.1	7.2	6.4	13.5	5.2	12.4	-	8.6	9.9	5.7
营利性	22.8	70.2	14.9	2.6	-	-	0.9	-	4.2	6	1.2
2006											
公立	315.2	17.1	18.5	26.8	13	6.8	2.7	1.3	-	9.1	4.7
私立非营利性	93.1	31.4	8.2	5.8	13	4.8	12.7	-	8.7	9.9	5.6
营利性	29.8	68.8	16.1	2.7	-	-	0.3	-	4.4	5	2.7

"-"没有相关数据。

定义：

附录

学费：所有学费以及减免后的费用。

联邦、州、地方政府拨款：法律规定的经费，一般用于日常运营，不指向特定项目；包括州的一般拨款。

联邦、州、地方补贴、合同：政府指定项目和工程项目的拨款，包括研究经费和培训经费。

私人捐赠、合同：来自私人的捐赠，以及以教育服务替代产品和服务资金的合同，包括用于教学、研究、公共服务等目的的捐赠、合同。

捐赠基金收入：包括有限制和无限制的捐赠基金收入；不包括用于日常运营的支出。

教育产品和服务：来自涉及教学、研究、公共服务的产品和服务的收入，例如奶奶制品、电影院出租、餐饮、学生宿舍、大学出版社。

附属企业：来自"服务学校"的活动的收入，主要为学生、教职员工提供服务。例如"学生宿舍"、"学生健康服务"。

其他收入：例如从无限制的资金投资中获得收入，各种出租和出售业务，期满的捐赠基金、期满的养老金或是保险。也包括内部针对外部的服务或商品出售收益。

数据来源：根据美国教育部，美国教育统计中心2007b的数据统计而来。定义来自于美国教育部，美国教育统计中心2008。

表 A 2.5 两年制学院、大学的经费渠道，1985—2006（%）

	总收入（百万美元）(1)	学费(2)	联邦拨款(3)	州/地方拨款(4)	联邦补贴与合同(5)	州/地方补贴与合同(6)	私人捐赠与合同(7)	捐赠基金收入(8)	教育产品和服务(9)	附属企业(10)	其他渠道(11)
1985											
公立	13.6	13.9	1.6	61.3	7.9	4.3	0.7	0.7	0.8	6	2.9
私立非营利性	3.9	30	19.9	4.3	7.5	8.1	6.7	3.7	1.3	12	6.4
营利性	3.9	30	19.9	4.3	7.5	8.1	6.7	3.7	1.3	12	6.4
1988											
公立	17.4	13.2	3.1	58.4	7.1	7.3	1	0.4	0.8	5.6	3.1
私立非营利性	3	41.2	-	6.6	7.1	7.6	9.1	3.5	2	16.3	6.6
营利性	3.8	60.4	-	-	20.7	5	4.2	0.1	-	6.9	2.7
1991											
公立	21.6	15.1	1.6	58.6	8.4	5.5	0.9	0.4	0.8	5.9	2.8
私立非营利性	3.8	42.8	2.7	3.6	11.2	6.3	6.6	4.7	2.4	11.7	8
营利性	3.9	63	0.7	0.4	22.1	2.9	0.1	-	0.9	7.1	2.9

附录

续表

	总收入(百万美元)(1)	学费(2)	联邦拨款(3)	州/地方拨款(4)	联邦补贴与合同(5)	州/地方补贴与合同(6)	私人捐赠与合同(7)	捐赠基金收入(8)	教育产品和服务(9)	附属企业(10)	其他渠道(11)
1994											
公立	26	17	3.1	54.2	10.4	5	1	0.3	1.1	5.6	2.3
私立非营利性	4.4	47.7	-	2.5	12	6.7	7.2	3.2	1.7	13	6.1
营利性	5.2	53.1	-	-	16.6	16.7	1.1	-	2.8	7.8	1.9
1996											
公立	28.6	17.2	2.8	53	10.3	6.8	1.1	0.3	1	5.1	2.5
私立非营利性	7.1	41.7	-	25	9.7	5.9	5.4	2.7	1.9	7.7	0.1
营利性	5.9	54.4	-	-	14.1	19.3	0.4	0.1	2.1	7.9	1.7
2001											
公立	41.4	14.3	1.9	47	10.9	9	1.1	2.6	0.9	4.4	7.7
私立非营利性	8.4	36.9	3.8	12.5	8.3	7.6	8.2	-	7.4	8.2	7.2
营利性	6.2	62.9	12.9	8.1	-	-	0.9	-	2.7	9.3	2.4

续表

	总收入(百万美元)(1)	学费(2)	联邦拨款(3)	州/地方拨款(4)	联邦补贴与合同(5)	州/地方补贴与合同(6)	私人捐赠与合同(7)	捐赠基金收入(8)	教育产品和服务(9)	附属企业(10)	其他渠道(11)
2004											
公立	43	15	5.4	53.4	11.9	6.3	1	0.2	-	4.5	2.3
私立非营利性	12.2	26.2	5.2	30.2	12.3	9	4.9	-	3.6	6.1	3.5
营利性	9.7	59.4	17.5	6.2	-	-	1	-	3.1	8	4.1
2006											
公立	46.8	14.7	5.6	54.9	10.7	6.4	1.1	0.4	-	4.3	1.9
私立非营利性	11	20	7.3	30.2	5.5	3.6	4.5	-	3.6	8.2	13.6
营利性	9	55.9	22.3	6.2	-	-	0.6	-	3.4	7.8	5.6

"-": 没有相关数据。

定义: 同表2.4。

数据来源: 根据美国教育部,美国教育统计中心2007b、2008的数据统计而来。

第五章附录

表 A 5.1 通过排名对大学和文理学院的学费、拨款进行了分析。对大学来说，一流大学的名义学费最高，排名 100 名之外的学校学费最低。就生均拨款来说，也是一流大学最高，随着排名下降生均补助也不断下降。有意思的是，排名在前 50 位的学校之间名义学费差别不大，排名第 26—50 位的学校之比前 10 位的学校低 5%，但是生均拨款比后者低了 33%。在文理学院中，对排名前 25 位的学校进行了比较（排名前 11—25 位的学校生均补助较高），排名靠后的学校学费较低，生均补助也较低。

表 A 5.1　大学和文理学院：名义学费和拨款（美元），2004

大学排名	平均名义学费	生均补助
1—10	29,176	15,919
11—25	28,820	11,440
26—50	27,713	10,645
51—100	23,344	8,355
> 100	17,101	1,607
文理学院排名		
1—10	26,973	9,494
11—25	24,850	10,352
> 25	20,894	5,712

注：只包括拥有院校补助的学校，公立大学的学费是指来自州以外的学费。

数据来源：美国教育部，美国教育统计中心 2007b；《美国新闻与世界报道》2004a，b。

表 A 5.2 展示的是能力和收入对本科生学费减免程度的影响。

表 A 5.2　学生能力及家庭收入对其学校补助的影响，2003

	大学	四年制学院
SAT	1.99**	2.39
	－0.26	－1.94
收入	－4.65***	－1.85
	－1.72	－26.33
收入的平方	0.01	－0.03
	－0.01	－0.19
私立非营利性学校	250.43	－514.68
	－556.89	－2,029.07
私立非营利性学校 × SAT	5.16***	7.05***
	－0.49	－2.07
私立非营利性学校 × 收入	－17.83***	－22.14
	－3.41	－26.9
私立非营利性学校 × 收入的平方	0.01	0.03
	－0.01	－0.19
常数	－1,005.48***	－1,554.12
	－273.9	（1.860.35）
R^2	0.28	0.22
N	9,081	1,648

注：收入以千位单位。括号内是标准差。
数据来源：美国教育部，美国教育统计中心 2005。
***1% 的水平上显著。

第六章附录

表 A 6.1 OLS 回归分析（因变量：学校的捐赠，捐赠来源，2004）（美元）

来源	总数（1）	校友（2）	家长（3）	其他个体（4）	企业（5）	基金会（6）	其他组织（7）
体育类文章	3.7(m)	0.1m	0.4m	−0.2m	2.2m***	1.2m	−0.2m
	(4.8m)	(1.2m)	(0.2)m	(0.7m)	(0.6m)	(1.3m)	(0.3m)
学术类文章	−2.7m	−1.0m	−0.1m	0.9m	−0.1m	1.0m	0.2m
	(4.4m)	(1.4m)	(0.2m)	(0.5m)	(0.5m)	(1.1m)	(0.3m)
公立（公立=1）	−52.8m	−11.3m	−4.4m**	−5.9m	−6.0m	−20.3m	−1.6m
	(43.9m)	(12.8m)	(2.0m)	(6.7m)	(6.3m)	(12.9m)	(3.1m)
捐赠基金	0.020***	0.011***	0	0.001	0.002*	0.005**	0.002***
	−0.006	−0.002	0	−0.001	−0.001	−0.002	0
有联络的校友	540*	143					
	−305	−92					
无联络的校友	−425	293					

续表

来源	总数(1)	校友(2)	家长(3)	其他个体(4)	企业(5)	基金会(6)	其他组织(7)
有联络的父母	-1,078	-328	-11				
无联络的父母	-517		-47				
其他有联络的个体	-968		-10	76			
其他无联络的个体	431		-72	-46			
	-2,013			130***			
	189			-52			
	-274						
	447						
常数	-418						
	15.3m	3.4m	3.1m*	5.4	10.9m**	22.4**	3.9*
	(42.3m)	(10.1m)	(1.6m)	(5.3m)	(4.3m)	(8.7m)	(2.1m)
R^2	0.65	0.7	0.33	0.49	0.43	0.4	0.47

注：m=百万。统计来自于26所学校，其中8所是公立学校。括号内是标准差。
* 在10%水平上差异显著；** 在5%水平上差异显著；*** 在1%水平上差异显著。

表 A6.2　OLS 回归分析（因变量：来自不同捐赠人以及基于不同目的的捐赠，2004）[a]

来源	总数		校友		家长		其他个体		企业		基金会		其他组织	
	学术(1)	体育(2)	学术(3)	体育(4)	学术(5)	体育(6)	学术(7)	体育(8)	学术(9)	体育(10)	学术(11)	体育(12)	学术(13)	体育(14)
有关体育的文章	3.3m	0.4m**	−0.1m	0.2m**	0.4m*	0.0m***	−0.2m	0.1m***	2.1m***	0.1m	1.2m	0.0m	−0.2m	−0.0m
	(4.8m)	(0.2m)	(1.2m)	(0.1m)	(0.2m)	(0.0m)	(0.7m)	(0.0m)	(0.6m)	(0.0m)	(1.3m)	(0.0m)	(0.3m)	(0.0m)
有关学术的文章	−2.5m	−0.2m	−0.8m	−0.2m*	−0.1m	−0.0m	0.9m	−0.0m	−0.1m	−0.0m	1.0m	−0.0m	0.2m	−0.0m
	(4.4m)	(0.2m)	(1.4m)	(0.1m)	(0.2m)	(0.0m)	(0.5m)	(0.0m)	(0.6m)	(0.0m)	(1.1m)	(0.0m)	(0.3m)	(0.0m)
公立（公立＝1）	−56.5m	3.8m**	−12.9m	1.6m*	−4.2m**	−0.2m*	−5.9m	0.7m*	−7.2m	1.2m**	−20.7m	0.4m	−1.8m	0.1m*
	(43.7m)	(1.6m)	(12.7m)	(0.9m)	(1.9m)	(0.1m)	(6.7m)	(0.4m)	(6.5m)	(0.4m)	(12.8m)	(0.2m)	(3.1m)	(0.1m)
捐赠基金	0.019m***	0.000*	0.011m***	0.000**	0	0	0.001	0	0.002	0	0.005m**	0.000**	0.002***	0
	−0.006	0	−0.002	0	0	0	−0.001	0	−0.001	0	−0.002	0	0	0
有联络的校友	538*	2	136	7										
	−304	−11	−92	−66										
无联络的校友	−381	−44	308	−14										
	−1.075	−39	−327	−22	−10	−1								
有联络的父母	−463	−55			−45	−2								
	−964	−35			−11	1								

续表

来源	总数		校友		家长		其他个体		企业		基金会		其他组织	
	学术(1)	体育(2)	学术(3)	体育(4)	学术(5)	体育(6)	学术(7)	体育(8)	学术(9)	体育(10)	学术(11)	体育(12)	学术(13)	体育(14)
无联络的父母	478	−47			−70	−3								
	−2,006	−73												
其他有联络的个体	180	10					76	2						
	−273	−10					−46	−2						
其他无联络的个体	444	4					130**	0						
	−417	−15					−52	−3						
常数	13.9m	1.4m	3.4m	−0.1m	3.1m*	0.1m	5.4m	−0.1m	11.0m**	−0.0m	22.4m**	−0.0m	3.9*	0.0m
	(42.2m)	(1.5m)	(10.1m)	(0.7m)	(1.6m)	(0.1m)	(5.3m)	(0.3m)	(4.4m)	(0.3m)	(8.7m)	(0.2m)	(2.1m)	(0.0m)
R^2	0.65	0.66	0.69	0.51	0.31	0.5	0.49	0.67	0.4	0.54	0.4	0.26	0.47	0.17

a 参见表 A6.1 的注释。

第十四章附录

表 A14.1　公立大学、私立非营利性的博士学位授予/研究型大学、文理学院

私立非营利性的博士学位授予/研究型大学	
1	美国大学（American University）
2	波士顿大学（Boston University）
3	布兰代斯大学（Brandeis University）
4	杨百翰大学（Brigham Young University）
5	卡内基梅隆大学（Carnegie Mellon University）
6	美国天主教大学（The Catholic University of American）
7	凯斯西储大学（Case Western Reserve University）
8	康奈尔大学（Cornell University）
9	杜克大学（Duke University）
10	福德汉姆大学（Fordham University）
11	乔治城大学（Georgetown University）
12	乔治华盛顿大学（George Washington University）
13	约翰·霍普金斯大学（Johns Hopkins University）
14	利哈伊大学（Lehigh University）
15	麻省理工学院（Massachusetts Institute of Technology）
16	纽约大学（New York University）
17	莱斯大学（Rice University）

续表

18	圣路易斯大学（Saint Louis University）	
19	南卫理公会大学（Southern Methodist University）	
私立非营利性的博士学位授予/研究型大学		
20	斯坦福大学（Stanford University）	
21	锡拉丘兹大学（Syracuse University）	
22	塔夫斯大学（Tufts University）	
23	芝加哥大学（University of Chicago）	
24	丹佛大学（University of Denver）	
25	迈阿密大学（University of Miami）	
26	罗切斯特大学（University of Rochester）	
27	南加州大学（University of Southern California）	
28	范德堡大学（Vanderbilt University）	
29	华盛顿大学（Washington University）	
30	耶鲁大学（Yale University）	
公立的博士学位授予/研究型大学		
1	奥本大学（Auburn University）	
2	克莱姆森大学（Clemson University）	
3	科罗拉多州立大学（Colorado State University）	
4	弗罗里达国际大学（Florida International University）	
5	爱荷华州立大学（Iowa State University）	
6	路易斯安那州立大学（Louisiana State University）	
7	奥多明尼昂大学（Old Dominion University）	
8	俄勒冈州立大学（Oregon State University）	

续表

9	普渡大学主校区（Purdue University Main Campus）
10	罗格斯大学-新布朗斯维克校区（Rutgers-New Brunswick Campus）
11	南伊利诺斯大学（Southern Illinois University Carbondale）
12	纽约州立大学（State University of New York at Buffalo）
13	天普大学（Temple University）
	公立的博士学位授予/研究型大学
14	阿拉巴马大学（University of Alabama）
15	加州大学河滨校区（University of California Riverside）
16	康涅狄格大学（University of Connecticut）
17	夏威夷大学（University of Hawaii at Manoa）
18	伊利诺斯大学（University of Illinois at Chicago）
19	堪萨斯大学主校区（University of Kansas Main Campus）
20	缅因大学（University of Maine）
21	密歇根大学（University of Michigan, Ann Arbor）
22	密苏里大学（University of Missouri- Columbia）
23	内布拉斯加大学林肯校区（University of Nebraska-Lincoln）
24	俄勒冈大学（University of Oregon）
25	罗德岛大学（University of Rhode Island）
26	田纳西大学（University of Tennessee Knoxville）
27	佛蒙特大学（University of Vermont）
28	弗吉尼亚州立理工大学（Virginia Polytechnic Institute and State University）
29	华盛顿州立大学（Washington State University）
30	韦恩州立大学（Wayne State University）

续表

	私立文理学院
1	贝罗伊特学院（Beloit College）
2	布里奇沃特州立学院（Bridgewater College）
3	卡尔顿学院（Carleton College）
4	克莱蒙特麦肯纳学院（Claremont McKenna College）
5	大西洋学院（College of the Atlantic）
6	肯考迪亚学院（Concordia College［Moorhead］）
7	埃默里＆亨利学院（Emory &Henry College）
	私立文理学院
8	爱克赛西奥学院（Excelsior College）
9	富兰克林＆马歇尔学院（Franklin &Marshall College）
10	富兰克林皮尔斯学院（Franklin Pierce College）
11	汉密尔顿学院（Hamilton College）
12	哈特维克学院（Hartwick College）
13	亨德里克斯学院（Hendrix College）
14	米伦贝格学院（Muhlenberg College）
15	马斯京根学院（Muskingum College）
16	奥格尔绍普学院（Oglethorpe College）
17	俄亥俄州卫斯理学院（Ohio Wesleyan College）
18	波莫纳学院（Pomona College）
19	圣约翰大学（Saint John's University）
20	圣奥拉夫学院（Saint Olaf College）
21	西南大学（Southwestern University）

续表

22	圣约翰学院（St. John's College）	
23	斯沃斯莫尔学院（Swarthmore College）	
24	塔拉迪学院（Talladega College）	
25	特兰西瓦尼亚（Transylvania University）	
26	瓦萨学院（Vassar Collage）	
27	弗吉尼亚卫斯理学院（Virginia Wesleyan College）	
28	威尔斯学院（Wells College）	
29	西马里兰学院（Western Maryland College）	
30	惠特曼学院（Whitman College）	
	公立文理学院	
1	加州州立大学（California State University, Monterey Bay）	
2	宪章橡树州立学院（Charter Oak State College）	
3	克里斯托弗纽波特学院（Christopher Newport College）	
	公立文理学院	
4	卡罗莱纳海岸大学（Coastal Carolina University）	
5	终身学习学院（College for Lifelong Learning［New Hampshire］）	
6	常青州立学院（Evergreen State College）	
7	福特路易斯学院（Fort Lewis College）	
8	玛丽华盛顿学院（Mary Washington College）	
9	麻省文理学院（Massachusetts College of Liberal Arts）	
10	梅萨州立学院（Mesa State College）	
11	南弗罗里达大学附属学院（New College of the University of South Florida）	
12	理查德斯托克顿学院新泽西校区（Richard Stockton College of New Jersey）	

续表

13	肖尼州立大学（Shawnee State University）	
14	圣玛丽学院（St. Mary's College of Maryland）	
15	德克萨斯农工大学加尔维斯顿校区（Texas A&M University at Galveston）	
16	夏威夷大学伊洛校区（University of Hawaii at Hilo）	
17	夏威夷西瓦胡大学（University of Hawaii West Oahu）	
18	缅因大学普雷斯克岛校区（University of Maine at Presque Isle）	
19	明尼苏达莫里斯大学（University of Minnesota Morris）	
20	北卡罗来大学阿什维尔校区（University of North Carolina at Asheville）	
21	匹兹堡大学布拉德福德校区（University of Pittsburgh at Bradford）	
22	匹茨堡大学格林斯堡校区（University of Pittsburgh at Greensburg）	
23	波多黎各大学：卡威大学（University of Puerto Rico: Cayey University）	
24	弗吉尼亚大学怀斯学院（University of Virginia's College at Wise）	
25	弗吉尼亚军事学院（Virginia Military Institute）	
26	西部州立学院（Western State College）	

注：卡耐基教学促进基金会（Carnegie Foundation for the Advancement of Teaching）2001年确定的名单。

参考资料

Accreditation Board for Engineering and Technology. 2001. "Issues of Accreditation in Higher Education, Vol. Ⅱ: Continuing Education." Available at http: //www. abet. org/papers. shtml. Accessed August 21, 2007.

Adams, Russell. 2006, March 11. "Pursuits; Pav for Playoffs." Wall *Street journal*, 1. Available at http: //proquest. umi. com. turing. library. northwestern. edu/. Accessed May14, 2007.

Adelman, Clifford. 2000. *A Parallel Postsecondary Universe: The Certification System in Information Technology*. Washington, D.C.: U.S. Department of Education, Office of Educational Research and Improvement.

Alexander, Sandy. 2004, July 12. "Housing Trend Hits 2-Year Colleges. Schools Turn to Dorms as Students Seek Amenities Common at Universities." *Baltimore Sun*. Available at http: //www. baltimoresun. com/news/education/bal-md. housingl2jul12, 0, 0726877. story?coll=bal-education-college. Accessed July 22, 2004.

Allen, Andrew. 2001. *College Admissions Trade Secrets: A Top Private College CounselorReveals the Secrets, Lies, and Tricks of the College Admissions Process*. Bloomington, IN: iUniverse.

American Council on Education. 2007. *The American College President 2007*. *Washing* ton, D. C. : American Council on Education.

American Historical Association and Coalition on the Academic Workforce. 1999. "Who Is Teaching in U. S. College Classrooms?A Collaborative Study of Undergraduate Faculty, Fall 1999." Available at http: //www. historians. org/

projects/caw/. Accessed July3, 2007.

Anand, Geeta O. 1999, July 21. "UConn Decides to Test Marine-Research Waters." *Wall Street lournal*, NE1.

Anderson, Jenny. 2007, September 14. "A Dropout Problem for Colleges." *New York Times*, C01.

Apollo Group, Inc. 2007. "2007 Annual Report." Available at http: //www. apollogrp. edu/Annual-Reports/2007. pdf. Accessed January 9, 2008.

Arenson, Karen W. 2007, Ianuary 22. "Tuition Steady at Princeton; Other Fees Rise." *New York Times*, B5.

Arizona State University. 2007. Addendum to Multiple-Year Employment Contract for Arizona State University President Crow. Approved March 8-9, 2007.

Associated Press. 2005,May 14. "Finger in Wendy's Chili Traced to Husband's Co-Worker." *USA Today*. Available at http: //209. 85. 165. 104/search?q=cache:7NmushZZfLJ: asp. usatoday. com/community/utils/idmap/12887360. story+wendy %27s+finger&hl=en&ct=clnk&cd=7&gl=us. Accessed July 6, 2007.

Association of University Technology Managers (AUTM). 2004. *AUTM Licensing Survey*: Fy2003. *Full Report*.Northbrook, IL: Author.

——. 2005. *US. Licensing Survey*: *FY2005. Survey Summary*. Northbrook, IL: Author.

Auburn University. 2004. "Amended and Restated Agreement (as of December 31, 2004) [between Auburn University and Thomas Hawley Tuberville, Head Coach of the Auburn Football Team]." Available at http: //images. usatoday. com/sports/graphics/coaches-contracts/pdfs/auburn-fb. pdf. Accessed February 23, 2007.

Avery, Christopher, Andrew Fairbanks, and Richard Zeckhauser. 2003. *The Early Admis-sions Game*: *Joining the Elite*. Cambridge, MA: Harvard University Press.

Baade, Robert A., and Jeffrey O. Sundberg. 1996. "What determines alumni generosity?" *Economics and Education Review*, 15（1）: 75-81.

Bamberger, Gustavo, and Dennis W. Carlton. 2003. "Antitrust and higher education: MIT financial aid." *In The Antitrust Revolution: Economics, Competition, and Policy*, 4th edition, eds. John E. Kwoka, Jr. and Lawrence J. White. New York: Oxford University Press, pp. 188-210.

Baptist, Bob. 2007, August 30. "Money at the Center of TV Tussle." *Columbus Dispatch*, 01C.

Barron's Educational Series. [Various years]. *Profiles of American Colleges*. Hauppauge, NY: Author.

Basinger, Julianne, and Scott Smallwood. 2004, March 12. "Harvard Gives a Break to Parents Who Earn Less Than $40,000 a Year." *Chronicle of Higher Education*, 50（27）: A35. Available at http://chronicle.com/weekly/v50/i27/27a03502.htm. Accessed October 10, 2007.

Beck, Andrew H. 2004. "The Flexner Report and the standardization of American medical education." *Journal of the American Medical Association*, 291（17）: 2139-2140.

Berkner, Lutz, Christina Chang Wei, Shirley He, Stephen Lew, Melissa Cominole, and Peter Siegel. 2005. *2003-04 National Postsecondary Student Aid Study (NPSAS: 04) Undergraduate Financial Aid Estimates for 2003-04 by Type of Institution*. Washington, D.C.: U.S. Department of Education, National Center for Education Statis-tics. Available at http://nces.ed.gov/pubs2005/2005163.pdf. Accessed February 16, 2008.

Bernstein, Viv, and Joe Drape. 2006, March 29. "Rape Allegation against Athletes Is Roiling Duke." *New York Times*. A1.

Big Ten Conference.com. 2007, March 6. "Wisconsin's Tucker Named Big Ten Player of the Year by Coaches and Media." Available at http://bigten.cstv.com/sports/m-baskbl/spec-rel/030607aad.html. Accessed May 21, 2008.

Bluehill Development. n.d. "Bluehill Development." Available at http://www.

bluehill development. com/UC%20Home%20Page. htm. Accessed August 23, 2007.

Blumenstyk, Goldie. 2004, September 17. "A For-Profit College Goes Nonprofit." *Chronicle of Higher Education*, 51 (4): A26. Available at http: //chronicle. com/weekly/v51/i04/04a012603. htm. Accessed June 29, 2006.

——. 2006a. February 3. "The Chronicle Index of For-Profit Higher Education." *Chronicle of Higher Education*, 52 (22): A32. Available at http: //chronicle. com/weekly/v52/i22/22a03201.htm. Accessed March 1, 2006.

——. 2006b, December 1. "Marketing, the For-profit Way." *Chronicle of Higher Education*, 53 (15): A20. Available at http: //chronicle. com/weekly/v53/i15/15a02001. htm. Accessed June 24, 2007.

——. 2006c, March 17. "Universities Forgo Millions over Strings Attached to a Foun-dation's Grants: Officials Fear Generous Aid for Technology Transfer May Be a Strat-egy to Control Patent Rights." *Chronicle of Higher Education*, 52 (28): A1. Available at http: //chronicle. com/weekly/v52/i28/28a00101. htm. Accessed March 15, 2007.

——. 2007a, April 13. "Berkeley Professors Seek Voice in Research-Institute Deal with Energy Company." *Chronicle of Higher Education*, 53 (32): A33. Available at http: //chronicle. com/weekly/v53/i32/32a03302. htm. Accessed April 13, 2007.

——. 2007b, March 15. "Purdue U. Is Poised to Announce Relationship with Bil lionaire's Foundation to Commercialize Research." *Chronicle of Higher Education*. Available at http: //chronicle. com/daily/2007/03/2007031502n. htm. Accessed March15, 2007.

——. 2007c. February 9. "A Roundup of Recent Developments in the For-Profit Higher-Education Industry." *Chronicle of Higher Education*, 53 (23): A25. Available at http: //chronicle. com/weekly/v53/i23/23a02501. htm. Accessed March 15, 2007.

——. 2007d, July 12. "U.of Michigan Sells Patent Royalties from FluMist for as Much as $35 million." *Chronicle of Higher Education*. Available at http:

//chronicle. com/news/article/2682/u-of-michigan-sells-patent-royalties-to-flumist-for-. Accessed August 14, 2007.

Blumenthal, David. 2002. "Conflict of interest in biomedical research." *Health Matrix*, 12（2）: 377-392.

Bok, Derek. 2004. *Universities in the Marketplace: The Commercialization of Higher Education*. Princeton, NJ: Princeton University Press.

Bollag, Burton. 2004, September 3. "For the Love of God (and Money): Investors Say They Will Retain an Evangelical College's Religious Character While Turning a Profit." *Chronicle of Higher Education*, 51（2）: A29. Available at http: //chronicle. com/weekly/v51/i02/02a02901. htm. Accessed July 24, 2007.

Borrego, Anne Marie, and Jeffrey Brainard. 2003, September 26. "Profiles in Pork: 2Domestic-Security Projects." *Chronicle of Higher Education*, 50（5）: A21.

Bovinette, Bob, and Richard G. Elkins. 2004. *Small Endowments versus Large: A Closer Look at Returns and Asset Allocation*. Monograph Series. Wilton, CT: Commonfund Institute.

Bowen, William G. 1967. *The Economics of Major Private Research Universities.* Berkeley, CA: Carnegie Commission on Higher Education.

Bowie, Norman E. 1994. *University-Business Partnerships: An Assessment.* Lanham, MD: Rowman & Littlefield.

Brand, Myles. 2006, January 7. "2006 NCAA State of the Association Address." NCAA. org. Available at http: //www2. ncaa. org/portal/media_and_events/press_room/2006/january/20060107_soa. html. Accessed July 2, 2007.

Breneman, David W. 2006. "The University of Phoenix: Poster child of for-profit higher education." In *Earnings from Learning: The Rise of For-Profit Universities*, eds. David W. Breneman, Brian Pusser, and Sarah E. Turner. Albany, NY: SUNY Press, pp. 71-92.

Breneman, David W., Brian Pusser, and Sarah E. Turner. 2006. "The contemporary provision of for-profit higher education: Mapping the competitive market." In *Earnings from Learning: The Rise of For-Profit Universities*, eds. David W. Breneman, Brian Pusser, and Sarah E. Turner. Albany, NY: SUNY Press, pp. 3-22.

Brewer, Dominic J., Susan M. Gates, and Charles A. Goldman. 2002. *In Pursuit of Prestige: Strategy and Competition in U. S. Higher Education*. New Brunswick, NJ: Transaction.

Broad, William J. 1979. "Patent bill returns bright idea to inventor." *Science*, 205, 473-474, 476.

Brooks, Arthur C. 2000. "Public subsidies and charitable giving: Crowding out, crowding in, or both?" *Journal of Policy Analysis and Management*, 19: 451-464.

Brown, Chip. 2006, August 26. "UT Breaks Merchandising Record." *Dallas Morning News*. Available at http://www.lexisnexis.com.turing.library.northwestern.edu/. Accessed June 12, 2007.

Brown, Dennis. 2007, July 17. "Council Approves Rezoning for Eddy Street Commons." *University of Notre Dame Newswire*. Available at http://newsinfo.nd.edu/content.cfm?topicid=23726. Accessed July 20, 2007.

Browning, Lynnley. 2006, August 29. "BMW's Custom-Made University." *New York Times*, C1, 6.

Burd, Stephen. 2004, July 30. "Selling Out Higher Education Policy?" *Chronicle of Higher Education*, 50 (47): A16.

——. 2006, January 13. "Promises and Profits: A For-Profit College Is Under Inves-tigation for Pumping Up Enrollment While Skimping on Education." *Chronicle of Higher Education*, 52 (19): A21.

Burritt, Chris, and Mary Jane Credeur. 2007, May 2. "Duke's Image Faces More Polishing as Applications Sag (Updatel)." Bloomberg.com. Available at http://www.bloomberg.com/apps/news?pid=20601109&refer=home&sid=abxjRDTNl81o. Accessed September 27, 2007.

Bushnell, Davis. 1998, March 15. "Corporations Give Middlesex an A in Training Workers." *Boston Globe*, 5.

Business Week. 2007. "2005 EMBA Rankings." Available at http: //www. businessweek. com/bschools/05/emba_rank. htm. Accessed July 10, 2007.

Capella University. 2007. "Capella University Support Services." Available at http: //www. capella. edu/online_learning/support_services. aspx. Accessed August 17, 2007.

Career Education Corporation. 2006. "2006 Annual Report." Available at http: //thomson. mobular. net/thomson/7/2343/2574/. Accessed January 8, 2008.

Carey, Kevin. 2007. "America's Best Community Colleges." *Washington Monthly*. Available at http: //www. washingtonmonthly. com/features/2007/0709. careyessay. html. Accessed August 28, 2007.

Carmody, Deirdre. 1989, August 2. "Education; Japanese Are Buying into Ailing U.S. Campuses." *New York Times*, B8.

Carnegie Foundation for the Advancement of Teaching. 2001. *The Carnegie Classifica-tion of Institutions of Higher Education: 2000 Edition*. Stanford, CA: Carnegie Foun-dation.

———. 2007. *Classifications: Undergraduate Instructional Program: Distribution of Institutions by Classification Category*. Available at http: //www. carnegiefoundation. org/classifications/index. asp?key=800. Accessed January 23, 2008.

Carvajal, Doreen. 1996, February 2. "Adelphi Issues Criticisms of State Case." *New YorkTimes*, B7.

Center for Responsive Politics. 2007. "Lobbying Spending Database." Available at http: //www. opensecrets. org/lobbyists/index. asp. Accessed September 14, 2007.

Cha, Ariana Eunjung. 2003, August 25. "Microsoft's Big Role on Campus; Donations Fund Research, Build Long-Term Connections." *Washington Post*, A01.

Chronicle of Higher Education. 2004, May 7. "A Special Report: Attitudes about Higher Education," 50 (35): A12-13. Available at http://chronicle.com/stats/higheredpoll/2004/attitudes.htm. Accessed February 15, 2008.

——. 2005, September 2. "Yale's Endowment Then and Now." 52 (2): A0. Available at http://chronicle.com/weekly/v52/i02/02a054_chart.htm. Accessed April 7, 2007.

——. 2006. "Tuition and Fees." Available at http://chronicle.com/stats/tuition. Accessed February 25, 2008.

——. 2007, November 16. "Compensation of Public-University Presidents," 54 (12): B17-20. Available at http://chronicle.com/stats/990/public.htm. Accessed November 20, 2007.

Clark, Kenneth R. 1994, November 6. "'Cola Wars' Foaming on College Campuses; Pepsi, Coke Shelling out Millions for Exclusivity Rights." *Chicago Tribune*, 23.

Clotfelter, Charles T. 1996. *Buying the Best: Cost Escalation in Elite Higher Education*. Princeton, NJ: Princeton University Press.

Clowse, Barbara B. 1981. *Brainpower for the Cold War: The Sputnik Crisis and National Defense Education Act of 1958*. Westport, CT: Greenwood Press.

College Board. 2006. "Trends in College Pricing." Trends in Higher Education Series. Available at http://www.collegeboard.com/prod_downloads/press/cost06/trends_college_pricing_06.pdf. Accessed May 23, 2007.

——. 2007a. "College Search." Available at http://collegesearch.collegeboard.com/search/index.jsp. Accessed July 17, 2007.

——. 2007b. "Student Search Service (SSS)." Available at http://collegeboard.com/prod_downloads/highered/ra/StudentSearch.pdf. Accessed October 3, 2007.

College Sports Project. 2007. "Introduction and Mission of the CSP." Available at http://www.collegesportsproject.org/. Accessed May 23, 2007.

Colombo, John D. 2001. "The marketing of philanthropy and the charitable contributions deduction: Integrating theories for the deduction and tax exemption." *Wake Forest Law Review*, 36（3）: 657-700.

Congrove Computer Rankings. 2007. "CCR119." Available at http://www.collegefootball.com/2006_archive_computer_rankings.html. Accessed April 25, 2007.

Corinthian Colleges, Inc. 2007. *2007Annual Report*. Available at http://media.corporate-ir.net/media_files/irol/11/115380/AR_2007.pdf. Accessed March 4, 2008.

Corrigan, Melanie E. 2002. *The American College President: 2002 Edition*. Washington, D.C.: American Council on Education.

Council for Aid to Education（CAE）. 2004. Voluntary Support for Education, 1969-2004. NewYork: Author.

Council for Higher Education Accreditation. 2007. Recognized Accrediting Organizations. Available at http://chea.org/pdf/CHEA_USDE_AllAccred.pdf./Accessed July 17, 2007.

Cox, Ana Marie. 2002, May 13. "Phoenix Ascending." *In These Times*10. *Daily Cardinal*. 2005, June 3. "U. Wisconsin Hall to Add New Wing." Available at http://www.lexisnexis.com.turing.library.northwestern.edu/. Accessed August 31, 2007.

Dale, Stacy B., and Alan B. Krueger. 2002. "Estimating the payoff to attending a more selective college: An application of selection on observables and unobservables." *Quarterly Journal of Economics*, 107（4）: 1491-1527.

Dearden, James A., Rajdeep Grewal, and Gary L. Lilien. 2006. "Meritaid and competition in the university marketplace." Mimeo, Lehigh University.

DeVry, Inc. 2007. "2007 Annual Report." Available at http://www.devryinc.com/investor_relations/annual_report/2007_Annual_Report.pdf. Accessed January 8, 2008.

Diament, Michelle. 2005, March 21. "Racy Video Wins Notoriety, and $

5000, for California College." *Chronicle of Higher Education*. Available at http: //chronicle. com/daily/200503/2005032106/n. htm. Accessed March 21, 2005.

Dillon, Sam. 2005, October 16. "At Public Universities, Warnings of Privatization." *New York Times*, 1, 12.

———. 2007, February 11. "Trouble Grows for a University Built on Profits." *New York Times*, 1, 1.

Dueker, Kenneth Sutherlin. 1997. "Biobusiness on campus: Commercialization of university-based biomedical technologies." *Food and Drug Law Journal*, 52 (4): 453-509.

Economist. 2004, February 28. "Dreaming of Spires: the Next Stage." Available at http: //www. lexisnexis. com/. Accessed March 2, 2004.

Ehrenberg, Ronald G. 2000. *Tuition Rising: Why College Costs So Much*. Cambridge, MA: Harvard University Press.

Ehrenberg, Ronald G., and Paula E. Stephan, eds. 2007. *Science and the University*. Madison: University of Wisconsin Press.

Ehrenberg, Ronald G., and Christopher L. Smith. 2003. "The sources and uses of annual giving at selective private research universities and liberal arts colleges." *Economics of Education Review*, 22: 223-235.

Eisenberg, Rebecca S. 1996. "Public research and private development: Patents and technology transfer in government-sponsored research." *Virginia Law Review*, 82 (8): 1663-1727.

eSchool News Staff. 2000, September 11. "Testing Agency Begins Selling Students' Email Addresses to Colleges." *eSchool News Online*. http: //www. eschoolnews. com/news/showstory. cfm?ArticleID=1322. Accessed July 5, 2007.

Etkowitz, Henry, Andrew Webster, Christiane Gebhardt, and Branca Regina CantisanoTerra. 2000. "The future of the university and the university of the future: Evolution of ivory tower to entrepreneurial paradigm." *Research*

Policy, 29（2）: 313-330.

Fabrikant, Geraldine. 2007a, February 18. "For Yale's Money Man, A Higher Calling." *New York Times*, 3, 1.

——. 2007b, September 12. "Fund Chiefat Harvard to Depart." *New York Times*, C1, 5.

Fain, Paul. 2006, October 5. "Congressman Sends Letter Grilling NCAA on Tax-Exempt Status of College Sports," *Chronicle of Higher Education*. Available at http: //chronicle. com/daily/2006/10/2006100502n. htm. Accessed October 10, 2006.

——. 2007, November 16. "Many College Presidents Lack Written Employment Contracts." *Chronicle of Higher Education*, 54（12）: B5-7. Available at http: //chronicle. com/weekly/v54/i12/12b00501. htm. Accessed November 17, 2007.

Farrell, Elizabeth F. 2006, August 4. "Admissions Officers Look to Marketers." *Chronicle of Higher Education*, 52（48）: A31.

Farrey, Tom. 2002, May 19. "A Place Where Hoop Dreams Come True." ESPN. com. Available at http: //espn. go. com/gen/s/2002/0513/1381948. html. Accessed January 10, 2007.

Field, Kelly. 2004, October 22. "Lesser-Known Public Colleges Increase Federal Lobby-ing." *Chronicle of Higher Education*, 51（9）: A32.

——. 2006, January 6. "Congress Cuts$12. 7-Billion From Student-Loan Programs." *Chronicle of Higher Education*, 52（18）: A1.

——. 2007a, August 10. "Lender Agrees to End Alumni Deals." *Chronicle of Higher Education*, 53（49）: A17. Available at http: //chronicle. com/weekly/v53/i49/49a01706. htm. Accessed August 10, 2007.

——. 2007b, March 30. "Spellings Tries to Transform Panel's Ideas into Action; Participants at a Summit Wonder Who Will Take Charge of Each Recommendation." *Chronicle of Higher Education*, 53（30）: A1. Available at http: //chronicle. com/weekly/v53/i30/30a00 102. htm. Accessed May 23,

2007.

Finder, Alan. 2005, August 11. "To Woo Students, Colleges Choose Names That Sell." *New York Times*, A1.

——. 2007a, May 18. "Colleges Offering Campuses as Final Resting Places." *New York Times*, A16.

——. 2007b. June 20. "Some Colleges to Drop Out of Rankings by Magazine." *New York Times*, A13.

Finney, Mike. 2007, March 26. "DSU Finds Partner in Monster Racing." *Delaware Online*. Available at http: //www. delawareonline. tom. Accessed March 26, 2007.

Fischer, Karin. 2007, June 8. "Texas Budget Rewards Retention." *Chronicle of Higher Education*, 53（40）: A24.

Figman, Raymond, and R. Glenn Hubbard. 2003. "The role of nonprofit endowments." *In The Governance of Not-for-Profit Organizations*, ed. Edward Glaeser. Chicago: Uni-versity of Chicago Press, pp. 217-233.

Flexner. Abraham. 1910. *Medical Education in the United States and Canada: A Report to the Carnegie undation for the Advancement of Teaching*. New York: Ayer.

——. 1930. *Universities: American, English, German*. New York: Oxford University Press.

Forbes. com. 2006. "The World's 2000 Largest Public Companies." 2006. Available at http: //www. forbes. com/2006/03/29/06f2k_worlds-1argest-public-companies_land. html. Accessed September 18, 2007.

Foust, Dean. 2007, October 1. "Even Cozier Deals on Campus: Joining Forces with Banks, Colleges Are Now Cashing in on Student Debit Cards." *Business Week*. Available at http: //www. businessweek. com/magazine/content/07_40/b4052059. htm. Accessed September 26, 2007.

Frenette, Marc. 2004. "Access to college and university: Does distance to school matter?" *Canadian Public Policy*, 30（4）: 427-443.

Galper, Harvey, and Eric Toder. 1983. "Owning or leasing: Bennington College and the U. S. tax system." *National Tax Journal*, 36: 257-261.

Geiger, Roger L. 1993. *Research and Relevant Knowledge: American Research Universities since World War* II. New York. Oxford University Press.

——. 2004. *Knowledge and Money: Research Universities and the Paradox of the Marketplace*. Palo Alto, CA: Stanford University Press.

Ginsburg, Thomas. 2006, November 17. "Students: Drug Access for Poor; A Network of Activists Wants Changes in the Way Universities License Their Discoveries to Companies." *Philadelphia Inquirer*, D03.

Glater, Jonathan D. 2007a, September 4. "As Support from States Lags, Colleges Tack on Student Fees." *New York Times*, A1, 15.

——. 2007b, July 29. "Certain Degrees Now Cost More at Public Universities." *New York Times*, 1.

——. 2008, February 19. "As Lending Tightens, Education Could Suffer." *New York Times*, C1, 4.

Glater, Jonathan D., and Alan Finder. 2006, December 12. "In New Twist on Tuition Game. Popularity Rises with the Price." *New York Times*, 1.

Golden, Daniel. 2007, March 2. "Math Lessons: To Boost Donor Numbers, Colleges Adopt New Tricks-Sinking Alumni Stats, Zeal for Rankings Spur Rate Inflation." *Wall Street Journal*, A1.

Goldin, Claudia. 2006. "Institutions of higher education-Colleges and universities, teacher-training institutions, and medical and dental schools, by public-private control: 1869-1995." In *Historical Statistics of the United States, Earliest Times to the Present: Millennial Edition*, eds. Susan B. Carter, Scott Sigmund Gartner, Michael R. Haines, Alan L. Olmstead, Richard Sutch, and Gavin Wright. New York. Cambridge University Press, Table Bc510-522. Available at http: //hsus. cambridge. org. 1uring. 1ibrary. northwestern. edu/ HSUSWeb/table/citation. do?id=Bc510-522. Accessed June 29, 2007.

Gose, Ben. 2005, January 28. "The Campus as Conference Center." *Chronicle of Higher Education*, 51 (21): B8.

——. 2006a, October 27. "At a Growing Number of Community Colleges, Fund Raising Is No Longer Optional." *Chronicle of Higher Education*, 52 (10): B5.

——. 2006b. June 2. "The Boom in Alternative Investments." *Chronicle of Higher Education*, 52 (39): B1.

Graham, Hugh Davis, and Nancy Diamond. 1997. *The Rise of American Research Universities: Elites and Challengers in the Postwar Era*. Baltimore/London: Johns Hopkins University Press.

Grant, Peter, and Rebecca Buckman. 2006, June 27. "Fatter Pay Lures University Endowment Chiefs." *Wall Street Journal*, C1.

Gray, Kathy Lynn. 2007, January 3. "Ohio State Grants 317 Bowl Game Wishes." *Columbus Dispatch*, 01B.

Graybow, Martha. 2007, May 22. "Columbia Univ. Fires Financial Aid Director in Loan Conflict." USAToday.com. Available at http://www.usatoday.com/money/peril/college/2007-05-22-columbia-student-loans_N.htm. Accessed June 1, 2007.

Griffith, Amanda, and Kevin Rask. 2007. "The influence of the US *News and World Report* collegiate rankings on the matriculation decision of high-ability students: 1995-2004." *Economics of Education Review*, 26: 244-255.

Grimes, PaulW., and George A. Chressanthis. 1994. "Alumnicontributions to academics: The role of intercollegiate sports and NCAA sanctions." *American Journal of Economics and Sociology*, 53 (1): 27-40.

Hansmann, Henry. 1980. "The role of nonprofit enterprise." *Yale Law Journal*, 89 (5): 835-901.

——. 1990. "Why do universities have endowments?" /*Journal of Legal Studies*, 19 (1): 3-42.

Harris, Seymour E. 1972. *A Statistical Portrait of Higher Education: A Report for the Carnegie Commission on Higher Education*. New York: McGraw-Hill.

Harrison, Lisa. 2006. "Birmingham-Southern alumni and frlends can be counted on in good times and bad." *Southern*, 32 (2): 1.

Harvard Gazette Online. 2007, March 29. "A Record Pool Leads to Record Results." Available at http://www.news.harvard.edu/gazette/2007/04.05/99-admissions.html. Accessed May 2. 2007.

Harvard University. 2007, February 27. [Advertisement.] *New York Times*, YT9.

Hauptman, Arthur M. 2005. "College: Still Not for the Needy?" *Chronicle of Higher Education*, 52 (12): B16.

Healy, Patrick. 2003, June 29. "College Rivalry; Universities Will Do Almost Anything These Days to Land a Star Professor Who Can Bring Instant Prestige, Attract Large Donors, and, Oh Yes, Even Do Some Teaching." *Boston Globe Magazine*, 13.

Heller, Michael A., and Rebecca S. Eisenberg. 1998. "Can patents deter innovation?: The anticommons in biomedical research." *Science*, 280: 698-701.

Hersh, Richard H., and John Merrow, eds. 2005. *Declining by Degrees: Higher Education at Risk*. New York: Palgrave Macmillan.

Higher Education Publications. 1986-2002. *Higher Education Directory*. Washington, D.C.: Author.

Hirth, Diane. 2004, March 30. "State Wants More 4-Year Schools." *Tallahassee Democrat*., Available at http://www.tallahassee.com. Accessed April 1, 2004.

Hohler, Bob. 2006, December 8. "To UMass, Gridiron Success Worth the Price." *Boston Globe*. Available at http://www.boston.com/sports/articles/2006/12/08/to_umass_gridiron_success_worth_the_price/. Accessed December 12, 2006.

Holmstrom, Bengt, and Paul Milgrom. 1991. "Multitaskprincipal-agent analyses: incentive contracts, asset ownership and job design." *Journal of Law, Economics and Organization*, Special Issue 7: 24-52.

Honick, Craig A. 1995. "The Story behind Proprietary Schools in the United States." In Community Colleges and Proprietary Schools: Conflict or Convergence?eds. Darrel A. Clowes and Elizabeth Hawthorne. San Francisco, CA: Jossey-Bass, pp. 27-40.

Hoover, Eric. 2007, December 10. "Harvard U. Announces Financial-Aid Plan for Middle-Income Families." *Chronicle of Higher Education*. Available at http://chronicle.com/news/article/3591/harvard-u-announces-financial-aid-plan-for-middle-income-families. Accessed February 11, 2008.

Horn, Laura, and Stephanie Nevill. 2006. *Profile of Undergraduates in U. S. Postsecondary Education Institutions: 2003-04: With a Special Analysis of Community College Students*. NCES 2006184. Washington, DC: U. S. Department of Education, National Center for Education Statistics.

Horn, Laura, Katharin Peter, and Kathryn Rooney. 2002. *Profile of Undergraduates in U. S. Postsecondary Education Institutions: 1999-2000*. NCES 2002168. Washington. DC: U. S. Department of Education. National Center for Education Statistics.

Hoxby, Caroline M. 1997. "How the changing market structure of US. higher education explains college tuition." NBER Wbrking Paper No. 6323.

Hutchins, Robert M. 1938, December 3. "Gate Receipts and Glory." *Saturday Evening Post*. 23, 73-74, 76-77.

Initiative for a Competitive Inner City and CEOs for Cities. 2002. *Leveraging Colleges and Universities for Urban Economic Revitalization: An Action Agenda. A Joint Study by Initiative for a Competitive Inner City and CEOs for Cities*. Available at http://www.cherrycommission.org/docs/Resources/Economic_Benefits/Leveraging.pdf. Accessed February 20, 2006.

Inside Higher Ed. 2006a, April11. "Cosmetics and Appearances at Hopkins." InsideHigher Ed.com. Available at http://www.insidehighered.com/

news/2006/04/11/hopkins. Accessed April 11, 2006.

——. 2006b, November 17. "Mansfield U. Drops Football." InsideHigherEd. com. Available at http: //www. insidehighered. com/news/2006/11/17/mansfield. Accessed November 17, 2006.

——. 2006c, June 2. "Moving Up by Moving Down." InsideHigher Ed. com. Available at http: //www. insidehighered. com/news/2006/06/02/bsc. Accessed June 2, 2006.

International Licensing Industry Merchandisers' Association. 2006. *Licensing Industry Survey 2006*. New York: Author.

Jacoby, Mary. 2007, September 15. "School Tied to Bill Clinton Will Return Gift from Hsu." *Wall Street Journal*, A3.

James, Estelle. 1983. "How nonprofits grow: A model." Journal of Policy Anatysis and Management, 2(3): 350-365.

Jargon, Julie. 2005, January 6. "Career Education Closing 2 IADT Campuses." *Crain's Chicago Business*. Available at http: //chicagobusiness. com. Accessed January 6, 2005.

Jaschik, Scott. 2005, November 29. "Don't Know Much about History." InsideHigher Ed. com. Available at http: //insidehighered. com/news/2005/11/29/post. Accessed November 29, 2005.

——. 2006, January 23. "The Rich Get Richer." InsideHigherEd. com. Available at http: //insidehighered. com/news/2006/01/23/nacubo. Accessed January 23, 2006.

——. 2007, January 24. "Keeping (Tuition) up with the Joneses." InsideHigher Ed. tom. Available at http: //www. insidehighered. com/news/2007/01/24/grinnell. Accessed May 2, 2007.

——. 2008, February 27. "Buying a Spot on the Syllabus." InsideHigherEd. com. Available at http: //insidehighered. com/news/2008/02/27/marshall. Accessed February 27, 2008.

Jaspers, Karl. 1946. *Die Idee der Universität*. Berlin: Springer-Verlag.

June, Audrey Williams. 2004, August 13. "The Making of a Megadorm." *Chronicle of Higher Education*, 50 (49): A23. Available at http: //chronicle. com/weekly/v50/i49/49a02301. htm. Accessed Mav 20, 2006.

Kane, Thomas J., and Cecilia E. Rouse. 1999. "The community college: Educating students at the margin between college and work." *Journal of Economic Perspectives*, 13 (1): 63-84.

Kelley, Brooks Mather. 1974. *Yale: A History*. New Haven, CT/London: Yale University Press.

Kelly, Kathleen. 2001. "Meeting needs and making profits: The rise of for-profit degreegranting institutions." Education Commission of the States Publication No. FP-01-0lW Denver, Colorado.

Kerr, Clark. 1963. *The Uses of the University*. Cambridge, MA: Harvard University Press.

Khanna, Jyoti, and Todd Sandler. 2000. "Partners in giving: The crowding-in effects of UK government grants." *European Economic Review*, 44 (8): 1543-1556.

King, William E. 2007. "Duke University: A Brief Narrative History." Duke University Libraries, University Archives. Available at http: //library. duke. edu/uarchives/history/narrativehistory. html. Accessed August 14, 2007.

Kingma, Bruce Robert. 1989. "An accurate measurement of the crowd-out effect, income effect, and price effect for charitable contributions." *Journal of Political Economy*, 97 (5): 1197-1207.

Kirp, David L. 2003a, October 27. "How Much for That Professor?" *New York Times*, 21.

———. 2003b. *Shakespeare, Einstein, and the Bottom Line*. Cambridge, MA: Harvard University Press.

Klein, Alana. 2004. "Sink or swim?Branding pro Bob Sevier looks at continuing ed and explains why some schools' programs will fare well-and others won't." *University Business*, 7（4）: 75-77.

——. 2005. "Emerging markets: Full-service markets are finding a niche on cam puses, serving the students, faculty, community, and creating profits for the sch001." *University Business*, 8（1）: 62-66.

Knapp, Laura G., Janice E. Kelly-Reid, Roy W. Whitmore, Seungho Huh, Luhua Zhao, Burton Levine, Scott Ginder, Jean Wang, and Susan G. Broyles. 2005. *Staff in Postsecondary Institutions, Fall 2003, and Salaries of Full-Time Instructional Faculty, 2003-04*. E. D. Tab. NCES 2005-155. Washington, D. C.: U. S. Department of Education, National Center for Education Statistics. Available at http://nces.ed.gov/pubs2005/2005155.pdf.

Krachenberg, A. R. 1972. "Bringing the concept of marketing to higher education." *Journal of Higher Education*, 43（5）: 369-380.

Lang, Daniel W. 2002. "Amos Brown and the educational meaning of the American Agricultural College Act." *History of Education*, 31（2）: 139-165.

LaPointe, Joe. 2006, September 26. "Critics of Michigan's Skybox Plan Fight the Odds." *New York Times*, C20.

Leatherman, Courtney. 1997, February 21. "New York Regents Vote to Remove 18 of 19 Adelphi U. Trustees." *Chronicle of Higher Education*. Available at http://chronide.com/che-data/articles.dir/art-43.dir/issue-24.dir/24a02601.htm. Accessed August 21, 2007.

Lederman, Doug. 2005, September 8. "The Senate's Higher Education Act." *Inside Higher Ed*. Available at http://www.insidehighered.com/news/2005/09/08/hea. Accessed Mav 2. 2006.

——. 2006, November 29. "Bowling Together." *Inside Higher Ed*. Available at www.insidehighered.com/news/2006/11/29/bowls. Accessed March 21, 2007.

Lee, Yong S. 1996. "Technology transfer and the research university." *Research*

Policy, 25: 843-863.

——. 2000. "The sustainability of university-industry research collaboration: An empirical assessment." *Journal of Technology Transfer*, 25 (2): 111-133.

Leonard, Kim. 2006, March 10. "CMU Raising Sims." *Pittsburgh Tribune-Review*. Available at http: //www. pittsburghlive. com/x/pittsburghtrib/s_431770. html. Accessed March 12, 2006.

Leppel, Karen. 1993. "Logit estimation of a gravity model of the college enrollment decision." *Research in Higher Education*, 34 (3): 387-398.

Lerner, Maura. 2001, April 2. "AIDS Drug Puts 'U' in Debate over Access in Africa." *Star Tribune (Minneapolis)*, 1A.

Leslie, Larry L., and Paul T. Brinkman. 1987. "Student price response in higher education: The student demand studies." *Journal of Higher Education*, 58 (2): 181-204.

Leslie, Larry L., and Garey Ramey. 1988. "Donor behavior and voluntary support for higher education institutions." *Journal of Higher Education*, 59: 115-132.

Lewin, Tamar. 1990, May 24. "Harvard and CUNY Shedding Stocks in Tobacco." *New York Times*, A1.

——. 2008, February 11. "In Oil-Rich Mideast, Shades of the Ivy League." *New York Times*, A1.

Lexington Herald-Leader. 2003, October 21. "Technical Colleges Launch Appeal: Seek Money from Private Sector." Kentucky. com. Available at http: //www. kentucky. com/mld/kentucky/news/local/706365 1. htm. Accessed October 21. 2003.

Li, Judith A. 1999. "Estimating the effects of federal financial aid on college tuition: A study of Pell grants." Ph. D. dissertation, Harvard University.

Lieberwitz, Risa L. 2003. "University science research funding: Privatizing policy and practice." Mimeo, Cornell University.

Lipman Hearne. 2007, April. "Key Insights: A Report on Marketing Spending at Colleges and Universities." Available at http://www.1ipmanhearne.com/teenstudy/Marketing Spending_Report.Pdf.

Liptak, Adam. 2006, November 12. "Sports Artist Sued for Mix of Crimson and Tide." *New York Times*, 1, 1.

Liskey, Tom Darin. 2003, September 30. "Energy Firm Venture with UA Is Renewed; Natural Gas Reserves Being Studied." *Arkansas Democrat-Gazette*, 23.

Long, Bridget T. 2004. "How do financial aid policies affect colleges? The institutional impact of the Georgia HOPE scholarship." *Journal of Human Resources*, 39(4): 1045-1066.

Louisiana State University and Agricultural and Mechanical College. 2007. "Contract of Employment[with Winston Van Chancellor, April 11, 2007 to June 30, 2012]."

Lublin, loann S., and Daniel Golden. 2006, September 26. "Golden Touch: Vanderbilt

Reins in Lavish Spending by Star Chancellor-As Schools Tighten Oversight, a $6 Million Renovation Draws Trustees' Scrutiny-Marijuana at the Mansion." *Wall Street Journal*, A1.

Lyall, Katharine C., and Kathleen R. Sell. 2006. *The True Genius of America at Risk: Are We Losing Our Public Universities to De Facto Privatization*? Westpoft, CT: Praeger.

MacDonald, G. Jeffrey. 2004. "Colleges Push Professors into Media Spotlight." Christian Science Monitor, 96(148): 111.

Machung, Anne. 1998. "Playing the rankings game." *Change*. July/August: 12-16.

Massy, William F. 1996. *Resource Allocation in Higher Education*. Ann Arbor: University of Michigan Press.

McCormack, Eugene. 2006, July 7. "A Classroom Comeback: Hundreds of Former College Athletes Have Returned for Their Degrees, Helped in Part by a New NCAA Incentive." *Chronicle of Higher Education*, 52 (44): A37. Available at http://chronicle.com/weekly/v52/i44/44a03701.htm. Accessed July 7, 2006.

McCormick, Robert E., and Maurice Tinsley. 1990. "Athletics and academics: A model of university contributions." In *Sportometrics*, eds. Brian L. Goff and Robert D. Tollison. College Station, TX: Texas A&M University Press, pp. 193-204.

McDonough, Patricia M., Anthony Lising Antonio, MaryBeth Walpole, and Leonor Xochitl Perez. 1998. "College rankings: Democratized college knowledge for whom?" *Research in Higher Education*, 39 (5): 513-537.

McPherson, Michael S., and Morton Owen Schapiro. 1991. "Does student aid aflfect college enrollment? New evidence on a persistent controversy." *American Economic Review*, 81 (1): 309-318.

———. 1998. *The Student Aid Game: Meeting Need and Rewarding Talent in American Higher Education*. Princeton, NJ: Princeton University Press.

McPherson, Michael S., Morton Owen Schapiro, and Gordon C. Winston. 1993. *Paying the Piper: Productivity, Incentives, and Financing in U.S. Higher Education*. Ann Arbor: University of Michigan Press.

Melick, Ray. 2006, November 5. "Athletics Spending; Colleges Investing in Academic Centers; Offcial Say They Help Education and Recruiting." *Birmingham News*. Available at http://web.lexisnexis.com.turing.library.northwestern.edu/. Accessed May 8, 2007.

Mercer, Joye. 1997, November 14. "Yale's President Says University Was at Fault in Flap over a Returned Gift." *Chronicle of Higher Education*. Available at http://chronicle.com/che-data/articles.dir/art-44.dir/issue-12.dir/12a04401.htm. Accessed September 10, 2007.

Meredith, Marc. 2004. "Why do universities compete in the ratings game? An empirical analysis of the effects of the *US. News and World Report* college rankings." *Researchin Higher Education*, 45（5）: 443-461.

Michigan State University, Department of Intercollegiate Athletics. 2001. "Employment Agreement[between Michigan State University and Thomas Izzo, July 1, 2004]." Available at http: //images. usatoday. com/sports/graphics/basketball_contracts/pdfs/michiganstate_bb. pdf. Accessed March 18, 2007.

Milford, Maureen. 2004, August 18. "A University Tries Its Hand at a For-Profit Hotel." *New York Times*, C5.

Monks, James, and Ronald G. Ehrenberg. 1999. "The impact of *U.S. News & World Report* college rankings on admissions outcomes and pricing policies at selective private institutions." NBER Working Paper No. 7227.

Moody's Investors Service. 2007. *2007 Higher Education Outlook: Stable Rating Outlook for Sector in 2007; Longer Term Challenges Building*. New York: Author.

Morgan, Jennie. 2007, January 27. "The No-Win Zone: How Columbia Manages Its Liberal Reputation." *The Eye*, Columbia University. Available at http: //eye. columbiaspectator. com/index. php/site/article/the-no-win-zone/. Accessed July 25, 2007.

Mowery, David C., Richard R. Nelson, Bhaven N. Sampat, and Arvids A. Ziedonis. 2001. "The growth of patenting and licensing bv U. S. universities: An assessment of the effects of the Bayh-Dole Act of 1980." *Research Policy*, 30（1）: 99-119.

——. 2004. *Ivory Tower and Industriaf Innovation: University-Industry Technology Transfer Before and After the Bayh-Dole Act in the United States*. Stanford, CA: Stanford Business Books.

National Association of College and University Business Officers（NACUBO）. 2005. "NACUBO Endowment Studv 2004." Available at http: //www. nacubo. org/documents/research/FY04NES Institutionsby Total Assets for Press. pdf. Accessed October 17, 2005.

——. 2007. "NACUBO Endowment Study 2006." Available at http: //www.

nacubo. org/documents/research/2006NES_Listing. pdf. Accessed September 18, 2007.

——. 2008. "NACUBO Endowment Study 2007." Available at http: //www. nacubo. ore/x232 l. xml?s=x44. Accessed January 28, 2008.

National Center for Education Statistics. 1979-1985. *Education Directory: Colleges & Universities*. Washington, D. C. : U. S. Government Printing Office.

National Collegiate Athletic Association (NCAA). 2005. "History of Academic Reform." NCAA. org. Available at http: //www. ncaa. org/wps/portal/!ut/p/kcxml/04-Sj9SPykssy0xPLMnMz0vM0Y_QjzKLN4j3CQXJgFjGpvqRqCK-O6AI-YRARXwN9X4_83FR9b_0A_YLc0NCIckdFALOxkFY!/delta/base64xml/L3dJdyEvUUd3Qnd-NQSEvNElVRS82XzBfTFU!?CONTENT_URL=http: //www2. ncaa. org/portal/academics_and_athletes/education_and_research/academic_reform/history. html. Accessed Mav 22, 2007.

——. 2007. "2006 NCAA Division I Federal Graduation Rate Data." Available at http: //www2. ncaa. org/portal/academics_and_athletes/education_and_research/academic_reform/grad-rate/2006/d1_school_grad_rate_data. html. Accessed April 30, 2007.

——. 2008. "2007 NCAA Division I Graduation Success Rate (GSR) Data." Available at http: //www2. ncaa. org/portal/academics_and-athletes/education_and_research/academic_reform/gsr/2007/dl_school_gsr_data. html. Accessed May 21, 2008.

National Science Foundation (NSF). 2003. "Federal Funds for Research and Development, Detailed Historical 11ables: Fiscal Years. 1951-2002" Table 8. Available at http: //www. nsf. gov/statistics/nsf03325/. Accessed August 21, 2007.

——. 2006. National Science Board. "Science and Engineering Indicators 2006." NSB 06. 01 and NSB 06-01A. Arlington, VA: National Science Foundation. Available at http: //www. nsf. gov/statistics/seind06/.

——. 2007a. Division of Science Resource Statistics. "Academic Institutional Profiles 2004." Available at http: //www. nsf. gov/statistics/profiles/.

———. 2007b, July. Dirision of Science Resource Statistics. "FY 2005 Federal S&E Obligations Reach Over 2400" Academic and Nonprofit Institutions; Data Presented on Minority-Serving Institutions. Infobrief. NSF 07-326. Available at http://www.nsf.gov/statistics/infbrief/nsf07326/.

———. 2007c, September. Division of Science Resource Statistics. "National Patterns of R&D Resources: 2006 Data Update." NSF 07-331. Available at http://www.nsf.gov/statistics/nsf0733l/.

Newman, John Henry. 1873. *The Idea of a University*. 3rd edition. London: B. M. Pickering.

Newsnet5.com (Cleveland/Akron). 2004. "University of Akron to Drill for Natural Gas." Available at http://www.newsnet5.com/print/348 1022/detail.html?use=print. Accessed August 11, 2004.

New York Times. 1928, November 13. "Albany Backers Lose $35000 on Georgetown Carnegie Game." *New York Times*. 32.

———. 2005, July 31. "Life Imitating Art Imitating Life." *New York Times*, 7.

Nicklin, Iulie L. 1990, May 23. "U of Wis.: $9-Million for Business School." *Chronicle of Higher Education*. Available at http://chronicle.com/che-data/articles.dir/articles36.dir/issue-36.dir/36a02801.htm. Accessed August 31, 2007.

Noonan, Erica. 2007, July 8. "Fresh-Man Class: Arrival of Male Students at Regis Signals Change at Catholic College." *Boston Globe*, 1.

Northern Arizona University. 2007. "Multiple-Year Employment Contract for University President." Efiective Iulv 1, 2007.

Northwestern University Investment Office. 2007. "Mission Statement." Available at http://www.northwestern.edu/investment/mission.html. Accessed September 22, 2007.

Northwestern University McCormick School of Engineering and Applied Science. 2007. "FastScience®." Available at http://www.industry.northwestern.edu/industry/fastscience.php. Accessed July 20, 2007.

Occidental College. 2007. "Mission Statement." Available at http: //www. oxy. edu/x2640. xml. Accessed August 28, 2007.

Ohio State University. 2005. "Employment Agreement [between Ohio State University and Thad M. Matta]. Available at http: //images. usatoday. com/sports/graphics/basketball_contracts/pdfs/ohio_state_bb. pdf. Accessed May 21, 2008.

Okten, Cagla, and Burton A. Weisbrod. 2000. "Determinants of donations in private nonprofit markets." *Journal of Public Economics*, 75 (2): 255-272.

Ortega Y Gasset, José. 1930. *Misión de la Universidad.* Madrid: Revista de Occidente.

Outcalt, Charles L., and James E. Schirmer. 2003. "ERIC review: Understanding the relationships between proprietary schools and community colleges: Findings from recent literature." *Community College Review*, 31 (1): 56-74.

Owen-Smith, Jason. 2003. "From separate systems to a hybrid order: Accumulative advantage across public and private science at Research One universities." Research Policy, 32 (6): 1081-1104.

Pennington, Bill. 2006, July 10. "Small Colleges, Short of Men, Embrace Football." *New York Times*, A1.

Perrin, Mike. 2006, June 16. "BSC Drops Two Sports for "06-07." *Birmingham News*. Available at http: //web. lexis-nexis. com. turing. library. northwestern. edu/. Accessed May 22, 2007.

Peterson's Guide to Four Year Colleges. [Various years]. Lawrenceville, NJ: Peterson's.

Pfeiffer, Paul E. 2005. "Thirty Years in Thirty Minutes." Rice University Department of Computational and Applied Mathematics. Available at http: //www. caam. rice. edu/30_years. html. Accessed August 16, 2007.

Phillips-Han, Arline. 2003, February 24. "Dr. Robert Cade...Saga of the World's Best Selling Sports Drink and the Creative Physician Scientist Behind

It." University of Florida Health Science Center News. Available at http://webapps.health.ufl.edu/HSCNews/story.aspx?ID=703. Accessed Iuly 7, 2007.

Powell, Walter W., and Jason Owen-Smith. 1998. "Universities and the market for intellectual property in the life sciences." *Journal of Policy Analysis and Management*, 17 (2): 253-277.

Powell, Walter W., Jason Owen-Smith, and Jeannette A. Colyvas. 2007. "Innovation and amulation: Lessons from American universities in selling private rights to public knowledge." *Minerva*, 45: 121-142.

Powers, Elia. 2006, November 15. "Can a Start-Up College Revive a City?" Inside HigherEd.com. Available at http://insidehighered.com/news/2006/11/15/Harrisburg. Accessed November 15, 2006.

Price, Jenny. 2007. "The letter of the law: With millions on the line, the UW plays hardball on trademarks." *On Wisconsin*, Spring: 46-47. Available at http://www.uwalumni.com/home/onwisconsin/archives/spring2007/campusnews_sports.aspx. Accessed October 22, 2007.

Priest, Douglas M., and Edward P. St. John, eds. 2006. *Privatization and Public Universities*. Bloomington/Indianapolis: Indiana University Press.

PR Newswire. 1999, December 9. "Colorado State University and ITI Launch Master's Program to Tackle Shortage of Information Technology Educators." Available at http://www.lexisnexis.com.turing.library.northwestern.edu/. Accessed November 17, 2005.

——. 2007, January 22. "Saint Vincent College Announces Invitation to President Bush for 2007 Commencement Address." Available at http://www.lexisnexis.com.turing.library.northwestern.edu/. Accessed March 4, 2008.

Prystay, Cris. 2005, July 12. "In Bid to Globalize, U.S. Colleges Offer Degrees in Asia." *Wall Street Journal* B1, B4.

Pulley, John L. 2005, May 27. "The Matchmaker: When Colleges Need Presidents, They Turn to Consultants Like Bill Funk." *Chronicle of Higher*

Education, 51 (38): A1. Available at http: //chronicle. com/weekly/v51/i38/38a00101. htm. Accessed May 23, 2005.

Pusser, Brian, and David A. Wolcott. 2006. "A crowded lobby: Nonprofit and for-profit universities and the emerging politics of higher education." In *Earnings from Learning: The Rise of For-Profit Universities*, eds. David Breneman, Brian Pusser, and Sarah E. Turner. Albany: State University of New York Press, pp. 167-194.

Ratcliffe, R. G., and Peggy Fikac. 2007, May 19. "University Incentive Funds Eyed; Perry Is Hoping to Base Increased Money on Schools' Graduation Rates." *Houston Chronicle*, B4. Available at http: //web. lexis-nexis. com. turing. library. northwestern. edu/. Accessed May 23, 2007.

Read, Brock. 2005, February 22. "Tribal College in California Closes after Losing Its Accreditation." *Chronicle of Higher Education*. Available at http: //chronicle. com/daily/2005/02/2005022204n. htm. Accessed February 22, 2005.

Redden, Elizabeth. 2007, March 26. "Paying by the Program." Available at http: //www. insidehighered. com/layout/set/print/news/2007/03/26/tuition. Accessed May 9, 2007.

Rhodes, Frank H. T 2001. *The Creation of the Future: The Role of the American University*. Ithaca/London: Cornell University Press.

Rhoten, Diana, and Walter W. Powell. 2007. "The frontiers of intellectual property: Expanded protection versus new models of open science." *Annual Review of Law and Social Science*, 3: 345-373.

Rizzo, Michael J., and Ronald G. Ehrenberg. 2003. "Resident and nonresident tuition and enroHment at flagship state universities." NBER Working Paper No. 9516.

Robbins, Allen B. 2001. *History of Astronomy and Physics at Rutgers, the State University of New Jersey in Brunswick, New Jersey, 177J-2000*. Baltimore, MD: Gateway. Available at http: //www. physics. rutgers. edu/dept/history/robbins/. Accessed August 16, 2007.

Rodriguez, Nancy C. 2007, June 13. "UK Declares War on Attrition." *Courier Journal* (Louisville, KY). Available at http: //www. courier-journal. com/ apps/pbcs. dll/article?AID=2007706131150. Accessed June 13. 2007.

Rosenzweig, Robert M. 1982. *The Research Universities and Their Patrons*. Berkeley: University of California Press.

Ross, Marlene, and Madeleine F. Green. 2000. *The American College Presidet*: 2000 Edition. Washington, D. C.: American Council on Education.

Rothaermel, Frank T., Shanti D. Agung, and Lin Jiang. 2007. "University entrepreneurship: A taxonomy of the literature." *Industrial and Corporate Change*, 16 (4): 691-791.

Rothschild, Michael, and Lawrence J. White. 1995. "The analytics of the pricing of higher education and other services in which the customers are inputs." Journal of Political Economy, 103 (3): 573-586.

Rudolph, Frederick. 1990. *The American College and University*: *A History*. Athens/London: University of Georgia Press.

Rudy, Alan P., Dawn Coppin, Jason Konefal, Bradley T. Shaw, Toby Ten Eyck, Craig Harris, and Lawrence Busch. 2007. *Universities in the Age of Corporate Science*: *The UC Berkeley-Novartis Controversy*. Philadelphia: Temple University Press.

Rundle, Rhonda L. 2006, April 5. "A New Name in Skin Care: Johns Hopkins." *Wall Street Journal*, B1.

Salem, Nancy. 2005, May 16. "Selling Smarts." *Albuquerque Tribune*. Available at http: //www. abqtrib. com/albq/bu_local/article/0, 2565, ALBQ_19838_3776307, 00. html. Accessed May 19, 2005.

Sandomir, Richard. 2006, June 22. "Big Ten Teams with Fox for Its Own National Network." *New York Times*, C18.

Sandy, Robert, and Peter Sloane. 2004. "Why do U. S. colleges have sports programs?" In *Economics of College Sports*, eds. John Fizel and Rodney Fort. Westport, CT: Praeger, pp. 87-109.

Sanoff, Alvin P. 2005. June 1. "Alumni Turn to Alma Mater." *USA Today*. Available at http://www.usatoday.com/news/education/2005-06-01-college-alumni_x.htm. Accessed JuRe 6, 2005.

Savage, Howard J., Harold W. Bentley, John T. McGovern, and Dean F. Smiley. 1929. "American CoHege Athletics." Carnegie Foundation for the Advancement of Teaching Bulletin No. 23.

Schackner, Bill. 2004, July 4. "Markering Academe: Catch Phrases Part of Universities' Pushes to Brand and Sell Themselves." *Pittsburgh Post-Gazette*. Available at http://www.post-gazette.com/pg/pp/04186/341537.stm. Accessed June 8, 2007.

Schemo, Diana Jean. 2007, August 13. "In Study Abroad, Gifts and Money for Universities." *New York Times*. Available at http://www.nytimes.com/2007/08/13/education/13abroad.html. Accessed August 13, 2007.

Schlabach, Mark. 2006, February 12. "Philadelphia School Questioned. Some Say Students at Lutheran Christian Only Hit the Boards." *Washington Post*, E01. Available at http://www.washingtonpost.com/wp-dyn/content/article2006/02/11/AR2006021101733_pf.html. Accessed January 2, 2007.

Schrotenboer, Brent. 2006, December 10. "Athletes Going to College Get 'Special' Treatment." Sign On San Diego.com. Available at http://www.signonsandiego.com/uniontrib/20061210/news_ls10specials.html. Accessed December 11, 2006.

Schuman, Samuel. 2005. *Old Main: Small Colleges in Twenty-First Century America*. Baltimore/London: Johns Hopkins University Press.

Schworm, Peter. 2007, August 13. "Students Switching Activism to Boardroom Lobby for Say on Endowments." *Boston Globe*, A1.

Schworm, Peter, and Matt Viser. 2008, May 8. "Lawmakers Target $1 b Endowments: Exempt Status of Schools Debated." *Boston Globe*. Available at http://www.boston.com/news/local/massachusetts/articles/2008/05/08/lawmakers_target_lb_endowments/. Accessed Mav 13, 2008.

Scott, John D. 2006. "The mission of the university: Medieval to postmodern transformations." *Journal of Higher Education*, 77（1）: 1-39.

Selingo, Jeffrey. 2005, December 9. "Tulane U. to Lay Off 233 Professors and Eliminate 14 Doctoral Programs." *Chronicle of Higher Education*. Available at http: //chronicle. com/daily/2005/12/2005120901n. htm. Accessed December 9, 2005.

——. 2006. January 20. "On the Fast Track. After Years of Declining Enrollment, Northeastern U's Continuing-Education Division Is Rejuvenated with Market Research and Faculty Involvement." *Chronicle of Higher Education*, 52（20）: A34. Available at http: //chronicle. com/weekly/v52/i20/20a03401. htm. Accessed January20, 2006.

——. 2007, May 25. "What the Rankings Do for 'U. S. News.' " *Chronicle of Higher Education*, 53（38）: A15. Available at http: //chronicle. com/weekly/v53/i38/38a01501. htm. Accessed Mav 26, 2007.

Seward, Zachary M. 2006, December 14. "Colleges Expand EarIv Admissions." *Wall Street Journal*, D1, 2.

Shulman, James L., and William G. Bowen. 2001. *The Game of Life: College Sports and Educational Values*. Princeton, NJ: Princeton University Press.

Siek, Stephanie V. 2007, March 1. "Regis: Coed Shift Paying Off; Applications Up from Women, Too." *Boston Globe*, 1.

Singell, Larry D., Jr., and Joe A. Stone. 2005. "For whom the Pell tolls: The response of university tuition to federal grants-in-aid." Mimeo, University of Oregon.

Sinitsyn, Maxim, and Burton A. Weisbrod. 2008. "Behavior of nonprofit organizations in for-profit markets: The curious case of unprofitable revenue-raising activities." *Journal of Institutional and The oretical Economics*. for thcoming 2008.

Slaughter, Shelia, and Larry L. Leslie. 1997. *Academic Capitalism: Politics, Policies, and the Entrepreneurial University*. Baltimore, MD: Johns

Hopkins University Press.

Sloan Consortium. 2007. *Sloan Consortium Surveys*. Available at http：//www. sloanc. org/publicatons/survey/index. asp. Accessed July 24, 2007.

Spivack, Miranda S. 2006, April 2. "It Came in t11e Mail." *Washington Post*, W14.

Stanford University Office of Technology Licensing. 2005. "Stanford Start-ups." Available at http：//otl. stanford. edu/about/resources/startups. html. Accessed September 20, 2007.

Stecklow, Steven. 1996, April 1. "Expensive Lesson: Colleges Manipulate Financial Aid Offers, Shortchanging Many." *Wall Street Journal*, Al.

Stein, Donald G., ed. 2004. *Buying In or Selling Out?The Commercialization of the American Research University*. New Brunswick, NJ: Rutgers University Press.

Steinberg, Richard, and Burton A. Weisbrod. 2005. "Nonprofits witll distri-butional objectives: Price discrimination and corner solutions." *Journal of Public Economics*, 89: 2205-2230.

Storin, Matthew V. 2005, December 5. "Fiesta Bowl Revenue to Be Directed to Financial Aid, Libraries and Jordan Hall." University of Notre Dame News Release. Available at http：//newsinfo. nd. edu/content. cfm?topicId=14825. Accessed December 6, 2005.

Strom, Stephanie. 2004, June 4. "Harvard Money Managers' Pay Criti-cized." *New York Times*, A18.

Strosnider, Kim. 1998. "Colleges Face Prickly Dilemma When Donors or Their Heirs Renege on Promised Gifts." *Chronicle of Higher Education*, 44（42）. Available at http：//chronicle. com/che-data/articles. dir/art-44. dir/issue-42. dir/42a03501. htm. Accessed September 10, 2007.

Strout, Erin. 2004a, September 24. "Reality Bites-or Does It?Eager for Televi-sion Exposure, Colleges Seek Publicity in Prime Time." *Chronicle of Higher Education*, 5l（5）: A26.

———. 2004b, October 15. "University of Texas System Overhauls Pay of Endowment Managers." *Chronicle of Higher Education*, 51（8）：A27.

———. 2005, March 4. "Are Endowment Managers Barking Up the Wrong Tree?" *Chronicle of Higher Education*, 51（26）：A31.

———. 2006, February 10. "Community Colleges Struggle When It Comes to Soliciting Private Donations." *Chronicle of Higher Education*, 52（23）：A25.

———. 2007, March 23. "Princeton Returns $782000 Donation." *Chronicle of Higher Education*, 52（29）：A27.

Tafawa, Vilma. 2004, January 20. "Student Recruiters Make Strides in Latin America." *Community College Times*. Available at http：//www. aacc. nche. edu/Template. cfm?Section=Enrollment&template=/ContentManagement/ContentDisplay. cfm & Content ID=11846 & Interest Category ID=248&Name=Enrollment&ComingFrom=Interest Display. Accessed June 25, 2007.

Tarateta, Maja. 2006, August 17. "College Endowments：Money Spent by the Books." FoxNews. com. Available at http：//www. foxnews. com/story/0, 2933, 209069, 00. html?sPage=fnc. college 101. Accessed September 19, 2007.

Thamel, Pete. 2006a, March 4. "Academy's Credentials Are Subject of Scrutiny." *New York Times*, D5. Available at http：//web. lexis-nexis. com. turing. library. northwestern. edu/. Accessed January 2, 2007.

———. 2006b, November 4. "Athletes Get New College Pitch：Check Out Our Tutoring Center." *New York Times*. Available at http：//www. nytimes. com/2006/11/04/sports/ncaafootball/04ncaa. html?ref=education. Accessed November 4, 2006.

———. 2006c, December 10. "An Audit Reveals More Academic Questions at Auburn." *New York Times*, 1. Available at http：//web. lexis-nexis. com. turing. library. northwestern. edu/. Accessed December 11. 2006.

———. 2006d, August 23. "In College Football, Big Paydays for Humiliation." *New York Times*. Available at http: //www. nytimes. com/2006/08/23/sports/ncaafootball/23college. html?scp=3&sq=%22big+paydays+for+humiliation%22&st=nyt. Accessed August 23, 2006.

——. 2007, May 1. "N. C. A. A. Cracks Down on Prep Schools and Angers Some." *New York Times*. Available at http: //www. nytimes. com/2007/05/01/sports/ncaafootball/01preps. html?ex=1178683200&en=bfa7dcba990e-2591&ei=5070&emc=etal. Accessed October 12, 2008.

Thamel, Pete, and Duff Wilson. 2005, November 27. "Poor Grades Aside, Athletes Get into College on a $399 Diploma." *New York Times*, 1.

Thelin, John R. 2004. *A History of American Higher Education*. Baltimore, MD: Johns Hopkins University Press.

Thursby, Jerry G., and Marie C. Thursby. 2007. "Patterns of research and licensing activity of science and engineering faculty." In *Science and the University*, eds. Paula E. Stephan and Ronald G. Ehrenberg. Madison: University of Wisconsin Press, pp. x-xx.

Tsao, Tien-Chien. 2003. "New models for future retirement: A study of college university/linked retirement communities." Ph.D. dissertation, University of Michigan.

Turner, Sarah E. 2006. "For-profit colleges in the context of the market for higher education." In *Earnings From Learning: The Rise of For-Profit Universities*, eds. David W. Breneman, Brian Pusser, and Sarah E. Turner. Albany: SUNY Press, pp. 51-70.

Treleven, Ed. 2007, December 4. "UW-Madison Sues Over Logo: The University Has Filed a Suit Accusing Another School of Using Its Motion W Logo." *Wisconsin State Journal*, A1.

University of Connecticut Marine Sciences. 2007. "Vessel Rates Schedule." RV Connecticut. Available at http: //www. marinesciences. uconn. edu/MSTC/Vesselops/rv_rates. html. Accessed January 24, 2008.

University of Florida. 2003. "Employment Agreement between the University of

Florida and Dr. J. Bernard Machen." November 20, 2003.

———. 2005. "University of Florida Head Coaching Agreement." Available at http: //images. usatoday. com/sports/graphics/coaches_contracts/pdfs/florida_fb. pdf. Accessed April 20, 2007.

University of Kentucky. 2005. "AAUP Report 2004-05." Office of Institutional Research, Planning, and Effectiveness. Available at http: //www. uky. edu/OPIE/ipeds/AAUP-2004-05w-out-less_than-3-Final. pdf. Accessed July 7, 2007.

———. 2006. "Institutional Goals & Strategic Objectives for President Lee Todd: Academic Year 2006-07."

University of Miami. 2007. "Mission Statement." Available at http: //www6. miami. edu/UMH/CDA/UMH_Main/1, 1770, 2472-1; 2543-2; 23-3, 00. html. Accessed August 28, 2007.

University of Oklahoma. 2005. "Employment Agreement [with Sherri Coale, July 1, 2005]".

University of Texas at Austin. Office of Institutional Research. 2005. *Statistical Handbook 2005-2006*. Available at http: //www. utexas. edu/academic/oir/statistical_handbook/05-06/pdf/05-06 Stat Handbook. pdf. Accessed Iuly 3, 2007.

University of Wisconsin-Madison Board of Regents. 2006. "The Wisconsin Idea." Available at http: //www. wisc. edu/wisconsinIdea/. Accessed July 12, 2007.

Upton, Jodi, and Steve Wieberg. 2006, November 16. "Contracts for College Coaches Cover More Than Salaries." *USA Today*. Available at http: //www. usatoday. com/sports/college/football/2006-11-16-coaches-salaries-cover_x. htm. Accessed February 23, 2007.

U. S. Administrator of Veterans' Affairs. 1950. *Report on Education and Training under the Servicemen's Readjustment Act, as Amended*. Washington, D. C. : U. S. Government Printing Office.

U. S. Department of Education, National Center for Education Statistics. 1994. "1992-93 National Postsecondary Student Aid Study (NPSAS: 93): Undergraduate Data Analysis System." Available at http: //nces. ed. gov/surveys/npsas/das. asp.

——. National Center for Education Statistics. 1995. "1986-87 National Postsecondary Student Aid Study (NPSAS: 87): Undergraduate Data Analysis System." Available at http: //nces. ed. gov/surveys/npsas/das. asp.

——. National Center for Education Statistics. 2001. *Digest of Education Statistics 2000*. Available at http: //nces. ed. gov/pubs 2001/2001043. pdf.

——. National Center for Education Statistics. 2005. "2003-04 National Postsec-ondary Student Aid Study (NPSAS: 04): Undergraduate Data Analysis System." Available at http: //nces. ed. gov/pubsearch/pubsinfo. asp?pubid=2005164.

——. National Center for Education Statistics. 2006a. *Digest of Education Statistics 2005*. Available at http: //nces. ed. gov/programs/digest/d05.

——. National Center for Education Statistics. 2006b. "Integrated Postsecondary Education Data System (IPEDS) Fall 2006 Compendium Tables." Available at http: //nces. ed. gov/das/library/tables_listings/Fall2006. asp.

——. National Center for Education Statistics. 2006c. *2004 National Study of Postsecondary Faculty*. Available at http: //nces. ed. gov/surveys/nsopf/.

——. National Center for Education Statistics. 2007a. *Digest of Education Statistics 2006*. Available at http: //nces. ed. gov/programs/digest/d06.

——. National Center for Education Statistics. 2007b. "Integrated Postsecondary Education Data System (IPEDS)." Available at http: //nces. ed. gov/ipeds.

——. National Center for Education Statistics. 2008. "Integrated Postsecondary Education Data System (IPEDS) Glossary." Available at http: //nces. ed. gov/ipeds/Glossary/. Accessed February 1, 2008.

U. S. Department of Education, Office of Postsecondary Education (OPE). 2007. Equity in Athletics Data Analysis (EADA) Cutting Tool Web Site.

Available at http: //www. ope. ed. gov/athletics/.

U. S. Department of Justice and Federal Trade Commission. 2004, July. "Chapter 3, Industry Snapshot: Hospitals." Improving Health Care: A Dose of Competition. Available at http: //www. usdoj. gov/atr/public/health_care/204694. pdf. Accessed August 10, 2007.

U. S. General Accounting Office. 1951. *Report of Survey: Veterans'Education* and Training Program. Washington, D. C. : U. S. Government Printing Office.

U. S. News & World Report. 2004a. "Best liberal arts colleges," 137 (6): 98.

——. 2004b. "Best national universities," 137 (6): 94.

——. 2006. "E-Learning Guide," Available at http: //www. usnews. com/usnews/edu/elearning/tools/elsearch. htm. Accessed July 17, 2007.

U. S. Patent & Trademark Office Statistics. 2007. Available at http: //www. uspto. gov/go/taf/us_stat. htm. Accessed August 9, 2007.

U. S. Securities and Exchange Commission Filing and Forms (EDGAR). 2007. Available at http: //www. sec. gov/edgar/shtml.

U. S. Senate Office of Public Records. 2006. "Federal Lobbying Disclosure Program." Available at http: //sopr.senate. gov/. Accessed December 12, 2006.

USA Today. 2006, November 16. "Compensation for Div. I-A College Football Coaches." Available at http: //www. usatoday. com/sports/graphics/coaches_contracts/flash. htm. Accessed February 23, 2007.

——. 2007, March 8. "Compensation for Division I Men's Basketball Coaches." Available at http: //www. usatoday. com/sports/graphics/basketball_contracts/flash. htm. Accessed March 10, 2007.

Van Der Weft, Martin. 2000. July 21. "Verrmont's Trinity College Announces Plan to Shut Down." *Chronicle of Higher Education*, 46 (46): A28. Available at http: //chronicle. com/weekly/v46/i46/46a02801. htm. Accessed July 21, 2007.

Van Looy, Bart, Marina Ranga, Julie Callaert, Koenaard Debackere, and Edwin Zimmermann. 2004. "Combining entrepreneurial and scientific performance in academia: Towards a compounded and reciprocal Matthew-effect?" *Research Policy*, 33 (3): 425-441.

Veblen, Thorstein. 1918. *The Higher Learning in America; A Memorandum on the Conduct of Universities*. New York: B. W. Huebsch.

Walllheimer, Brian. 2007, July 20. "Purdue's Celebration Tab: $576, 778." Journal & Courier (Lafayette, IN). Available at www. jconline. com/. Accessed July 25, 2007.

Washburn, Jennifer. 2005. *University, Inc.: The Corporate Corruption of American Higher Education*. New York: Basic Books.

Washington Monthly. 2007. "2007 College Guide." Available at http: //www. washingtonmonthly. com/features/2007/0709. collegeguide. html. Accessed March 2, 2007.

Washington Post. 1928, November 13. "Carnegie Game Marks First Failure of Georgetown to Score in 5 Years." *Washington Post*, 13.

Waters, Beverly, ed. 2001, October. "A Yale Book of Numbers: 1976-2000." Table M10. Yale University Office of Institutional Research. Available at http: //www. yale. edu/oir/pierson_update. htm#M. Accessed September 19, 2007.

Webley, Kayla. 2006, April 6. "BCC Gets Approval to Offer 4-Year Degree." *Seattle Times*, B2. Available at http: //seattletimes. nwsource. com. Accessed April 6, 2006. Accessed April 7, 2006.

weisbrod, Burton A. 1988. The Nonprofit Economy. Cambridge, MA: Harvard University Press.

——. 1997. "The future of the nonprofit sector: Its entwining with private enterprise and government." *Journal of Policy Analysis and Management*, 16 (4): 541-555.

——. 2006. "Why private firms, governmental agencies, and nonprofit organizations behave both alike and differently: Application to the hospital industry." Working paper, Northwestern University Department of Economics.

Weisbrod, Burton A., and Nestor D. Dominguez. 1986. "Demand for collective goods in private nonprofit markets: Can fundraising expenditures help overcome free-rider behavior?" *Journal of Public Economics*, 30 (1): 83-96.

Welsh-Higgins, Andrew. 2007. "College Recruiters Using Student Bloggers." *Coshocton (OH) Tribune*. Available at http://www.coshoctontribune.com/apps/pbcs.dll/article?AID=/20070513/NEWS01/7051303. Accessed June 8, 2007.

Wheaton College. 2007. "Mission Statement." Available at http://www.wheaton.edu/welcome/mission.html. Accessed August 28, 2007.

Wieberg, Steve, and Jodi Upton. 2007, March 8. "Tournament Success Brings Financial Windfall for Coaches." *USA Today*. Available at http://www.usatoday.com/sports/college/mensbasketball/2007-03-08_coaches_salary-cover_N.htm?csp=34. Accessed March 10, 2007.

Wiley, John D. 2005. "Why We won't See Any Public Universities 'Going Private.'" University of Wisconsin-Madison. Available at http://www.chancellor.wisc.edu/goingprivate.html. Accessed September 17, 2007.

Williams, Dana Nicole. 1989. "The survival of private junior colleges." *ERIC Digest*. ED327222. Available at http://www.ericfacilty.net/databases/ERIC_Digests/ed327222.html. Accessed August 12, 2003.

Wilson, Duff. 2006, February 16. "N.C.A.A. to Stop Accepting Transcripts from Schools Identified as Diploma Mills." *New York Times*, C23.

Wilson, Duff, and David Barstow. 2007, April 12. "Duke Prosecutor Throws out Case against Players." *New York Times*, A1.

Winston, Gordon. 1997. "Why can't a college be morelike a firm?" *Change*, 29 (5): 33-40.

———. 1999. "Subsidies, hierarchies, and peers: The awkward economics of higher education." *Journal of Economic Perspectives*, 13 (1): 13-36.

Witosky, Tom. 2007, September 10."Mediacom: Iowa Should Offer to Pay." *Des Moines Register*. Available at http: //desmoinesregister. com/apps/pbcs. dll/article?AID=/20070910/SPORTS020502/709l00335. Accessed October 15, 2007.

Wolverton, Brad. 2007, September 26. "Key Senator to Question Tax Breaks for Booster Clubs and College Endowments." *Chronicle of Higher Education*. Available at http: //chronicle. com/daily/2007/09/2007092602n. htm. Accessed September 26, 2007.

wong, Scott. 2006, September 26. "Stadium Name Deal: $154.5 Million for 20 Years." *Arizona Republic*. Available at www. azcentral. com/news/articles/0926stadiumfolo26-ON. html/. Accessed September 28, 2006.

Word, Ron. 2007, November 27. "UF Doc Who Invented Gatorade Dies at 80." *Associated Press*. Available at http: //news. yahoo. com/s/ap/20071127/ap_on_re_us/obit_cade. Accessed November 28, 2007.

Wright, Alex. 2005. "From Ivory Tower to Academic Sweatshop." Salon. com. Available at http: //dir. salon. com/story/tech/feature/2005/0l/26/distance_learning/index. html. Accessed August 22, 2007.

Yanikoski, Richard A., and Richard F. Wilson. 1984. "Differential pricing of undergraduate eduction." *Journal of Higher Education*, 55（6）: 735-750.

Young, Dennis R. 1998. "Commercialism in nonprofit social service associations: Its character, significance, and rationale." In *To Profit or Not to Profit: The Commercial Transformation of the Nonprofit Sector*, ed. Burton A. Weisbrod. New York: Cambridge University Press, pp. 195-216.

Zemsky, Robert, Gregory R. Wegner, and William F. Massy. 2005. *Remaking the American University: Market-Smart and Mission-Centered*. Piscataway, NJ: Rutgers University Press.